Trinkende Frauen

Trinkende Frauen

Herausgegeben von Leah Odze Epstein &
Caren Osten Gerszberg

Übersetzt aus dem amerikanischen Englisch
von Nina Schiefelbein

Odze Epstein, Leah & Osten Gerszberg, Caren (Hrsg.): Trinkende Frauen
Erste Auflage 2018

Originalausgabe:
„Drinking Diaries. Women serve their stories straight up."
Seal Press, Berkeley, California 2012

Deutsche Ausgabe:
© 2018 Louisoder Verlagsgesellschaft mbH, München
Übersetzung: Nina Schiefelbein
Lektorat: Merle Gith
Korrektorat: Ilona Buth
Umschlaggestaltung: Regina Berg-Esmyol
Satz: Fotosatz Amann, Memmingen
Druck: Friedrich Pustet GmbH & Co. KG, Regensburg
Printed in Germany
ISBN: 978-3-944153-44-5
www.louisoder-verlag.de

Für unsere Mütter

INHALT

Teil 1 Kindheit
Ich will keine Schokolade!

Teil 2 Beziehungen
Auf uns!

Teil 5 Bekenntnisse
Zu viel ist kaum genug

VORWORT

Bitten Sie irgendeine Frau, die Sie kennen, einmal etwas tiefer in ihrer Erinnerung zu graben, und sie wird eine Geschichte übers Alkoholtrinken zutage fördern. Egal, ob man selber welchen trinkt oder nicht: Alkohol ist ein einflussreicher Bestandteil unseres Lebens, so wie Essen oder das Internet. Die Welt ist davon durchtränkt, sie schwimmt darin. Wir begegnen Alkohol, wo wir gehen und stehen – zu Hause oder bei der Firmenfeier, beim Date oder beim Mädelsabend, bei der Happy Hour oder am Spielfeldrand. Sogar da, wo Alkohol vermeintlich keine Rolle spielt, ist er oft im Hintergrund dabei – quasi in seiner Abwesenheit spürbar.

Wir trinken aus verschiedenen Gründen Alkohol: um den Durst zu stillen, um zu entspannen, weil er uns schmeckt, um ein Essen abzurunden, weil wir süchtig danach sind, zur Selbstmedikation, als Teil einer Zeremonie oder eines Rituals, um zu feiern oder um zu trauern. Wir trinken, wenn wir glücklich sind. Wir trinken, wenn wir unglücklich sind. Und dann gibt es noch die Abstinenzler, für die das Nicht-Trinken genauso ein Thema sein kann wie für andere das Trinken.

Unabhängig davon, ob wir freiwillig oder gezwungenermaßen Alkohol trinken, wird selten über seine alltägliche Präsenz gesprochen. Es ist leicht, über einen Promi zu lästern, Witze zu reißen oder unmäßiges Trinken als Krankheit zu bezeichnen. Über Extrembeispiele von Alkoholsucht – von Amy Winehouse und Lindsay Lohan zu Whitney Houston und Diane Schuler – wird ausgiebigst berichtet, mit dem Effekt, dass unsere Kultur der Anklage und Schuldzuweisung in Bezug auf das Thema Frauen und *jede Art* des Trinkens noch zunimmt, wie Aufstieg und Fall der *Cocktail Mom* beweisen: Stefanie Wilder-Taylor schrieb höchst erfolgreiche Bücher und Kolumnen darüber, dass man auch als dreifache Mutter Spaß im Leben haben und dann eben nachmittags Wein trinken kann – bis sie öffentlich bekennen musste, dass sie ein Alkoholproblem hat. Kein Wunder, dass Frauen ihre Geschichten für sich behalten.

Unser Ziel – bei dem Blog „Drinking Diaries" genauso wie bei diesem Buch – war es, die Geschichten von Frauen aus den Besenkammern hervorzuholen. Es gibt zahlreiche Autobiografien von trockenen Alkoholikerinnen und zahllose Bücher über alle Arten von Frauenthemen – von Liebe und Ehe bis zu Familie und Karriere –, aber niemand nimmt sich des riesigen Spektrums an Geschichten zum Thema Frauen und Alkohol an. Wie beeinflussen die Erfahrungen, die eine Frau mit Alkohol gemacht hat – gute wie schlechte –, ihren Umgang mit sich selbst, mit ihrem Partner, ihren Kindern, ihren Freunden, ihrem Umfeld? Welchen Einfluss hat Alkoholkonsum – unser eigener und der von anderen – wirklich auf unser Leben gehabt?

Es liegt in der Natur der Sache, dass man diese Geschichten nicht so ohne Weiteres erfährt. Beim Small Talk kommen sie selten zur Sprache. In diesem Buch aber geht es um die Details, um die wirklich tiefgehenden Fragen, die große und grenzenlose Bandbreite an Erfahrungen mit Alkohol. Authentisch und real erzählen die Geschichten von Frauen verschiedenster Altersgruppen, Hintergründe, Perspektiven und Kulturen. Sie gehen auf alle Aspekte des Trinkens ein: die beschämenden, die flüchtenden, die befreienden, die feiernden, die sexuellen und so weiter.

Die Idee zu diesem Buch über Frauen und Alkohol entstand an einem … alkoholisierten Abend. Wir zwei sind Freundinnen und Nachbarinnen, die gern eine Flasche Wein auf den Tisch stellen, wenn die Familie zum Abendessen zusammenkommt. So fing alles an.

Leah

Als der Fotograf kam, um unsere Einschulungsfotos zu machen, zog mir meine alkoholsüchtige Mutter mein Matrosenkleid falsch herum an. Sie hörte mit dem Trinken auf, als ich neun war. Als ich vierzehn wurde, war meine Schwester auf Entzug. Ich habe meine halbe Jugend in Selbsthilfegruppen verbracht, und obwohl ich lieber mit meinen Freunden rumgehangen hätte, faszinierten mich all diese Lebensgeschichten von Absturz und Wiederauferstehung. Als Highschool-Mädchen und College-Studentin, als Schriftstellerin und Vollzeit-Mutter habe ich die ganze Bandbreite von der Abstinenzlerin bis zur Komasäuferin durchexerziert.

Caren

Ich habe nie weiter darüber nachgedacht, dass ich immer eine Flasche Wein in meinem Kühlschrank hatte, griffbereit gleich neben der Milch, genau wie meine Mutter. Für meine europäischen Eltern war Alkohol zum Abendessen selbstverständlich, und meine Mutter – eine Französin, die als „verstecktes" Kind den Holocaust überlebte – prahlte oft damit, wie sie ihre amerikanischen Freunde mit dem Genuss eines Gläschens Wein am Nachmittag schockte. Später kamen die Kriegsdämonen meiner Mutter zurück, begannen, sie zu verfolgen, und ihr geselliges Trinken wurde zur Sucht. Seitdem treibt mich – eine Liebhaberin von Wein in Maßen – die Frage um, welche Rolle der Alkohol für mich spielt.

Gespräche über unsere Mütter führten zu Diskussionen über unseren eigenen Umgang mit Alkohol – die Höhepunkte, die Tiefpunkte und alles dazwischen. Und dann fragten wir uns: Gibt es vielleicht noch andere Frauen, die über dieses Thema reden wollen?

Also schufen wir ein offenes Forum für Frauen, die Lust hatten, ihre Geschichten mit anderen zu teilen – ohne dazu jemanden in einen von Neonröhren erleuchteten Kellerraum einer Kirche bitten zu müssen. Seit wir den Blog „Drinking Diaries" 2009 ins Leben riefen, haben ihn mehr als eine Viertelmillion Leserinnen jeder Altersgruppe und aus allen Teilen der Welt besucht.

Was wir dabei ans Licht gebracht haben, ist ein weites Spektrum an Typen und Einstellungen hinsichtlich des Trinkens, das im großen Gegensatz steht zu der klaren Linie, die oft zwischen „den Trinkerinnen" und „uns anderen" gezogen wird. Es zeigt sich, dass „wir anderen" eine sehr vielfältige Gruppe sind – Abstinenzlerinnen, Geselligkeitstrinkerinnen, leidenschaftliche Trinkerinnen; Töchter und Mütter von Alkoholikerinnen, von Abstinenzlerinnen und von angehenden Trinkerinnen; Jugendliche und Leute in den besten Jahren; Asiatinnen, Jüdinnen, Italienerinnen, Afroamerikanerinnen und Musliminnen. Die Bandbreite ist unendlich groß.

13

Die 28 Geschichten von bekannten wie auch unbekannten Auto-rinnen, die wir hier zusammengestellt haben, sind hinsichtlich ihrer Inhalte – von der Huldigung über das Familiendrama bis zur Lebens-beichte – Ausdruck dieser Vielfalt. In jedem Text hat der Alkohol seine Spuren hinterlassen.

Das Buch beginnt mit dem Teil „Kindheit", in dem die Autorinnen der Frage auf den Grund gehen, welche Auswirkungen das Trinken – ihr eigenes oder das anderer – auf sie als Heranwachsende hatte. Kind-heit und Jugend sind Zeiten, in denen man die Erwachsenen beim Trinken beobachtet und selbst beginnt, mit Alkohol zu experimentie-ren. In manchen Fällen schlägt die Art und Weise, wie Alkohol uns in jungen Jahren prägt, mit aller Macht ins Erwachsenenleben durch. In anderen führen wilde Teenager-Jahre zu umso größerer Reife.

Die Beiträge zum Thema „Beziehungen" in Teil 2 zeigen, wie Al-kohol die Bindungen zwischen Freunden oder Liebespaaren fördert oder behindert. Je nach Persönlichkeit wirkt Alkohol mal aphrodisie-rend, mal zerstörerisch. Und eine Beziehung ist nicht selten eine sehr komplexe Gleichung, bei der das Addieren oder Subtrahieren von Alkohol die Waage zum Kippen bringen und das Wesen oder Schick-sal der Beziehung grundlegend verändern kann.

Kultur und Gesellschaft, um die es in Teil 3 geht, bestimmen ganz wesentlich unser Verhalten, unsere Gewohnheiten und Einstellun-gen – auch in Bezug auf Alkohol. Wir glauben, dass wir selbst ent-scheiden, was, wann, wie viel und ob wir überhaupt trinken, aber oft wird es uns durch die sozialen Verhältnisse vorgegeben. Wer in einer Umgebung aufgewachsen ist, in der Alkohol tabu war, für den ist sein eigenes Trinkverhalten später vielleicht mit Scham besetzt. Jemand, in dessen Umfeld mit Genuss getrunken wurde, hat vielleicht eine völlig sorglose Einstellung dazu, sich allabendlich sein Gläschen einzu-schenken. Egal, ob täglich, hin und wieder oder nie. Ob Bier, Wein, Whiskey, koscherer Manischewitz oder Gin. Kultur und Gesellschaft spielen immer eine Rolle.

Und nicht zu vergessen die Familie, die in Teil 4 zum Thema wird. Wir lieben sie, wir fürchten sie, ahmen sie nach, finden sie peinlich,

14

laufen vor ihr davon und kommen oft zu ihr zurück nach Hause. Egal, ob wir den Lebensstil unserer Eltern übernehmen oder ablehnen, ob wir unseren Kindern und anderen einen Weg weisen, wie sie zukünftig mit Alkohol umgehen, oder ob wir die Angewohnheiten unserer alt werdenden Eltern neu bewerten: Es ist unbestritten, dass die Familie einen wesentlichen Einfluss auf unsere Einstellung gegenüber Alkohol hat.

Den Abschluss des Buches bildet Teil 5, „Bekenntnisse", in dem die Verfasserinnen die feine Grenze ausloten zwischen Abgeklärtheit und Abhängigkeit. Zwischen Schweben und Schwanken, zwischen Kick und Kater. Alkohol kann uns an einen besseren Ort führen, uns aus der Bahn werfen oder zum Absturz bringen. Am Ende bleibt es immer uns selbst überlassen, die Rolle zu definieren, die Alkohol in unserem Leben spielen soll.

Wenn es einen roten Faden gibt, der dieses Buch durchzieht, dann ist es die Erkenntnis, dass das Thema Alkohol bei sehr vielen Frauen emotional aufgeladen ist. Nicht unbedingt negativ, aber eben aufgeladen. Die Geschichten in diesem Buch bringen die unterschiedlichen Beziehungen zum Ausdruck, die Frauen zu Alkohol haben. Als zwei Frauen, die sich die Frage nach dem Einfluss des Alkohols auf ihr Leben gestellt haben, fühlten wir uns verpflichtet, das Projekt der „Drinking Diaries" – vom Blog bis zum Buch – mit unseren eigenen Geschichten beginnen zu lassen. Dann baten wir andere Frauen um ihre Geschichten. Und hier sind sie nun.

Teil 1 Kindheit

Ich will keine Schokolade!

„Wie die meisten Frauen erinnere ich mich an meinen
ersten Drink bis ins kleinste Detail."
– Koren Zailckas, *Smashed: Story of a Drunken Girlhood* –

Acht Autos Schrott, eins hatte Glück
Pam Houston

1

Es ist ein paar Jahre, nachdem wir von dem Haus mit dem überdachten Durchgang in Trenton in das Haus mit dem guten Rodelberg in Bethlehem umgezogen sind, das heißt, dass ich ungefähr sechs Jahre alt sein muss. Wir kommen von einem Besuch bei den Sullivans in unserer alten Gegend in New Jersey. Zirpende Grillen, Gin Tonic und das *Pfffffffhhhh* beim Öffnen einer neuen Dose Nussmischung von *Planters* zum Abendessen – wenn man wie die Sullivans sechs Kinder hat, muss jeder für sich selbst sorgen.

Ein warmer Sommerabend, wir fahren über die Staatengrenze nach Hause. Eine dunkle Nacht, kein Mond, die Fenster des Caddys (weiß mit schokoladenbraunen Sitzen) geöffnet, der süße Geruch der Heckenkirsche in der Luft. Ich liege ausgestreckt auf der Rückbank – Sicherheitsgurte waren damals noch kein Thema –, während meine Eltern sich leise über das viele Geld unterhalten, das die Sullivans haben und wir nicht. Die faltigen Augenlider meines Vaters blinzeln wie die einer Schildkröte – und fallen immer weiter zu. Kaum vorstellbar, dass er durch den Schlitz überhaupt noch etwas sieht.

Dann Stille, der Ruf eines Habichts oder einer Schleiereule – irgendeines Nachtvogels auf der Jagd –, und plötzlich werde ich auf den Boden vor den Rücksitzen geschleudert, dann hochgeworfen, sechs-, sieben-, achtmal, jedes Mal knalle ich hart auf den Huckel in der Mitte. Der scharfe Geruch von Maisstaub füllt die Luft. Das Brechen der Strünke, als der Caddy über eine letzte Feldreihe hoppelt und schließlich zehn Reihen tief in dem Maisfeld stehen bleibt, der Motor stottert, spuckt heißen Dampf, erstirbt. Und mein Vater ruft mit einer Stimme so voller Überzeugung, dass meine Mutter es nicht wagt, ihm zu widersprechen: „Hast du das gesehen? Die Straße hat einfach aufgehört. Die Straße hat einfach aufgehört. Direkt vor meinen Augen!"

19

2

Dies hier passiert an der ersten Ampel, zu der wir kommen, gleich nachdem wir den Parkplatz der Christi-Geburt-Kirche verlassen haben. Meine Mutter macht dort den Altardienst, was natürlich einerseits gut ist aus Seelenrettungsgründen, aber andererseits auch schlecht. Sie bringt es nicht über sich, den ganzen übrig gebliebenen guten (und gesegneten) Wein wegzuschütten, und kippt ihn in der Sakristei in sich rein, wenn der Pastor und die Ministranten weg sind.

Ich bin zu klein, um richtig über das Armaturenbrett gucken zu können (noch ein Jahrzehnt, bis Kindersitze im Auto Vorschrift werden), deshalb sehe ich den weißen Lieferwagen – auf dessen Seite in fröhlichen, geschwungenen Buchstaben ENTENMANN's steht – nicht, der bei Gelb über die Kreuzung brettert und die vordere rechte Stoßstange des roten Plymouth Fury meiner Mutter wegbügelt. Unser Wagen dreht sich und dreht sich, bis er an einer Ansammlung von Pappeln im Vorgarten eines Bestattungsunternehmens zum Stehen kommt. Meine Mutter springt aus dem Auto und schreit: „Tut mir leid, tut mir leid!" – ein so großer taktischer Fehler, dass sie vorübergehend ihren Führerschein verliert und sechs Wochen lang Fahrstunden nehmen muss, um ihn wiederzubekommen. Und das, obwohl die Nelson-McGoverns, die direkt hinter meiner Mutter fuhren und die ganze Geschichte aus ihrem Auto beobachteten, sagten, dass es mit neunundneunzigprozentiger Sicherheit die Schuld des Bäckereiwagenfahrers war.

3

Heiligabend 1972. Woran ich mich nicht erinnern kann, ist, warum ich überhaupt mit meinem Vater in der Kneipe bin und warum meine Mutter nicht dabei ist. Ich schätze, wir sind unter dem Vorwand rausgegangen, noch ein paar Last-minute-Weihnachtsgeschenke kaufen zu müssen, und dann hier gelandet, wie so oft.

Eine Kneipe um vier Uhr nachmittags an Heiligabend hat etwas

Deprimierendes. Vielleicht liegt es an dieser einen Begebenheit, dass ich Kneipen und Weihnachten nicht mag. Aber jetzt sind wir auf dem Nachhauseweg. Es ist dunkel, aber es ist noch nicht lange dunkel, vielleicht sechs Uhr. Wir haben Eisregen, natürlich. Wir haben immer Eisregen an Weihnachten in Bethlehem, Pennsylvania.

Als wir auf den Freeway auffahren, für die paar Meilen bis zu unserer Ausfahrt, ist der Boden eine einzige glänzende, schwarze Eisfläche. Ohne die vier Camparis hätte mein Vater vielleicht die Notwendigkeit erkannt, in der Kurve der Auffahrt abzubremsen, aber noch bevor wir den Freeway erreichen, schlittern wir seitwärts, über die erste Fahrbahn hinweg, die zweite, über die Böschung und durch die mickrige Leitplanke auf den Mittelstreifen, der ein paar Meter bergab führt, um mit den Fahrbahnen des Gegenverkehrs auf eine Höhe zu kommen. Dieser Abhang, in Kombination mit dem starken Seitwärtsdrall, bringt den Caddy (diesmal ein goldener mit beigefarbenen Sitzen) dazu, sich zu überschlagen, ein Mal und dann noch ein halbes Mal, den Grashang runter und auf die Gegenfahrbahn, noch ein, zwei, drei Überschläge, über den Freeway hinaus und in den Monocacy Creek hinein.

Es ist die Tatsache, dass Weihnachten ist, die – unter den irischen Polizisten und den Sanitätern – als Erklärung herangezogen wird, warum der Cadillac im Feiertagsverkehr vier Fahrbahnen überqueren konnte, ohne mit einem anderen Fahrzeug zusammenzustoßen. Und warum mein Vater und ich, obwohl der Wagen komplett zerquetscht wurde (die Front bis zum Armaturenbrett wie ein Akkordeon auf ein Drittel ihrer Länge gefaltet, alle vier Reifen zerfetzt und auch das letzte bisschen Glas zersplittert, als ob jemand mit dem Vorschlaghammer am Werk war) und keiner von uns beiden angeschnallt war, warum wir beide beinahe ohne einen Kratzer aus diesem Edelschlitten-Trümmerhaufen herausgeflext wurden. Leute in der sterbenden Stahlstadt führen es auf die gute alte Detroit-Qualität zurück. „Jedes andere Auto außer einem Caddy …", heißt es dort bis zum heutigen Tag.

4

Die Sonne geht auf über den Pocono Mountains, und ich kann das sehen, weil die Morgans mich eingeladen haben, mit ihnen Ski fahren zu gehen. Sie haben drei Töchter: Greta, Anna und Hilda. Und obwohl ich Greta am liebsten mag und sie seit der zweiten Klasse meine beste Freundin ist, liebe ich sie alle: den großen amerikanischen Vater, der ein bisschen aussieht wie der Vater in *The Brady Bunch*, die kleine, resolute deutsche Mutter mit ihrem verschroben-liebenswerten Akzent, den wuseligen Springer Spaniel und den sandfarbenen Kater, der den Kanarienvogel im Auge behält, der die Mutter im Auge behält, während sie Brathuhn, Spätzle und Erbsen kocht. Ich traue mich nicht, es laut auszusprechen, wie sehr ich mir wünsche, dass diese Familie meine Familie wäre, aber alle wissen es, und sie lassen mich bei ihnen sein. Bei den Morgans zu Hause trinkt niemand etwas anderes als frische Milch, die von einer Molkerei in der Nähe in Glasflaschen gebracht wird.

An diesem Morgen stapeln wir uns hinten in dem großen blauen Kombi, ein Haufen aus Skijacken, Fellstiefeln, Schlauchschals und Mädchen, in regem Austausch über die aktuellen Geschehnisse bei *General Hospital* – einer Serie, nach der Mrs Morgan süchtig ist (ihr einziges Laster, wie sie gerne sagt, und das stimmt!). Wir dürfen sie jeden Tag nach der Schule mit ihr zusammen gucken. Auf dem Parkplatz vom Skigebiet gibt es heißen Kakao aus der Thermoskanne für uns zum Aufwärmen. Und es gibt Erdnussbutter-Bananen-Sandwiches – die Ränder abgeschnitten – und kleine Tüten Chips und Gummibärchen, denn wer will schon Skigebietspreise für einen trockenen Hamburger ausgeben?

Wir jedenfalls nicht! Wir wollen hundertmal den Hang runterdüsen, uns gegenseitig in den Wald jagen und wieder hinaus, Skilift fahren, bei Mr Morgan zwischen den Beinen mitfahren und auf dem Heimweg alle Strophen von *American Pie* singen. Wenn ich mit den Morgans unterwegs bin, geht nie etwas schief.

Aber jetzt folgt der Wagen einer großen S-Kurve Richtung Berge, und als er einen Straßenabschnitt erreicht, der noch im Schatten liegt, kommt er auf dem versteckten Eis (ist es *jemals* Sommer in Pennsylvania?) ins Rutschen, zuerst noch geradeaus, aber dann fängt er an, sich zu drehen. Mr Morgan schreit: „Haltet euch fest, Kinder!", eindringlich, aber auch gut gelaunt wie immer, und in diesem Augenblick geraten wir richtig ins Kreiseln, einmal, zweimal, dreimal rum. Gleichzeitig werden wir langsamer, bis das Auto im zehn Zentimeter tiefen Schnee an der Böschung rückwärts zum Stehen kommt, wodurch wir die Kettenreaktion beobachten können, die unser Brems-, Dreh- und Eismanöver ausgelöst hat: Fünf Autos, zwei mittelgroße Lieferwagen, ein Sattelschlepper und ein Bus, der zu den Niagarafällen unterwegs ist, drehen sich und prallen voneinander ab wie in Zeitlupe, bevor sie in den verrücktesten Positionen liegen bleiben, über den ganzen Highway vor uns verstreut.

Nach und nach kriechen die Leute vorsichtig aus ihren Wagen hervor. Der Fahrer des Sattelschleppers kommt zu uns hochgelaufen, um zu sehen, ob wir okay sind, und sagt, dass er über Funk die Polizei gerufen hat, die schon unterwegs ist. Er und Mr Morgan sind sich einig, dass es ein Wunder sei, dass niemand verletzt wurde. Und schon fädeln sich ein paar Autos durch den Hindernisparcours, fahren einfach weiter, ein paar andere haben angehalten, um zu helfen.

Mr Morgan legt den Rückwärtsgang ein, und der schwere Wagen springt an, als wäre nichts gewesen. „Was meint ihr, Mädels, rauf auf die Piste?"

„Ja, ja!", brüllen wir begeistert.

„Müssen wir nicht auf die Polizei warten, Jim?", fragt Mrs Morgan. So wie sie den Namen ausspricht, klingt es, als würde ein Hund bellen.

„Wie haben niemanden angefahren", sagt er, „keiner hat uns angefahren."

„Wenn wir auf die Polizei warten, ist vielleicht der ganze Tag im Eimer", meint Greta.

Mr Morgan zuckt fröhlich mit den Schultern, als könne er halt nichts mehr tun, und dirigiert den Wagen in einem riesigen U zurück auf den Highway. Ein bisschen langsamer setzen wir unseren Weg fort Richtung Berg und Skilift.

5

Meine Mutter hat beschlossen, meinen Vater zu verlassen. Es ist mitten in der Nacht und wir brettern auf dem Interstate 95 gen Süden, irgendwohin, vielleicht Richtung Hilton Head. Wir glauben beide nicht, dass sie es wirklich tun wird – es ist nicht das erste Mal, dass wir uns in dieser Konstellation um genau diese nachtschlafende Uhrzeit in ihrem babyblauen Mustang Cabrio befinden. Aber der Gedanke an Hilton Head hebt trotzdem unsere Laune, verspricht er doch blau-weiß gestreifte Markisen, junge Männer in weißem Tennisdress, die um einen Platz auf der Setzliste wetteifern, kultivierte Fisch-Sandwiches, serviert auf der Veranda, dazu hohe, schwitzende Gläser mit Tee.

Meine Mutter ist zu betrunken, um zu fahren. Sie weiß es, und ich weiß es, aber keiner von uns erwähnt es, dieses Mal genauso wenig wie die zwanzig Millionen anderen Male. Stattdessen konzentriere ich mich darauf, unser Auto – und die paar anderen Autos, die uns um diese Zeit begegnen – mit meinen Gedanken zu dirigieren; die Rehe, die auf die Idee kommen könnten, aus dem dunklen Wald vor uns auf die Straße zu springen; die Polizisten, die vielleicht bemerken, dass unser Auto manchmal die doppelte gelbe Linie streift; und selbst meine Mutter, die die ganze Nacht über zwischen Triumph und Tränen hin- und herschwankt.

Sie hat etwas in der Jackentasche meines Vaters gefunden, und obwohl sie mir so gut wie alles erzählt – viel mehr, als ich mit zwölf wissen müsste –, sagt sie mir aus irgendeinem Grund nicht, was es ist. „Es ist zu furchtbar", ist alles, was sie dazu von sich gibt, dann wischt sie sich über die Augen und presst den Kiefer zusammen. Im Hinblick auf das, was wir schon alles erlebt haben, fällt mir nichts ein, was auch nur annähernd als „zu furchtbar" eingestuft werden könnte und trotzdem noch in die Jackentasche meines Vaters passt. Ein String-Tanga?

Ein schmieriger String-Tanga? Zehn gebrauchte Kondome? Die abgerissene Brustwarze einer fremdländischen Tänzerin?

Wir kommen an einer Polizeistreife vorbei, und in dem Moment, in dem ich mich umdrehe, um zu sehen, ob deren Scheinwerfer angehen, läuft ein Schäferhund vor den Mustang. Meine Mutter (Gott sei ihr gnädig) weicht heftig nach links aus, und der Hund bleibt verschont, aber wir fahren plötzlich auf nur noch zwei Rädern und dann, klonk!, wieder auf allen vieren, und das Auto steuert direkt auf den Wald zu. Zum Glück sind die Bäume noch jung und bereit, sich aufspalten zu lassen, in Kronen und Stämme, während wir mit der Nase voran die Böschung hinabdonnern. Die Bäume explodieren wie Popcorn um uns herum, bis der Boden auf einer sumpfigen Lichtung wieder eben wird, das Auto zitternd zum Stehen kommt und einsinkt.

„Alles gut, Kleines?", fragt meine Mutter, wie immer, wenn so etwas passiert, und dann beginnt sie zu weinen wegen was auch immer in der Tasche meines Vaters war. Ich beschwöre den Polizisten, dass er nicht gesehen hat, wie wir von der Fahrbahn abkamen, beschwöre es, noch ein paar Stunden lang dunkel zu bleiben, damit meine Mutter nüchtern werden kann, bevor jemand die kaputten Bäume bemerkt, damit sie ihren Führerschein nicht verliert und wir es, beim nächsten Mal, vielleicht bis nach Hilton Head schaffen.

6

Ich bin in der Junior High School. Ich tippe auf neunte Klasse wegen meiner Kleidung, irgendwas, was meine Mutter ausgesucht hat, schmaler schwarzer Rock, schwarzer Rolli, roter Blazer. Wir sind mal wieder auf dem Heimweg an einem Altardienst-Sonntag und halten an einem Kiosk, um eine *New York Times* zu kaufen. Es muss Winter sein, weil meine Mutter im Auto bleiben will und den Motor des MG Midget am Straßenrand laufen lässt, während ich reingehe. Wir müssen uns beeilen, nach Hause zu kommen, bevor mein Vater vom Tennis zurück ist, um irgendwas vor ihm zu verstecken, das weggeräumt sein muss, bevor er wieder da ist; oder vielleicht nur, um mit dem Kochen anzufangen und dafür zu sorgen, dass es aus der Küche lecker duftet – ein Trick, um seinen täglichen, irrationalen Zorn nicht auf uns zu ziehen.

Mit der dicken Sonntagsausgabe unter dem Arm fasse ich nach dem Griff der Autotür und rutsche auf dem Eis aus, die Zeitung fliegt durch die Luft und segelt in Einzelteilen über den Parkplatz, während ich auf den Boden knalle. Meine Mutter lehnt sich über den Beifahrersitz, um die Tür zu öffnen und zu sehen, ob ich mich verletzt habe, und tritt dabei mit ihrem Fuß auf die Bremse. Es ist ein Glück, dass ich nicht ohnmächtig am Boden liege, halb unter dem Auto, denn was sie für die Bremse hält, ist das Gaspedal.

Der Motor des kleinen Autos heult auf, und ich beobachte auf Knien, die halbe *Times* schon wieder in meinen Armen, wie der Roadster den Bordstein raufspringt, einen Pferde-Schaukelautomaten mitnimmt, in den man eine Münze einwerfen muss, um eine Minute reiten zu dürfen, und ihm zur Rückseite des Geschäftes schiebt. Auf spektakuläre Weise donnert er schließlich in einen riesigen Verkaufsautomaten und erschafft eine Landschaft aus Schokoriegeln, Marshmallows, Tütensuppen und Konservendosen.

7

Ich bin mit meiner Freundin Sally auf dem Heimweg von der Party einer Studentenverbindung an der Lehigh University. Wir sind noch in der Mittelstufe, aber Sally hat schon einen Führerschein, und wir sind so brave Mädchen – richtige Streber sogar –, dass keiner, am allerwenigsten unsere Eltern, auf die Idee käme, uns an einem verschneiten Freitagabend im Beta-Theta-Pi-Verbindungshaus zu suchen.

Sally fährt das Familienauto, einen taupefarbenen Country Squire mit Holzbeschlägen. Ich weiß nicht, wie viel wir getrunken haben (vielleicht ein bisschen selbst gemachten Eierlikör-Punsch mit Alkohol aus der Apotheke aus einem Blechkanister?). Es kommt mir nicht so vor, als wäre einer von uns wirklich betrunken gewesen. Aber der Glatteis-Faktor spielt wieder mal eine Rolle und die Kürze der Zeit, die bleibt, bis Sally zu Hause sein muss (sie hat eine feste Zeit, ich nicht), und damit die unvernünftige Geschwindigkeit, mit der wir über die winterliche Schnellstraße fahren. Und dann sind da der verkeilt über beide Fahrspuren stehende Sattelschlepper und unsere erstaunten Gesichter, als Sally auf die Bremse tritt und der Wagen nur noch schneller vorwärtszuschießen scheint. Meine Hände sind auf dem Armaturenbrett und ihre auf zehn und zwei Uhr auf dem Lenkrad, genau so, wie der Fahrlehrer es uns beigebracht hat, der immer versucht, uns zu überreden, dass wir ihm einen blasen, während er durch die Serpentinen manövriert (das wird in der Prüfung vorkommen!). Und dann der Moment, in dem wir uns ducken müssen, gleichzeitig, als die Front des Autos unter den Auflieger schlittert, die Windschutzscheibe zersplittert und das Metall kreischt, während der Boden des Sattelschleppers das Dach des Country Squires abschält. Und dann kommt alles zu einem qualmenden, zusammengequetschten Halt, und Sally und ich blinzeln uns mit Glassplittern im Haar an und danken welchem Gott auch immer, der Jugendliche vor ihrer eigenen Dummheit schützt. Der Polizist wird später sagen: „Jedes andere Auto als dieser alte Streitwagen, und wir würden euch ungefähr genau jetzt in Leichensäcke packen."

8

Wir fahren für die Zeit zwischen den Jahren mit dem neuen Cadillac (schwarz mit burgunderfarbener Innenausstattung) nach Florida, hören die Sendung „Grüße an die Lieben in der Ferne" im Radio und lesen laut die Attraktionen vor, die auf den Schildern am Straßenrand stehen. Jetzt, da ich „in dem Alter" bin, wie mein Vater gern sagt – obwohl meine Mutter und ich nicht wissen, was er damit meint, weil ich erst 16 bin und erst 18 werde, wenn ich mit meinem ersten College-Jahr fast fertig bin –, ist es mein Job, den Barkeeper für meine Eltern zu spielen: Eiswürfel aus dem Eisfach in den Shaker tun, den Wodka eingießen, die Wermutflasche so über die Öffnung des Shakers halten, dass nicht mehr als der Bruchteil eines Tropfens hineinfällt, schütteln, einschenken, mit Olive und Silberzwiebeln garnieren, meinen Eltern die Gläser präsentieren und das so oft wiederholen wie aufgefordert.

Meine Eltern fänden es okay, wenn ich mir selbst auch einen machen würde – sie reden mir sogar gut zu –, aber vom Geruch von Wodka wird mir schwindelig, und vom Rumhantieren mit den Silberzwiebeln wird mir schlecht. Abgesehen davon gibt es so viel Weihnachtsverkehr, den ich nebenbei noch unter Kontrolle behalten muss, dass ich es mir nicht leisten kann, abgelenkt zu sein. Plus, dass ich diejenige bin, die, wenn wir rausgewinkt werden, mit dem Polizisten flirten muss.

Als ich die vielen Bremslichter vor uns sehe, bin ich so sicher, dass mein Vater sie auch sehen muss, dass ich zunächst meinen Mund halte. Man zahlt in meiner Familie einen hohen Preis fürs Sich-vom-Rücksitz-Einmischen, was mir meinen Job als Fahrt-Kontrolleurin besonders schwer macht, weil ich jetzt auch noch meinen Vater mit meinen Gedanken dazu bringen muss, die Bremslichter wahrzunehmen, oder notfalls meine Mutter, weil sie – obwohl auch sie Angst vor ihm hat – noch eher als ich ein „Achtung, pass auf!" rauslässt. Ein paar weitere Sekunden vergehen, ohne dass er etwas bemerkt, ohne dass sie etwas bemerkt, und mir bleibt nichts anderes übrig als „Bremsen!" zu brüllen. Es vergeht ungefähr eine weitere Sekunde, in der mein Vater seinen Blick wieder scharf stellt und sieht, dass der Verkehr zum Stehen gekommen ist, aber es ist zu spät, und wir fahren so heftig auf das Auto vor uns auf, dass wir eine Kettenreaktion auslösen: Drei weitere Autos werden jeweils vom Hintermann getroffen, hauptsächlich Blechschäden, bis auf das Auto vor uns, das keinen Kofferraum, und unseres, das keinen funktionstüchtigen Motor mehr hat.

„Halleluja. Warum hast du nicht früher was gesagt?", meint mein Vater, während meine Mutter erfolglos versucht, die Wodkaflasche ins Handschuhfach zu quetschen, obwohl jeder sehen kann, das sie zehn Zentimeter zu lang ist. Ich nehme sie ihr aus der Hand und stopfe sie in meinen *Bad Company*-Rucksack, zusammen mit den Oliven und den Silberzwiebeln, kurbele das Fenster runter und schütte den letzten Drink weg, in Erwartung des Polizisten, dessen Sirene wir jetzt hören können, während er uns auf dem Standstreifen entgegenkommt.

9

Das letzte Highschool-Jahr, kurz vor dem Abschluss. Greta, Anna und ich sind an einem warmen Mai-Samstag auf dem Weg ins Einkaufszentrum. Die Mädels haben das ausgemusterte Familienauto bekommen, den blauen Kombi, auf dessen Rückbank wir so viele Jahre lang gesessen haben.

„Das Ding würdest du nicht mal kaputt kriegen, wenn du damit frontal in eine Eiche fährst", sagt Mr Morgan, als er Greta die Schlüssel überreicht. Aber es stellt sich heraus, dass er unrecht hat, denn genau das *tun* wir an diesem Samstagnachmittag – kein Glatteis, kein Alkohol. Unaufmerksamkeit und Unerfahrenheit sind unsere einzigen Ausreden.

Ich erinnere mich nicht mehr daran, wie wir mitten auf dem frühlingsgrünen Feld gelandet sind. (Halten wir uns, wie so oft, kichernd und quiekend die Bäuche? Bin ich es, wie so oft, die Greta derart zum Lachen bringt, dass sie nicht mehr lenken kann?) Und ich erinnere mich nicht mehr daran, warum der Wagen von all den Orten, an denen er auf dem Feld zum Stehen kommen könnte, direkt in die riesige Eiche fährt. Als ob er wüsste, dass seine Tage gezählt sind und er genau auf dieser Wiese dahinrosten will, während der größte Baum des Landes anscheinend mitten aus seiner Nase herauswächst.

Ich erinnere mich nur an Gretas Gesichtsausdruck, als sie Mr Morgan vom Bauernhaus an der Ecke aus anruft (hundert Prozent traurig, nicht ein bisschen geschockt), und ich erinnere mich an das Lächeln auf seinem Gesicht, als er über das Feld auf uns zuläuft, seine Arme ausbreitet, um Greta zu umarmen, und sagt: „Ich bin so unendlich dankbar, dass euch nichts passiert ist."

In Rum getränkt
Leah Odze Epstein

An meinem sechsten Kindergeburtstag war meine Mutter betrunken.

Wir waren kurz zuvor in ein neues Haus gezogen, neue Stadt, neue Schule, deshalb lud ich alle Mädchen aus meiner Klasse zu der Feier ein. Ich plante wochenlang und brachte meine Mutter sogar dazu, mir eine Frisur mit zwei zu Locken gedrehten Zöpfen zu machen, so eine wie mein Idol sie hatte: Cindy Brady, deren Familie auf so unvollkommene Weise vollkommen war, dass ich glaubte, es gäbe sie wirklich. Alles, was ich wollte, war eine *Brady Bunch*-Familie. Die Bradys hatten genau ein Problem pro Folge, das am Ende auf nette Art und Weise gelöst wurde. Leider war das bei mir zu Hause nicht der Fall, wo die Probleme meiner Mutter jeden Tag mehr und größer wurden.

Wir saßen also bei meiner Geburtstagsfeier zu zehnt in unseren hübschen Kleidern um den Esstisch herum, und mein Vater zündete die Kerzen auf der Torte an. Meine Mutter hatte sie bei ihrer Lieblingsbäckerei gekauft. Glänzende Maraschino-Kirschen thronten oben auf der Sahne der edlen und teuren Schwarzwälderkirschtorte, besprenkelt mit Schokoladenflocken.

Ich war noch zu jung, um ausdrücken oder überhaupt verstehen zu können, wie peinlich mir das Outfit meiner Mutter war, aber Jahre später erinnere ich mich noch an jedes Detail: das indianische Perlenstirnband – keins von diesen schicken, dünnen Pappagallo-Haarbändern, die zu der Zeit so modern waren, sondern eins, das sich über ihre ganze Stirn spannte. Das Jeanshemd, aufgeknöpft, sodass man quasi ihre Brüste sehen konnte. Die Schlaghose, die zwar in der *Vogue* in Mode war, nicht aber unter den Vorort-Hausfrauen von Bethesda in Maryland, wo wir wohnten. Mit ihrer glatten, blondgefärbten Pagenfrisur fiel meine Mutter unter den anderen Müttern ohnehin auf, die ihr Haar alle kurz und auftoupiert trugen. Und sie war so gar nicht „mama-mäßig". Sie war dünn – zu dünn – von den vielen Zigaretten, die sie täglich rauchte.

Meine Mutter stand hinter mir, dann stieg sie auf ihren Stuhl und kletterte auf den Tisch. Sie sang: „Happy birthday to you", und schwenkte ihre Hände wie ein Dirigent. Ich öffnete meinen Mund, um etwas zu sagen, warf einen schnellen Blick auf meine Freundinnen, machte ihn wieder zu und versuchte, mich so klein wie möglich zu machen. Meine neuen Klassenkameradinnen schielten nach oben und sangen mit, fast lautlos, ihre Münder bewegten sich kaum.

Als Lauren, der Star unter den braven, perfekten Mädchen, sich die erste Gabel voll Schwarzwälderkirschtorte in den Mund schob, sanken ihre Mundwinkel nach unten.

Was stimmt nicht?, dachte ich.

„Iiiihh!", rief sie.

Ihre Äußerung verbreitete sich wie eine Welle unter den Mädchen am Tisch, die alle die Torte probierten und sie dann schweigend mit der Gabel auf ihren Tellern zerdrückten.

Mein Vater war genauso irritiert wie ich, weil meine Mutter die Torte ja gekauft hatte. Er probierte selbst ein Stück und legte entgeistert die Gabel beiseite. „In der Torte ist Rum", sagte er.

„Sei nicht albern", sagte meine Mutter und probierte von ihrem Stück. „Der ist doch beim Backen verdampft."

Ich aß mein Stück und tat so, als würde es mir schmecken, aber die Torte war eindeutig in Rum getränkt.

Ich registrierte das nervöse Lächeln und den unruhigen Blick der anderen Mütter, als sie ihre Töchter nach der Feier abholten und mein Vater sie an der Tür empfing. *Wo ist die Mutter?*, haben sie sich vermutlich gefragt. Zum Glück war mein Vater so klug gewesen, meine Mutter ins Bett zu schicken, um „es auszuschlafen". Ich stellte mir vor, wie die Mädchen ihren Eltern von dem schrecklichen Geburtstagsfest erzählten, von der komischen Mutter, der ekligen Torte.

Schon vor diesem Tag waren meine Gefühle gegenüber der Trinkerei meiner Mutter vielfältig gewesen. Als ich drei, vier und fünf Jahre alt war, äußerte sich der Wust an verwirrenden Emotionen in Form von Schwindelanfällen, Kopfschmerzen und Angst, die mich die ganze Nacht lang wach hielt.

Bis zu meinem sechsten Geburtstag war der Alkoholismus meiner Mutter ein Familiengeheimnis gewesen (oder jedenfalls glaubte ich das). Danach war ich davon überzeugt, dass jeder wusste – und jeder es jedem erzählte, der es nicht wusste –, dass ich aus einer „schlechten" Familie kam – das genaue Gegenteil der *Brady Bunch*-Familie, die die einzige Familie war, die ich wirklich zu kennen glaubte. Jetzt begann ich etwas gänzlich anderes zu fühlen: Scham.

Nach meiner Feier entwickelte ich eine Abneigung gegen meinen Geburtstag und gegen Geburtstagsfeiern allgemein. Einmal war ich bei einem Mädchen eingeladen, das bei uns in der Straße wohnte. Ich verließ das Haus in meinem hübschen Kleid, aber anstatt zu ihr zu gehen, versteckte ich mich für ein paar Stunden in den Büschen neben unserem Haus, bevor ich wieder nach Hause ging. Ich wollte meine Mutter nicht mit meinen Sorgen und Ängsten belasten und stand das allein aus. Ich weiß nicht mehr, ob die Mutter des Geburtstagskindes bei uns anrief, um zu sagen, dass ich nicht bei ihnen sei. (Damals in den 1970ern sah man alles lockerer, und allein in der Nachbarschaft herumzustromern war ganz normal.) Alles, was ich weiß, ist, dass ich mich, statt zur Feier zu gehen, versteckte.

Die Trinkerei meiner Mutter – ihr unberechenbares Verhalten, ihre Traurigkeit, ihr Zorn – wurde irgendwann so schlimm, dass mein Vater ihren Schnaps wegschloss. Und schließlich, als mein Vater damit drohte, sie zu verlassen, ging meine Mutter zur Entziehungskur ins Krankenhaus.

Das Problem war, dass das Leben für meine Mutter, auch nachdem sie aufgehört hatte zu trinken, immer noch schlimm war. Schlimmer sogar. Es war ja nicht so, dass sich ihr Wesen auf magische Weise komplett veränderte, als sie mit dem Alkohol aufhörte. Sie brüllte und schrie zwar nicht mehr so viel herum, lief nicht mehr rot an oder warf mit Gegenständen. Aber mit den meisten Dingen kam sie nach wie vor nicht zurecht. „Ich schaff's nicht", wurde zu ihrem Standardsatz.

Manchmal murmelte sie zu Hause ununterbrochen AA-Slogans vor sich hin, was mich daran erinnerte, wie labil sie war.

„Ein Tag nach dem anderen."

„Mach langsam."

Obwohl sie so zerbrechlich schien, fürchtete ich mich vor ihr und ging auf Zehenspitzen, in Sorge, dass sie wieder anfangen würde zu trinken oder sich vor meinen Freundinnen lächerlich machte. Sie hatte sich nicht auf wunderbare Weise in eine klassische Vorort-Mutter verwandelt. Sie trug immer noch eine schwarze Lederjacke, fluchte und rauchte und schimpfte über diese typischen amerikanischen Mütter.

Ohne den Alkohol, der ihr half, die Dinge zu ertragen, machte sie alles nur noch mehr verrückt. Zum Beispiel mein Geburtstag. Vor allem mein Geburtstag. Aus irgendeinem Grund war der Geburtstag meiner Schwester keine so große Bürde. Vielleicht weil sie älter war und ihre Geburtstage kiffend mit ihren Freunden verbrachte.

Auslöser schien die Torte zu sein. Die in Rum getränkte Schwarzwälderkirschtorte war durch die *Schwedische Obsttorte Spezial* ersetzt worden, die meine Mutter selbst backte. Meine Lieblingstorte.

Ich weiß nicht, wie alt ich war, als meine Mutter zum ersten Mal an meinem Geburtstag abhaute. Aber ich kann bis heute die ganze Folge von Ereignissen wie einen Film vor meinem inneren Auge ablaufen lassen. Mit den besten Vorsätzen kündigte sie an, dass sie die Torte backen würde, und besorgte alle Zutaten. Bei ihr würde es keine künstliche amerikanische Schlagsahne aus der Sprühdose geben, keinen viel zu süßen Fertig-Zuckerguss, keine Backmischung – sie würde alles von Anfang bis Ende selbst machen. Sie stand in der Küche, rührte und mixte, backte die zwei Teigschichten, machte die Vanillecreme für dazwischen und schlug die Sahne für obendrauf. Als Nächstes wusch sie die Beeren, schnitt die Bananen in Scheiben, begann dann außen mit einem Ring Erdbeeren und arbeitete sich über Blaubeeren, Himbeeren und Bananen zur Mitte vor.

Irgendwo unterwegs lief etwas schief. Meine Mutter hatte genug vom langen Stehen. Und dann stellte ich die verhängnisvolle Frage: „Wann ist sie fertig?"

Vielleicht sah meine Mutter die Erwartung in meinen Augen und hatte Angst, sie nicht erfüllen zu können. Was auch immer der Grund war, meine Mutter warf ihre Arme in die Höhe und rief: „Ich halt es nicht mehr aus." Dann schnappte sie sich ihren Autoschlüssel und knallte die Tür hinter sich zu. Der Wagen verließ kreischend die Auffahrt. Ich wusste nicht, wo sie hinfuhr, und ich habe sie nie danach gefragt – ich hatte gelernt, keine Fragen zu stellen. Sie war stundenlang weg, und ich hatte Angst. Um nicht zu sagen Panik. Was, wenn sie es nun wirklich nicht mehr aushielt und beschloss, das Auto gegen einen Baum zu steuern?

Es kann sein, dass meine Mutter nur ein oder zwei Mal an meinem Geburtstag abhaute, aber in meiner Erinnerung passierte es jedes Jahr, immer auf dieselbe Weise. Bis mein Geburtstag so etwas wie ein „verfluchtes Ereignis" wurde.

Das änderte sich erst, als ich aufs College ging. Den besten Geburtstag, den ich je hatte, verbrachte ich weit weg von zu Hause in Ithaka in New York, wo ich einen Sommerkurs besuchte. Ich wohnte in einem heruntergekommenen Apartment ohne Telefon. Ich war auf Post angewiesen und war positiv überrascht, eine Geburtstagskarte von meinen Eltern zu bekommen, genau am richtigen Tag. Wie perfekt die Karte war, mit dem Blumenstrauß vorne drauf. Wie einfach es war, genau das richtige Gefühl zu vermitteln mit einer Karte, die eine schlichte Momentaufnahme war und nicht den Einflüssen von Stress oder schlechter Laune unterlag. Den Abend verbrachte ich an diesem Geburtstag mit meinen neuen Freunden. Kein Ballast. Einfach nur Spaß.

So fand ich die Lösung meines Geburtstagsproblems: Solange ich weit genug weg war von zu Hause, konnte Geburtstaghaben okay sein. Sogar schön. Aber meine Mutter wollte meine Geburtstage mit mir verbringen. Sie hatte noch immer das Bedürfnis, es richtig zu machen.

Als ich älter wurde und selber Kinder hatte, setzten sich meine Eltern fünf Stunden ins Auto, um in einem Vorort von New York City meinen Geburtstag mit mir zu verbringen. Es war jedes Mal eine Katastrophe. Nicht wegen etwas, das jemand anderes tat oder sagte, sondern wegen etwas, das ich mir selbst antat. Im Kopf. Ich wachte schon mit Panik auf und mit dem Gefühl einer Erwartung, die niemals erfüllt werden konnte.

Auf einem Foto puste ich in einem mexikanischen Restaurant bei uns um die Ecke die Kerzen auf einem riesigen Flan aus, meine Eltern, mein Mann und meine Kinder sehen mir dabei zu. Tapfer trage ich den Sombrero auf dem Kopf, den sie mir in dem kitschigen Restaurant gegeben haben, aber ich sehe aus wie ein mürrischer Teenager, der nur darauf hofft, dass alle Leute um ihn herum, inklusive der umherwandernden Mariachi-Band, verschwinden und ihn allein lassen.

„Ich hasse meinen Geburtstag", erzählte ich meinen Freunden, wenn das Thema darauf kam. Nie wäre ich auf den Gedanken gekommen, an diesem Tag etwas Besonderes für mich zu planen. Ich wartete ab, bis jemand anderes etwas vorschlug, und machte dann mit – auf ewig Kind.

Einmal – lange nachdem ich dreimal die Woche auf der Couch eines Therapeuten gelegen, das Buch *Wohin mit meiner Wut. Neue Beziehungsmuster für Frauen* gelesen und meine destruktive Wut an allen Familienmitgliedern ausgelassen hatte – beschloss ich, um das zu bitten, was ich mir wünschte. Die Torte. Die *Schwedische Obsttorte Spezial* meiner Mutter, ohne Drama, ohne Flucht.

Schon in dem Moment, als ich meine Mutter anrief, bereute ich es. Ich hörte meine eigene Stimme, sie klang dünn, wie die eines Kindes – obwohl ich zu dem Zeitpunkt fast vierzig war. Es hat einen Grund, warum man uns erwachsene Kinder nennt.

Und ich hörte durch den Hörer, wie meine Mutter die Luft einsog und seufzte. War es eine Bürde für sie, die Torte zu backen, oder seufzte sie aus Erleichterung, dass ich endlich wieder darum bat, nach all den Jahren? Vielleicht hatte sie genug davon, sich für ihr früheres Verhalten schuldig zu fühlen, selbst wenn sie sich diese Last zum Teil selbst aufgeladen hatte. Jahrelang hatte sie sich abgemüht, um alles wiedergutzumachen, seit sie den Entzug geschafft hatte, als ich neun war. Das sind eine Menge Jahre der Buße.

„Ja, natürlich backe ich die Torte", sagte sie. „Ich tue alles für meinen kleinen Engel." Sie war nicht dazu in der Lage, nein zu sagen, und ich hatte Angst, dass es seinen Preis haben würde, für sie und für mich.

Später, nachdem ich aufgelegt hatte, spielte ich die Sache nochmal

35

gedanklich durch. *Was wäre das Schlimmste, was passieren könnte?* *Meine Mutter und ich sind Hunderte von Meilen voneinander entfernt. Sie ist älter und abgeklärter geworden. Sie kennt ihre Grenzen. Sie backt die Torte allein, in Ruhe – ohne meinen erwartungsvollen Hundeblick –, und dann wird sie sie mitbringen, wenn sie und mein Vater mich an meinem Geburtstagswochenende besuchen kommen.*

Ich überlegte, ob ich sie noch einmal anrufen sollte, um ihr zu sagen, dass sie sich keinen Stress machen solle, dass ich die Torte selber backen würde, dass es ein Spaß wäre für mich und die Kinder, das auszuprobieren. Vielleicht könnte sie mir einfach das Rezept geben.

Aber was, wenn es ihr wichtig war, die Torte zu machen?

Es ist alles in Ordnung, beruhigte ich mich, *ich bin jetzt erwachsen und habe mein eigenes Zuhause, weit weg von ihrem. Ich möchte, dass meine Kinder diese Torte probieren und wissen, wie köstlich sie ist.*

Vielleicht wollte ein Teil von mir die guten Zeiten meiner Kindheit wieder zum Leben erwecken, um mich daran zu erinnern, dass es, neben dem ganzen Mist, auch glückliche Momente gab. Ich hatte vergessen, dass meine Mutter, auch wenn sie jedes Mal an meinem Geburtstag abgehauen war – oder es mir zumindest so schien –, sich schließlich zusammengerissen hatte, nach Hause gekommen war und wir die Torte gegessen hatten. Köstlich.

Ich erzählte meinen Kindern von der Torte. „Ihr werdet sie lieben", sagte ich, „wartet nur, bis ihr sie probiert habt." Erstaunlich, wie ich mir die Fähigkeit bewahrt hatte, aufgeregt und voller Vorfreude zu sein. Und dann packte mich wieder die Sorge: *Was, wenn sie ihnen nicht schmeckt? Was, wenn sie sie doch nicht backt?* Die alten Enttäuschungen. Die Scham.

Meine Mutter hielt Wort und erschien mit der Torte. Sie strahlte, als sie sie auf dem Küchentresen abstellte und vorsichtig den Plastikdeckel abzog. Die Kinder riefen „Ohhh" und „Ahhh", aber als sie hörten, wie ich die Luft einsog, und als sie den Blick in meinen Augen sahen, sagte meine Neunjährige (wie immer dabei, meine Gefühlslage auszuloten): „Es ist nur eine Torte, Mama."

„Diese ist etwas Besonderes", beharrte ich.

Sie sah genau so aus, wie ich sie in Erinnerung hatte, mit perfekten Ringen aus Himbeeren – extra Himbeeren, weil meine Mutter weiß, wie sehr ich die liebe. Ich hätte die Torte am liebsten einfach nur angesehen, aber meine Mutter bestand darauf, sie für mich anzuschneiden. Das erste Stück für mich, weil ich das Geburtstagskind war. Oder es morgen sein würde. Ich hatte beschlossen, dass wir den Kuchen einen Tag vor meinem tatsächlichen Geburtstag essen würden, damit nicht so viel Bedeutung darauf läge.

Die Kinder bekamen jeder ein Stück, probierten und zerdrückten es dann auf dem Teller, genau wie die Mädchen bei der Feier zu meinem sechsten Geburtstag. Und obwohl diesmal kein Rum drin war, machten meine Kinder trotzdem nicht „mmmhhh!".

„Sie sind daran gewöhnt, dass alles so furchtbar süß schmeckt", sagte meine Mutter. „Amerikaner tun in alles viel zu viel Zucker, sie essen viel zu süß."

Ich nickte und probierte die Torte. Natürlich, meine Kinder waren an Glasuren aus haufenweise Puderzucker gewöhnt. Und nicht an die feine schwedische Sahne-Variante mit einem Hauch von Vanille und Zucker und der herben Note von Zitronenschale.

Meine Mutter beobachtete mich beim Essen. Ich erwartete Glückseligkeit, erinnerte mich an die süße Saftigkeit der Torte, luftig und leicht. Aber die Torte war trocken und die Sahne war nicht so süß, wie ich sie in Erinnerung hatte.

„Ich wollte nicht so viel Zucker hineintun und hab nur die halbe Menge genommen." *Aha!*

„Du solltest Dinge nicht abändern", brach es aus mir heraus, und im selben Moment wünschte ich mir, dass ich die Worte zurücknehmen könnte, als ich sah, wie die Mundwinkel meiner Mutter nach unten fielen. „Tut mir leid", sagte ich schnell, um ihre Enttäuschung zu lindern.

„Ich danke dir, dass du die Torte gebacken hast. Sie ist lecker", sagte ich, schluckte meine eigene Enttäuschung herunter und brachte ein Lächeln zustande. Meine Kinder sahen mir dabei zu, und ich dachte nur, dass sie sie nicht mochten – dass sie sich wahrscheinlich betrogen vorkamen nach dem ganzen Trara um die Torte.

Ich war so sehr damit beschäftigt, die Gefühle aller anderen zu überwachen, dass es mir schwerfiel, meine eigenen wahrzunehmen. „Einmal Alkoholikerin, immer Alkoholikerin", sagte meine Mutter gern. Und in dem Moment wusste ich, was sie meinte. *Einmal Tochter einer Alkoholikerin, immer Tochter einer Alkoholikerin.*

Geburtstage werden ein schwieriges Thema für mich bleiben. Sie drehen sich zu sehr um Erwartungen und Hoffnungen und darum, die Hauptrolle zu spielen – was im genauen Gegensatz zu dem steht, was ich als Tochter einer Alkoholikerin gelernt habe: *Mach dir keine Hoffnungen, sonst wirst du enttäuscht. Unsichtbar zu sein ist am sichersten. Bitte nicht um etwas. Nerv deine Mutter nicht – denn dann trinkt sie vielleicht. Mach deiner Mutter keinen Kummer – sie hat selbst schon genug.*

Ich habe mal gehört, dass bei Suchtkranken die emotionale Entwicklung gestört ist, dass sie auf dem Stand der Zeit bleibt, in der ihre Sucht begonnen hat. Ich glaube, dass das auch für die Tochter einer Suchtkranken gilt. Jedes Jahr an meinem Geburtstag sitzt ein Teil von mir wieder an diesem Esstisch und wartet voller Angst auf sein Stück Torte.

Die Erinnerungen an meinen sechsten Geburtstag und die Geburtstage danach sind mächtig – so mächtig, dass sie sich in meinen Körper eingenistet haben. Welche Funktion sie haben, weiß ich noch nicht genau. Sie sind nicht nutzlos, sonst würde ich sie einfach löschen. Aber sie sind auch nicht wie die Kerzen auf meiner Torte, deren Flammen ich einfach auspusten kann. Sie sind eher wie der Rum. Der Alkohol ist beim Backen verdampft, aber der Geschmack ist geblieben. Wie die Torte bin ich in Rum getränkt. Und vielleicht – nur vielleicht – ist das okay für mich, denn genau wie der Rum ein Teil der Torte war, ist „Tochter einer Alkoholikerin" ein Teil von mir.

Auf ewig dreizehn
Susan Henderson

In meinen Träumen kehre ich oft in meine Schulzeit zurück. Dort bin ich auf ewig dreizehn, das dürre Mädchen mit den langen, ungekämmten Haaren. Und ich bin betrunken. Ich laufe durch die verwinkelten Flure und suche meinen Klassenraum, ohne wirklich zu wissen, welchen Unterricht ich gerade habe. Ich knalle mit den Schultern gegen Spinde und Mitschüler, die mir die Worte hinterherrufen, die sie mir ins Jahrbuch geschrieben haben: „Miststück. Mach doch die Augen auf. Ein Hoch auf die Alkoholiker!"

Normalerweise fange ich mit dem Trinken auf dem Weg zur Bushaltestelle an und mache in den Pausen damit weiter. Ich habe immer eine Sonnencreme-Flasche in meiner Handtasche, voll mit Rum oder Whiskey, den ich aus den Schnapsschränkchen der Eltern meiner Freunde geklaut habe. Meine Eltern trinken nicht und haben nur die Auswahl an Alkohol im Haus, die man zum Kuchenbacken braucht oder für Käsefondue. Ich stehe hinter einer offenen Spindtür und der Träger meiner Handtasche rutscht in meine Armbeuge, während ich mir einen Strahl in den Mund spritze. Es schmeckt immer ein kleines bisschen nach Kokosnuss.

Ich behalte den Rum auf der Zunge, bis es kribbelt, spüre das leichte Brennen, wenn ich schlucke. Es schießt zuerst durch meine Nase und ätzt sich dann die Speiseröhre runter, bis nur noch der süße Geschmack hinten im Rachen übrig ist. Mit jedem Schluck wird die Welt kleiner, wie bei Nebel in einem Auto – Sichtweite nur bis kurz hinter die Fenster. So will ich es haben, mich abgekapselt fühlen von der Welt um mich herum, nur auf den vortrefflichen Geschmack fokussiert und auf die Schwere in meinen Händen.

Meine Freunde sind auch da in dem Traum, ihre Stimmen hallen, wie bei Kindern, die im Schwimmbad herumschreien. Ich kenne die meisten von ihnen seit der Grundschule, und jetzt sind sie schön und wohlproportioniert und riechen nach rosa Mädchen-Parfüm. Unter ihnen sehe ich aus wie ein Kind, immer in ihrem Schlepptau wie ein nerviger Stalker.

Spindtüren klicken auf und knallen zu und die schrille Schulglocke fordert uns auf, in die Klassen zu gehen. Ich renne jetzt den Flur hinunter, aber ich fühle in meinem Bauch, dass ich nicht zum Klassenraum hetze, sondern vor etwas zu fliehen versuche, das immer näher kommt. Ich erhöhe gerade noch einmal das Tempo, als ich an den Haaren zurückgerissen werde. Ich spüre das Zerren an meiner Kopfhaut, höre wildes Scherenklappern, und als ich mich umdrehe, sehe ich, dass eine meiner Freundinnen eine armlange Strähne von meinen Haaren in der Hand hält. Das Lachen klingt dumpf, als wäre mein Kopf unter Wasser getaucht. Ich brauche ihre Gesichter nicht zu sehen, um zu wissen, dass es meine sogenannten Freunde sind, die da lachen. Ich gehe einfach weiter, sage kein Wort.

Mein vierzehntes Lebensjahr würde ich gern vergessen. Wenn ich im Traum ins Kino gehe, läuft immer *Blutiger Valentinstag*. Der Film ist gerade zu Ende, und das Hochgefühl darüber, dass wir uns in einen FSK-18-Film geschmuggelt und eine Flasche Jim Beam die Sitzreihe rauf- und runtergereicht haben, wird langsam von Nervosität verdrängt. Wir kauen Kaugummi, um den Alkoholgeruch zu überdecken. Jetzt ist der Zeitpunkt, schnell wieder nüchtern zu werden, Tropfen gegen rote Augen unter die Lider zu träufeln und zu reden, ohne zu lallen.

Meine Freunde haben mir gesagt, ich soll am Straßenrand warten, während sie den großen Bruder suchen, der versprochen hat, uns alle nach Hause zu fahren. Ich zittere und starre in die Autoscheinwerfer auf dem Parkplatz und kippele den Bordstein rauf und runter, um warm zu bleiben. Endlich fährt ein Auto rechts ran und hupt. Ich gehe hin und ruckele am Griff der Hintertür, dann an der Vordertür, beide sind abgeschlossen. Ich sehe in die lachenden Gesichter meiner Freunde und warte darauf, dass der Witz vorbei ist und jemand die Tür aufmacht, aber sie preschen davon. Fast eine Stunde lang glaube ich daran, dass sie zurückkommen, um mich zu holen. Bis auf die Knochen durchgefroren und zum Glück mehr oder weniger nüchtern rufe ich schließlich zu Hause an, dass mich jemand abholen soll.

Es gab durchaus Erwachsene in meinem Leben, und man könnte

meinen, dass sie das Elend hätten bemerken müssen. Aber wenn mich jemand gefragt hat, wie es mir geht, habe ich immer gesagt: „Gut."

„Wie geht's in der Schule?"

„Gut."

„Wie war der Abend mit deinen Freunden?"

„Gut."

Ich wusste einfach nicht, wie ich mich mitteilen sollte. Nur ein einziges Mal sagte ich zu meinen Eltern statt „gut", dass ich mich traurig fühlte und so anders als die anderen. Mein Vater fand, dass ich alles dramatisierte, und meine Mutter versicherte mir schnell, dass ich klug und hübsch sei. Und sie meinte, dass ich natürlich Freunde hätte, ich würde doch immer die Wochenenden mit ihnen verbringen. Ich fühlte mich blöd damit, etwas gesagt zu haben. Es war einfacher, meine Gedanken für mich zu behalten und weiter mit derselben Clique um die Häuser zu ziehen, obwohl diese Wahl sich als immer gefährlicher erwies.

In einem Traum bin ich wieder im *Smithsonian* Einkaufszentrum. Es ist der vierte Juli, und ich trinke Jack Daniel's, während ich mich mit meinen Freundinnen durch die Menschenmassen schiebe. Die Musik ist schrecklich – die *Beach Boys* haben ihren Zenit längst überschritten und singen total schief. Ein paar Typen Mitte zwanzig pfeifen uns hinterher, winken uns zu sich rüber und geben Bier, Kekse und Wein-Mix-Getränke aus. Ich mochte immer diese schützende Mauer, die Alkohol um einen aufbaut, aber diesmal ist es anders. Ich fühle mich wie in ein Kaleidoskop gesperrt: Mein Körper dreht sich in die eine Richtung und der Boden in die andere. Irgendwo tief drinnen bekomme ich Panik, aber das vergeht schnell, so wie die Zeit, und plötzlich ist es spät.

Ich verliere meine Handtasche und die meisten meiner Freundinnen, mit denen ich losgezogen bin, inklusive derjenigen, die sich darum kümmern sollte, wie wir nach Hause kommen. Schließlich bleiben wir zu dritt übrig und beschließen zu trampen. Wir fahren mit einem Typen im Lastwagen mit, der selbst betrunken ist. Ich sitze vorne bei ihm in der Fahrerkabine, die anderen beiden auf dem Bett dahinter. Es trifft mich völlig unvorbereitet, dass sein Dreitagebart plötzlich ganz nah vor meinem Gesicht ist und er versucht, mich zu küssen. Ich erstarre und presse meine Lippen aufeinander, als ich nassen Glibber auf meinem Mund spüre. *Wenn ich mich nicht bewege, hört er auf,* denke ich. *Wenn ich mich nicht bewege, bin ich gar nicht wirklich hier.* Irgendwo im Nichts fährt er rechts ran, und nachdem er uns aus seinem Truck gescheucht hat, wirft er aus seinem Fenster mit Glasflaschen nach uns. Ich weiß nicht mehr, wie wir nach Hause gekommen sind, aber mein Vater ist stocksauer, weil ich meine Schuhe verloren habe. Es ist leichter, über Schuhe zu reden.

Ich frage mich, warum ich immer von genau diesem Alter träume. Mit dreizehn begann ich abzurutschen. Der Rest der Mittelstufe ist ein Mix aus Demütigungen, Blackouts und Schmerzen in der Brust. Ich verliere meine Freundinnen, jede einzelne von ihnen, was auch bedeutet, dass ich keinen Zugang zu ihren Schnapsschränkchen mehr habe. Der einzige Alkohol, der mir bleibt, ist das Zeug, das zum Backen reserviert ist. Und als das alle ist, mache ich die Flasche Mundwasser leer, die ganz hinten im Badezimmerschrank steht. Bald gibt es nichts mehr, was ich trinken könnte, keine schützende Mauer steht mehr zwischen mir und der Welt. Ich bin gezwungen, auf eiskalten Entzug zu gehen, auch wenn mein Körper protestiert, als ich neben der Toilette hocke und meine Wange gegen den kalten Sitz presse, schwitzend und zitternd, und nur noch Schaum spucke.

„Ein Hoch auf die Alkoholiker!" Kein Wunder, dass ich keine Freunde habe. Wer will etwas mit einem Mädchen zu tun haben, dessen Haare in der Toilettenschüssel hingen, das das Haus in nüchternem Zustand nicht verlassen kann, das ausgerechnet den Leuten hinterherdackelt, denen es am liebsten ein Messer in den Bauch stechen würde?

Hinter der geschlossenen Tür meines Kinderzimmers sehe ich mein verstecktes Ich, das Dylan Thomas liest. Ich stelle mir vor, wie ich ihn in einer Bar treffe und nächtelang mit ihm rede, vor den Fenstern fällt Schnee. In dem kleinen Zimmer bin ich eine fantastische Tänzerin, spiele Luftgitarre, jaule zusammen mit den schwarzen Gospelsängerinnen im Howard University Radio und schreibe Aufsätze, die in keinem Unterricht gefordert sind; ich habe einfach Lust, sie zu schreiben. Ich bin scharfzüngig, emotional, starrköpfig – und lebendig. Aber diese authentische, temperamentvolle Person lasse ich zu Hause, ich traue mich nicht, das Risiko einzugehen, anders zu sein.

Irgendwie finde ich ausgerechnet in dem Hausmeister der Schule einen echten Freund: eine verwandte Dichterseele, die mit mir am hintersten Tisch in der Cafeteria sitzt, zwischen uns ein Kassettenrekorder, aus dem Arien von Jessye Norman dudeln. Er zeigt mir, wie ich meine innersten Gedanken aufs Papier und zum Singen bringe.

Und ich lerne einen Jungen kennen, der mir Briefchen schreibt und mich nach der Schule nach Hause bringt, wo wir zusammen Platten hören und Kreuzworträtsel lösen. Er braucht ungefähr ein Jahr, bis er mich zum ersten Mal küsst, und das lehrt mich sehr viel über Vertrauen.

Ich fange an, mich im Unterricht zu melden und anderen meine Meinung mitzuteilen, die ich bislang immer für mich behalten habe. Meine ersten Versuche, vor anderen zu sprechen, sind peinlich – meine Stimme überschlägt sich und die Wörter kommen völlig verquer aus meinem Mund. Aber mit der Zeit fühle ich mich so wohl dabei, in der Klasse zu sprechen, dass ich mich manchmal auf meine Hände setzen muss, um auch anderen die Möglichkeit zu geben, etwas zu sagen. Es gibt zahllose solcher unerwarteten Wendungen und Überraschungen.

Ich glaube, dass es einen Grund dafür geben muss, warum ich nachts immer in mein vierzehntes Lebensjahr zurückkehre. Mein Leben lang habe ich mir die Sätze vorgehalten, die hingekritzelt in meinem Jahrbuch stehen, aber vielleicht besagen andere Kommentare, die auch hier und da auftauchen, viel mehr: „Schade, dass ich dich nie richtig kennengelernt habe, hab einen super Sommer." Wenn ich aus dem sicheren Abstand des vierzigsten Lebensjahres auf das vierzehnte schaue – von der Angst befreit, dass ich mein Leben betrunken und ungeliebt verbringen werde –, dann erkenne ich, dass die tatsächliche Tragödie vielmehr ist, dass niemand die Person kannte, dich ich wirklich war. Denn erst als ich der Welt meine verborgenen Seiten zeigte, fand ich echte Freunde und ein Leben, das so schön ist, dass ich nicht mal im Traum daran denken würde, es mit Alkohol zu vernebeln.

Ein (fast) alkoholfreies Collegeleben
Anna Klenke

Es ist mit das Erste, was sie einem bei dem Rundgang am Immatrikulationstag erzählen. Gleich auf dem belaubten Gehweg zwischen Verwaltungsgebäude und Studentenwerk kommt es zur Sprache: „Auf unserem Campus herrscht Alkoholverbot!" Die adrett gekleidete, rückwärtsgehende Führerin lächelt und sucht Augenkontakt mit den Eltern in der Gruppe, während die zukünftigen Studenten unruhig werden. *Alkoholverbot? Und wie hat man hier am Wochenende Spaß? Geht man nicht aufs College, um zu saufen?*

Zeitweilig hatte man wirklich den Eindruck, dass alle nur aufs College gingen, um zu saufen, selbst in den Colleges, die Alkohol eigentlich von ihrem Gelände verbannt hatten. Das St. Olaf College – eine kleines, geisteswissenschaftliches College in Minnesota – verbietet Alkohol, seit es 1874 von lutherischen Einwanderern aus Norwegen gegründet wurde. Abgesehen von diesem konservativen Erbe unterschied sich mein „alkoholfreies" College in den meisten Belangen überhaupt nicht von den staatlichen Unis: Wohnheimpartys, Bier-Pong und von Schnapsflaschen überquellende Mülleimer waren an den meisten Wochenenden gang und gäbe.

Den Unterschied machte der Aufwand, den wir betreiben mussten, um unseren Alkoholkonsum zu verbergen. In St. Olaf musste man clever sein. Es gibt die berühmte Geschichte von dem Typen, der versuchte, einen Sixpack ins Wohnheim zu schmuggeln, indem er behauptete, die kantige Ausbuchtung unter seinem Sweatshirt sei ein Tumor. Wasserflaschen enthielten oft puren Wodka, und einmal sah ich, wie ein Mädchen mit einer Injektionsnadel Rum in eine Saftpackung spritzte.

Wenn ich die Schulpolitik in puncto Alkohol auch nie gut fand, machte sie mir gleichwohl in meinen ersten zwei Collegejahren nicht viel aus. Meine Freunde tranken nicht, und ich hatte wenig Erfahrung mit Alkohol, deshalb ignorierte ich das Thema größtenteils. Im darauffolgenden Jahr änderte sich das allerdings. Die meisten meiner Freunde

45

tranken nun regelmäßig, ich wurde einundzwanzig und dazu noch Wohnheimaufsicht. Letzteres bedeutete, dass von mir erwartet wurde, dass ich die Alkoholvorschriften durchsetzte, also möglicherweise meine Freunde und Kommilitonen in Schwierigkeiten bringen musste, wenn ich sie mit Stoff erwischte. Plötzlich bekam das Thema „alkoholfreier Campus" eine Relevanz, die ich nie für möglich gehalten hatte.

„Kontrollrundgang!" Die Worte kamen krächzend aus meinem Mund, während ich mit der Faust gegen die Tür hämmerte, um die dröhnenden Bässe zu übertönen. „Könnt ihr bitte die Tür aufmachen?"

Irgendjemand schaltete die Musik ab. Ich hörte das Klirren von Flaschen und das Flüstern von Leuten, die den Alkohol in Schränken und Schubladen verschwinden ließen. Zwei komplette Minuten vergingen, bevor ein riesenhafter Footballer die Tür einen Spalt weit öffnete. „Was ist?"

Ich umklammerte meine knallgrüne Armbinde, mein einziges, armseliges Zeichen von Autorität. „Es klingt, als würdet ihr da drin eine Party feiern", sagte ich. „Kann ich reinkommen?"

„Klar", sagte der Footballer. Er schwang die Tür weit auf. Neun oder zehn Studenten standen um einen kleinen Klapptisch herum, der mit roten Plastikbechern voll stand. Sie waren alle größer als ich und offensichtlich betrunken. „Wir spielen Wasser-Pong", sagte er. Er hielt mir einen Becher unter die Nase. „Willst du mal riechen?"

In dem Becher war Wasser, aber der Raum stank nach Bier. Ich setzte mein bestes Ich-bin-eine-von-euch-Gesicht auf. „Okay", sagte ich, „mal im Ernst, ich hab Flaschen klirren gehört, als ihr die Musik ausgemacht habt, und es riecht nach Sprit. Ich weiß, dass es hier Alkohol im Raum gibt. Könnt ihr es uns allen nicht leichter machen und ihn einfach rausholen?" Ich hoffte, dass mein Tonfall freundlich, aber fest wäre, wie sie es uns bei den Trainings beigebracht hatten. Aber wahrscheinlich war er eher schwach und zittrig.

Die ganze Truppe starrte mich mit versteinerten Mienen an. „Keine Ahnung, wovon du redest", sagte ein bulliger Verteidiger, der vor mir aufragte. „Es ist nur Wasser-Pong."

„Genau, hör auf, uns zu nerven", brummelte ein Mädchen aus dem Hintergrund.

In einer Ecke erspähte ich einen Mini-Kühlschrank. „Könntest du mal den Kühlschrank aufmachen?", fragte ich.

Er zog die Tür auf. Eine Packung Milch, Käse, ein Glas Gewürzgurken. Der Typ war gut.

„Okay", sagte ich und kam mir wie die größte Trantüte vor, die jemals die Flure eines St.-Olaf-Wohnheims betreten hatte. „Achtet einfach drauf, dass die Musik nicht zu laut ist. Es ist bald Nachtruhe."

In dem Moment, in dem die Tür hinter mir zufiel, brachen sie drinnen in schallendes Gelächter aus. Ich rannte zum Fahrstuhl und schämte mich mal wieder zu Tode: die kleine Wohnheimaufsicht, die nicht den Mumm hatte, die Alkoholregeln konsequent durchzusetzen.

Das Problem war auch, dass ich mich selbst nicht an die Regeln hielt. Im Studentenhandbuch von St. Olaf steht: „Das Besitzen, Ausschenken und Konsumieren von Alkohol ist auf dem St.-Olaf-Campus, auf sämtlichem Gelände, das zum College gehört, sowie in allen College-eigenen Wohnheimen untersagt." Nachdem ich einundzwanzig geworden war, fiel es mir schwer zu akzeptieren, dass meine Uni das Recht hatte, mir das Alkoholtrinken zu verbieten. Ich versuchte, sooft es ging, außerhalb des Campus zu trinken, aber ein paar Male, die mir im Gedächtnis geblieben sind, schmissen Freunde eine so coole Party in ihrem Wohnheimzimmer, dass ich nicht widerstehen konnte und gegen die Regeln verstieß.

Wurde man als Wohnheimaufsicht mit Alkohol auf dem Campusgelände erwischt, verlor man diese Sonderstellung, was eine ganze Menge weiterer Konsequenzen nach sich zog: Rauswurf aus dem Wohnheim, Kürzung des Stipendiums und Tod durch elterlichen Zorn. Logischerweise bestand deshalb bei jeder Party meine erste Handlung darin, den nächstgelegenen Schrank ausfindig zu machen, in dem ich mich verstecken könnte, falls wir auffliegen sollten.

Als Zweites warnte ich jeden im Raum vor, dass ich nicht geschnappt werden durfte und gehen müsste, falls es zu laut wurde. Dann goss ich mir einen Drink in eine getarnte Saftpackung und verbrachte den Rest des Abends damit, mich nervös umzudrehen, sobald jemand den Raum betrat oder verließ. Spaßbremse? Ja. Aber ich war zu sehr mit meiner Paranoia beschäftigt, um mir über mein soziales Ansehen Gedanken zu machen.

In meinem dritten Collegejahr veranstalteten Freunde von mir in ihrem Zimmer ein Herbstfest. Es war eine richtig große Mottoparty mit Aktionen wie Kürbisschnitzen und Apfelbeißen – was beides deutlich mehr Spaß macht, wenn man betrunken ist. Ich trank zu viel Grapefruitsaft mit Wodka, unterstellte dem Freund meiner besten Freundin, mich nicht zu mögen, und machte ein paar wirklich gruselige Fotos, die natürlich auf Facebook landeten, bevor ich schließlich nach Hause torkelte. Es war das erste Mal, dass ich betrunken ins Wohnheim zurückkam, und ich brauchte eine ganze Weile, bis ich herausfand, wie der Fahrstuhl funktionierte. Ähnlich erging es mir, als ich versuchte, mein Zimmer zu finden und dann die Tür aufzuschließen. Zum Glück begegnete mir keiner meiner Mitbewohner. Sogar so hackestramm, wie ich war, wusste ich, dass eine betrunkene Wohnheimaufsicht keine zuverlässige Wohnheimaufsicht ist – und das Letzte, was ich wollte, war, schleimige Bekundungen ewiger Freundschaft gegenüber meinen Mitbewohnern von mir geben zu müssen. Als ich mich eine halbe Stunde später übergeben musste, traute ich mich nicht, zum Klo zu gehen, aus Angst, dass mich jemand sehen oder hören könnte. Also fand ich mich schließlich in Unterwäsche auf dem Fußboden wieder, übergab mich in einen Mülleimer und heulte wie ein Schlosshund, weil ich ein derart schlechtes Vorbild war. Ich kam nie wieder so betrunken nach Hause.

Zwei Wochen später war Halloween. Alle freuten sich noch mehr als sonst, weil Halloween auf den Samstag vor der Zeitumstellung fiel, was jedem eine Stunde Saufen extra bescherte und einen kompletten Sonntag zum Rausch-Ausschlafen. Außerdem war es das erste Wochenende nach der Herbstferienwoche und der Campus war bereit für eine große *Welcome back*-Party. Die Studenten fingen früh mit dem Trinken an und kamen schon verkleidet zum traditionellen

„Drinner", dem *drunk dinner*, in die Cafeteria. In meinem Aufsichts-team hatten wir beschlossen, dass an diesem Abend drei Leute Dienst machen sollten, um die Streiche im Auge zu behalten, die unweiger-lich ausgeheckt werden würden. Ich hatte keinen Dienst, kam aber früh von einer Party nach Hause, auf der es mir zu laut geworden war. So konnte ich die Rettungswagen beobachten, die mit Blaulicht vor-beirasten, weil immer mehr Studenten es zu weit getrieben hatten. Neun Leute wurden bei uns an diesem Abend mit Alkoholvergiftung ins Krankenhaus eingeliefert. Einer von ihnen, allein zurückgelassen und bewusstlos, lag völlig handlungsunfähig auf dem Fußboden seines Schlafsaals, bevor ihn einer von der Aufsicht fand. Das College am anderen Flussufer, in dem kein Alkoholverbot herrscht, musste nur drei Studenten ins Krankenhaus bringen lassen.

An diesem Abend wurde mir klar, wie sinnlos ein Alkoholverbot auf einem Campus ist. Der Verwaltung gefiel es anscheinend, so zu tun, als sei Alkohol kein Problem in unserem kleinen, christlichen College, aber er war eins. Ganz offensichtlich trinken Studenten in einem „alkoholfreien" College trotzdem. Und sie trinken riskanter. Ich hatte Freunde, die acht oder neun Schnäpse hintereinander runter-kippten, bevor sie zu einer Disco oder einem Konzert auf dem Campus gingen. Statt gemütlich und entspannt etwas trinken zu gehen, beeilen sich selbst die Über-21-Jährigen, so betrunken wie möglich zu sein, bevor sie die Sicherheitszone ihres Zimmers verlassen.

Früher gab es einen vom College organisierten Shuttle-Bus (unter Studenten auch Alki-Bus genannt), der freitag- und samstagabends zwischen College und Innenstadt hin- und herfuhr, aber der Betrieb wurde eingestellt, was betrunkene Studenten dazu zwang, die eine Meile zum College zurück zu laufen oder selbst zu fahren. Ein paar-mal im Jahr bekam die gesamte Studentenschaft eine Info-Mail, dass es nachts einen Zwischenfall gegeben habe. Die meisten Übergriffe standen in irgendeiner Form im Zusammenhang mit Alkohol.

Während ich der Einstellung, die viele meiner Kommilitonen in Bezug auf Alkohol hatten, zwiespältig gegenüberstand, war doch das Schwierigste für mich, eine Alkoholpolitik vertreten zu müssen, die ich voll und ganz ablehnte. Leider war das ein unumgänglicher und heikler Teil meines Jobs. Ich weiß, dass ich wegen meiner Aufsichtsfunktion zu vielen Partys nicht eingeladen wurde und dass viele Wohnheimbewohner unserem Team misstrauten und dachten, wir wären nur darauf aus, sie dranzukriegen. Bei Teambesprechungen witzelten wir herum, dass wir uns Lord-Voldemort-Masken kaufen und damit im Wohnheim rumlaufen würden, um diese Angst noch zu schüren.

Wegen meiner gelegentlichen Regelverstöße war ich ständig in Sorge, rauszufliegen und als die schlechteste Wohnheimaufsicht aller Zeiten in die Geschichte einzugehen. Ich betrieb einen immensen Aufwand, um meine eine Wodkaflasche ganz unten in meinem müffelnden Wäschekorb zu verstecken, obwohl ich ein Zimmer für mich allein hatte und dessen Tür immer sehr sorgfältig abschloss. Ein einziges Mal erwischte mich ein Mitbewohner mit Alkohol auf dem Gelände, und ich hatte die ganze nächste Woche lang eine Heidenangst, dass er mich verpfeifen würde. Ich musste sogar auf Facebook die Markierung von Fotos mit mir drauf entfernen, damit sie nicht zufällig jemand aus dem College entdeckte und kapierte, dass ich bei einer Campusparty gewesen war. Es tut mir um die viele Zeit leid, die ich mir wegen ein paar Drinks Sorgen gemacht oder die ich damit verbracht habe, die Alkoholregeln durchzusetzen. Und es macht mich traurig, dass das Alkoholverbot jeden stigmatisiert, der etwas trinkt, auch die Volljährigen. Die Null-Toleranz-Einstellung mancher Schulen bewirkt nur, dass das Thema Alkohol zu einem Tabu wird – und es damit Studenten noch schwerer macht, Hilfe bei Alkoholproblemen zu suchen, wenn sie sie brauchen.

Während meiner letzten Woche als Wohnheimaufsicht wurde ich zu einem Alkohol-„Notfall" gerufen, was bedeutete, dass jemand sich hatte volllaufen lassen und einen Krankenwagen benötigte. Der Typ gehörte nicht zum College, sondern besuchte seine Freundin, die auf meinem Flur wohnte. Sie rief den Rettungsdienst, als er umkippte, und kümmerte sich mit totaler Selbstbeherrschung um ihn, bis die Sanitäter eintrafen. Als sie ihn dann auf der Trage rausbrachten, brach sie zusammen und hörte gar nicht mehr auf zu schluchzen. Es muss furchtbar sein, jemanden, den man liebt, in so einem Zustand zu sehen: sich übergebend, die Augen verdreht, nicht ansprechbar. Das hat mich traumatisiert – obwohl ich den Typ nie zuvor in meinem Leben gesehen hatte.

Ich wünschte, es gäbe einen sechswöchigen Kurs oder ein Info-Video, das die nicht-so-glorreiche Seite der College-Sauferei zeigt, die ich hautnah und höchstpersönlich während meiner zwei Jahre als Wohnheimaufsicht miterleben durfte. Aber nichts kann das „Oh mein Gott!"-Gefühl simulieren, das einen überfällt, wenn man völlig unvermittelt – und stocknüchtern – eine Pfütze aus Erbrochenem auf dem Klo entdeckt. Das muss man selbst erleben.

Ich bin sicher, den zukünftigen Studenten, die in diesem Moment über das St.-Olaf-Gelände laufen, wird gerade von einer lächelnden Führerin, die vom Segen des „alkoholfreien" Colleges schwärmt, ihr Traum vom Partyleben am College zerstört. Sie sollten sich keine allzu großen Sorgen machen. Der Getränkeladen ist nur eine Meile entfernt, und es gibt ausreichend alte Hasen, die nur zu gern unschuldigen Erstsemestlern zu ihrem ersten „echten" Collegeerlebnis verhelfen, inklusive Kater am nächsten Morgen. Und die Neulinge werden schnell genug herausfinden, dass es im College nicht nur ums Saufen geht. Sondern dass man dort auch zu Konzerte gehen, an Computerspielturnieren teilnehmen, Sport machen und vielleicht sogar mal in ein Buch gucken kann. Auch wenn einige Studenten das Saufen als ihre Hauptbeschäftigung ansehen, haben die meisten Leute, die ich kannte, eine ganze Menge mehr erlebt als nur den Inhalt ihrer Geheimverstecke. Als Wohnheimaufsicht und professioneller Partyverderber habe ich vielleicht nicht die „typischen" College-Erfahrungen gemacht, aber ich bin glücklich mit meiner Entscheidung. Ich hatte viel Spaß, war dabei, als meine Freundin eine ganze Saftpackung voll Rum austrank, und musste nicht ins Krankenhaus – und das alles, während ich ein (fast) alkoholfreies Collegeleben führte.

Mein Flachmann
Priscilla Warner

Wenn ich heute daran denke, wie unwohl ich mich in meiner türkis-farbenen Polyester-Uniform gefühlt habe, ist es kein Wunder, dass ich meine erste Panikattacke hinter der fettbespritzten Ausgabetheke der Mensa in der Brown University hatte. Ich war damals fünfzehn und eine sogenannte „Ratty-Queen".

1968 hieß die Brown-Mensa offiziell „Refektorium" – kurz „Ratty". Welcher superwitzige Brown-Student sich den Spitznamen „Ratty-Queen" ausgedacht hat, weiß kein Mensch. Immerhin war er nicht schlimmer als die Bezeichnung „Townie", die ebenfalls auf mich zutraf: ein Mädchen „von hier", aus Providence, die in der Hoffnung, einen der Elite-Prinzen kennenzulernen – oder wenigstens anstarren zu können –, einen Sklavenjob annahm.

Meine Freundinnen und ich gingen auf eine reine Mädchenschule, und die Vorstellung, von College-Jungs umgeben zu sein, war einfach göttlich. Für Feriencamps waren wir zu alt, für echte Ferienjobs zu jung, und die Strände im südlichen Rhode Island ödeten uns an. Deshalb waren wir sofort Feuer und Flamme, als uns eine ältere Schülerin von einem Aushilfsjob im Service an der Brown University erzählte. Sechs von uns bekamen einen Vertrag für einen Monat, danach würden College-Studenten die Stellen übernehmen. Obwohl wir zu Hause kaum mal einen Teller abräumten, servierten wir glückstrahlend Mittag- und Abendessen in der Brown-Mensa.

Im Gegensatz zu meiner Schuluniform – unförmiger grüner Schottenrock und ebensolcher Pulli – war meine Kellnerinnentracht von oben bis unten knalleng. Ich träumte von einer Zukunft mit einem der Hunderten jungen Männer, die an meiner Ausgabestelle vorbeikamen: große, kleine, blonde, Sportler, Spießer, Hippies, Nerds. Es gab nur wenige Frauen, die mit uns Ratty-Queens in Konkurrenz standen: Damals gingen die Studentinnen alle zur Schwesterschule der Brown University, aufs Pembroke College, das seine eigene Mensa hatte. Meine Kolleginnen und ich hatten die Jungs also ganz für uns allein, wenn wir ihnen die undefinierbaren Fleischscheiben austeilten. Ich gaffte sie an und machte mir – und ihnen – vor, dass sie mich überhaupt nicht interessierten.

Aber selbstverständlich interessierten sie mich sehr wohl. Sie interessierten mich mehr als alles andere auf der Welt. Das Tagebuch, das ich in der neunten Klasse während einer Klassenreise nach Frankreich geführt habe, füllt 53 Seiten und enthält 108 Einträge darüber, wie ich Jungs beobachte oder mich nach ihnen sehne. „Ich möchte so furchtbar gern einen Jungen kennenlernen", schrieb ich. In diesem Sommer beschäftigte mich fast ausschließlich die Frage, wie die Mädchen in meiner Clique es schafften, mit Jungs zu reden und sich gut mit ihnen zu verstehen, während ich nur dabeistand und kein Wort herausbrachte.

Wieder zu Hause in Providence starrte ich jeden Abend in meinem Zimmer in den Spiegel, öffnete leicht meine Lippen und lächelte mir so unmerklich zu, wie ich konnte, in dem verzweifelten Versuch, cool auszusehen. Ich muss gewusst haben, dass ich niemals wirklich cool sein würde. Schon bevor das mit meinen Panikattacken begann.

Und das begann schlagartig.

Ich stand in der Mensa hinter der Ausgabetheke und verteilte Erbsen an eine endlose Schlange junger Männer, als ich plötzlich spürte, wie ein Stromschlag durch meinen Körper fuhr. Mein Herz raste, stolperte und hüpfte in meiner Brust herum. Meine Lunge zog sich so ruckartig zusammen, dass ich keine Luft mehr bekam. Zumindest glaubte ich das.

In Wirklichkeit atmete ich viel zu schnell. Ich begann zu hyperventilieren. Mein Hals ging zu, ich zitterte am ganzen Körper, meine Arme wurden steif und meine Fingerspitzen begannen zu kribbeln. Ich dachte, ich würde sterben.

Ich schaffte es in die Küche, rief zu Hause an, bat darum, dass mich jemand abholte, und rollte mich dann auf dem Bett meiner Eltern zusammen. Wie durch Nebel nahm ich wahr, dass der Hausarzt kam, mich untersuchte und dann verkündete, dass ich „nur ein bisschen nervös" sei.

Nur ein bisschen?

Der Arzt verschrieb mir Librium, und ich reihte mich in die Riege unglücklicher Hausfrauen ein, die – von Ruhigstellern wie Meprobamat betäubt – so taten, als würden sie ihr wundervolles Leben genießen.

Hatte ich ein wundervolles Leben?

Ich wohnte in einem riesigen Haus in einer intakten Familie (obwohl meine Eltern sich regelmäßig stritten und psychische Probleme sich wie Buschfeuer durch meine Familie fraßen), hatte viele tolle Freundinnen (obwohl keine von ihnen jemals unter solchen Panikattacken zu leiden schien wie ich), ich hatte ein cooles Auto (einen alten Jaguar, den mir meine Oma geschenkt hatte, als sie nach Florida zog), und ich schrieb gute Noten. (Nicht ein einziges Mal hyperventilierte ich in der Schule. Die sonnig gelben Gebäude boten einen beruhigenden Gegenpart zu der psychedelischen Einrichtung bei mir zu Hause.)

Es ist hart, die einzige normale Person in einem Haushalt zu sein. Oder die einzige durchgeknallte. Und in den Wirrungen meiner Jugendzeit wusste ich nie, welche von beiden ich war.

Doch eines wusste ich: In meinem Kampf gegen die Panik brauchte ich einen Verbündeten, und die Erwachsenen erschienen mir weder verlässlich noch stark. Dafür hatten sie Zugang zu etwas, das beides war: Alkohol. Wodka, um genau zu sein.

Wodka ist farb- und geruchlos, zumindest hatten mir das meine Freundinnen bei unseren heimlichen Ausflügen zum nahe gelegenen Spirituosengeschäft erzählt. Wenn ich auf Alkohol zurückgriff, um einigermaßen normal zu sein, würde niemand mitkriegen, dass ich mich selbst für durchgeknallt hielt.

Und keiner würde mitkriegen, dass ich zu jeder Tages- und Nachtzeit Wodka in Reichweite haben musste, für den Fall, dass sich klammheimlich eine Panikattacke anpirschen und mich ausknocken würde, was regelmäßig passierte: bei meinem neuen Job als Kassiererin im Supermarkt, bei Übernachtungspartys im Haus von Freundinnen, im Kino, sogar am Strand. Ich brauchte schnellen Zugriff auf die Notversorgung.

Mir ging es nicht um den Rausch. Der Alkohol sollte mich runter-
fahren. Bei jedem Schluck lief ein angenehm brennendes Gefühl durch
meinen Hals bis in die Lunge hinein und hüllte sie in eine wohlig-
warme Glut. Sie entkrampfte sich. Wodka bezwang den Drachen, den
ich allein nicht bezwingen konnte.

Die Beruhigungsmittel, die ich verschrieben bekommen hatte, wirkten lange nicht so schnell wie meine Geheimwaffe. Deshalb brauchte
ich ein effizientes Versorgungssystem, jederzeit verfügbar, Tag und
Nacht.

Ich brauchte einen Flachmann.

Ein Fläschchen Valium lässt sich leicht in einer Handtasche verbergen, aber ich konnte schlecht eine Flasche Wodka mit mir herumtragen. Heutzutage bekommt man Flachmänner in allen Formen und
Größen, aus allen möglichen Materialien, inklusive Sterlingsilber.
Aber meinen ersten Flachmann habe ich 1968 gekauft, und in Wirklichkeit war es gar keiner. Ich glaube, es war eigentlich eine Wärm-
flasche aus einer Drogerie. Sie war aus Plastik, weiß und bauchig, und
sah ziemlich schnell schäbig und zerkratzt aus.

Die Flasche war auch eigentlich viel zu groß, aber es ging. Der billige
Wodka, den ich hineinfüllte, gluckerte, wenn ich ihn in meiner Tasche
mit mir herumschleppte – *gluck, gluck, gluck*. Es war mir egal, wie es
klang, solange niemand sah, was es war.

Ich hatte meinen geheimen Flachmann immer und überall dabei:
beim Bummeln, im Auto, in Flugzeugen, Zügen und Segelbooten,
bei Verabredungen und später, als ich aufs College ging und so weiter, in Hörsälen, bei Vorstellungsgesprächen und in vielen Damen-
toiletten. Ein Schlückchen hier, ein Schlückchen da – wann immer
ich eine Panikattacke herannahen fühlte, trank ich einen Schluck von
dem, was ich für eine Wundermedizin hielt. Jahrelang bewahrte mich
die brennende Flüssigkeit vor dem, was in meinem zentralen Ner-
vensystem wütete. Und obwohl ich gestorben wäre, wenn jemals
jemand den Flachmann gesehen hätte, den ich ständig mit mir he-
rumtrug, war es beruhigend zu wissen, dass ich in meinem Notfall-
lager zwei Waffen hatte gegen die Angst: Valium, das neue Medika-

ment, das ich verschrieben bekommen hatte, und meinen guten alten Freund Wodka.

Die beiden waren ein tödliches Paar. Das wusste ich dank der tragischen Geschichte von Karen Ann Quinlan, einer 21-Jährigen aus New Jersey, die auf einer Party zusammengebrochen war, nachdem sie Alkohol getrunken und gleichzeitig Valium genommen hatte. Sie lag jahrelang im Koma, eine ständige Mahnung an mich, auf welch gefährlichem Pfad ich wandelte. Als Konsequenz aus dieser abschreckenden Geschichte konsumierte ich Alkohol und Valium nie gemeinsam. Aber ich wollte sie immer beide bei mir haben.

Bis der Alkohol mich kurz nach meinem College-Examen plötzlich im Stich ließ.

Mein Körper fing an, die Medizin zu verweigern, die mir Linderung verschaffte. Ich arbeitete zu der Zeit bis spätabends als Grafikerin in einer Werbeagentur und kaufte *Folonari Soave* in Zwei-Liter-Flaschen. Mitten in der Nacht wachte ich schlagartig auf – mit rasendem Puls. Ich lag mit aufgerissenen Augen im Bett, bibbernd und zitternd. Die warme, sanfte Glut, auf die ich mich immer hatte verlassen können, verwandelte sich in Schübe von viel zu heftiger, so nicht gewollter Energie.

Nach und nach reduzierte ich meinen Alkoholkonsum. Und traf diese Entscheidung dabei ganz allein, während um mich herum alle weitertranken.

Eine Texterin, mit der ich zusammenarbeitete, sagte immer, dass ihre kreativste Zeit die Mittagspause war, die wir auf ihr Drängen hin regelmäßig in einer Bar in der Nähe des Büros verbrachten. Ich bestellte Mineralwasser und sie drei Gläser Wein. Manchmal trank ich ein Glas mit, damit sie sich nicht so schlecht fühlte. Aber in mir zog sich alles zusammen, wenn sie anschließend noch einen großen Eistee bestellte, den Pappbecher mit ins Büro nahm und dort den ganzen Nachmittag immer wieder mit Wein füllte, den sie in ihrer Schreibtischschublade versteckte.

Ich begleitete meinen Mann zu Arbeitsessen und sah, wie Firmenchefs erst mal drei Drinks runterkippten, bevor sie sich entspannen konnten. Ich ging zu Partys, wo ich dabei zuschaute, wie Leute sich mit jedem Glas, das sie zum Mund führten, veränderten: Frauen wurden albern, Männer überheblich.

Ich verurteilte keinen von ihnen. Mir wurde klar, dass wir alle Selbstmedikation betrieben. Aber auch wenn ich nicht wusste, welche Geheimnisse diese Menschen mit sich herumtrugen und mit welchen Themen sie zu kämpfen hatten, war es höchste Zeit, dass ich den Schritt wagen und meinem eigenen Schmerz entgegentreten musste.

Ich wurde zu meiner eigenen ganzheitlichen Heilerin, indem ich meinen Lebensstil änderte. Als ich erkannte, dass ich die Panikattacken oft kurz vor meiner Periode und während meiner Schwangerschaften bekam, wurde mir bewusst, welche Rolle Hormone bei meinen Ängsten spielten, und ich versuchte, zu bestimmten Zeiten im Monat achtsam mit mir umzugehen. Da es mich außer Atem brachte, auf dem Tennisplatz herumzurennen, begann ich stattdessen, in langsamem Tempo zu joggen, weil mich das zur Ruhe brachte. Koffein machte mich hibbelig, also vermied ich Kaffee und Cola. Und mit jedem Mal, das ich mitten in der Nacht mit rasendem Puls aufwachte, nur wenige Stunden nachdem ich ein paar Gläser Weißwein getrunken hatte, wurde mein Vorsatz, ganz vom Alkohol wegzukommen, stärker.

Ich hatte einen Mann geheiratet, der mich liebte, trotz meiner Panik. Ich hatte zwei wunderbare Söhne zur Welt gebracht und schaffte es einigermaßen, sie großzuziehen und meine Ängste dabei, so gut ich konnte, von ihnen fernzuhalten. Mein Vater starb an Krebs und meine Mutter bekam Alzheimer. Mit anderen Worten: Das Leben haute mir einige schwierige Bälle um die Ohren, wie sie aber die meisten von uns früher oder später einmal abbekommen.

Ich gewann so manchen Ballwechsel und manche Partie, und ich schlug auch das eine oder andere Ass. Ich war Co-Autorin eines Buches über Religion, das ein Bestseller wurde, und tourte mehrere Jahre auf einer – nochmals verlängerten – Lesereise durchs Land. Eines Tages blätterte ich hoch in der Luft über Oklahoma eine Zeitschrift auf und las einen Artikel über tibetische Mönche, deren Meditation so effektiv war, dass Neurologen Hirnforschung an ihnen betrieben.

Ich will das Hirn eines Mönchs, beschloss ich. Und Mönche trugen keine Flachmänner mit sich herum. Sie lebten mit einer Art friedlicher Entschlossenheit, die ich nur erahnen konnte und die ich mir zu eigen machen wollte.

Ich schrieb – und verkaufte – ein Exposé für ein Buch, in dem ich einen Weg von den Panikanfällen zum Seelenfrieden skizzierte, den ich hoffte, gehen zu können. Ich besuchte Meditationsseminare und lernte stillzusitzen. Ich begegnete faszinierenden Mönchen, Rabbinern, Heilern, Therapeuten und Mystikern, die mir schließlich dabei halfen, mein störanfälliges Hirn neu zu verkabeln und meine ausgefransten Nerven wieder zu glätten. Ich lernte, mit meinem Körper umzugehen und ihn unempfänglich zu machen für die Panikattacken, die mich als junge Frau ausgeknockt hatten. Ich förderte Geheimnisse aus meiner Kindheit zutage, die zumindest einen Teil meiner Traurigkeit und meiner Ängste erklärten. Ich begriff, dass das Leiden sich nicht abstellen lässt und dass es oft in Wellen kommt. Aber ich lernte auch, wie ich einigermaßen zuversichtlich auf diesen Wellen reiten konnte.

Und dann beichtete ich einer fantastischen Therapeutin, dass ich trotz aller Heilungserfolge noch immer und überall das neueste Modell meines Flachmanns bei mir hatte. Ich zeigte ihr die winzige Wodkaplastikflasche, die ich Jahre zuvor in einem Flugzeug gekauft hatte. Sie war dreckig und voller Schrammen. Das ehemals blau-gelbe Schild, *SVEDKA CITRONELLA*, war inzwischen schmuddelig grau.

„Wie lange werde ich die noch mit mir herumtragen?", fragte ich sie. Es war mir peinlich.

„Ich habe mir das Rauchen abgewöhnt", gestand mir die Therapeutin. „Und danach habe ich zehn Jahre lang ein altes Päckchen Camels mit mir herumgetragen, mit drei staubigen Zigaretten darin. Du trägst das, was du mit dir herumtragen musst, so lange mit dir herum, bis du es irgendwann nicht mehr tust."

Meine Familie und ich flogen nach Detroit, um bei der Examensfeier einer Cousine an der University of Michigan dabei zu sein. Einhunderttausend Menschen strömten zu dem riesigen Football-Stadion, um eine Antrittsrede von Präsident Barack Obama zu hören, und die Sicherheitsvorkehrungen waren streng. Es war vorab gesagt worden, dass keine Rucksäcke oder Handtaschen erlaubt waren, deshalb schob ich meinen Notfall-Flachmann – meine kleine Mini-Wodkaflasche – und ein bisschen Geld in die Hosentasche meiner Jeans.

Ein Metalldetektor schlug an, als ich meinem Mann und meinen Söhnen folgte, die sich einen Weg ins Stadion bahnten. Ertappt händigte ich den Ordnern mein dreckiges Fläschchen mit dem verbeulten Drehverschluss aus Metall aus. Mein Mann grinste, meine Söhne bekamen das Ganze kaum mit. Nackt und bloß saß ich in dem Stadion, mit hunderttausend Menschen um mich herum und ohne mein Sicherheitsnetz.

Aber ich blieb ruhig.

Vor unserem Rückflug kaufte ich am Flughafen eine neue Mini-Wodkaflasche. Bis heute steckt sie ganz unten in meiner Handtasche und erinnert mich an meine Verletzbarkeit, verspottet mich, aber nur ein kleines bisschen. Ich bin nicht geheilt. Ich hatte keine Erleuchtung. Ich bin nicht so mutig, wie ich gern wäre, und nicht so schwach, wie ich einmal war. Der bauchige weiße Plastikwärmflaschen-Flachmann aus der Drogerie aus meiner Jugendzeit kommt mir heute ulkig vor, er passt nicht zu dem seelisch gesunden Leben, das ich mir erarbeitet habe. Aber an manchen Tagen bin ich immer noch die Ex-Ratty-Queen aus Providence, der angesichts dessen, wie das Leben so ist oder sein kann, die Luft wegbleibt.

Teil 2 Beziehungen

Auf uns!

I like to have a martini,
two at the very most.
After three I'm under the table,
after four I'm under the host.
– Dorothy Parker –

Wein und Selters
Elissa Schappell

Wenn ich an die schönsten Augenblicke mit meinem Mann denke, hat immer einer von uns ein Glas in der Hand, oder eine Flasche Wein oder einen Plastikbecher. Ich kann den roten Faden unserer Beziehung daran entlangspinnen, was wir getrunken haben.

Als Erstes: eine Dose Bloody Mary, die ich im Zug gekauft habe, damit wir sie uns teilen, als wir uns gerade kennengelernt hatten. Das eisgekühlte Rolling Rock Lagerbier, das wir am Abend darauf – bei unserem ersten Date – in einer Bar namens *Downtown Beirut* in der Lower East Side tranken. Den Pernod auf Eis, den wir schlürften und dabei *Velvet Underground* hörten, nachdem ich bei ihm (und seinen drei Schauspieler-Mitbewohnern) in Staten Island eingezogen war. Der kostbare hundert Jahre alte Armagnac, den mein Vater – trunken vor Glück, dass seine Tochter endlich einen Mann nach Hause gebracht hatte, der ihm gefiel – beschloss, aus dem Keller zu holen und zusammen mit Rob zu trinken.

Es war Tradition bei uns, dass Wein auf den Tisch kam, wann immer die Familie zusammensaß. Die leeren Flaschen rollten über den Fußboden zu Ehren derer, die nicht dabei waren, und um die Tatsache zu feiern, dass wir beisammen waren. An den Festtagen zu Hause in Delaware gab es am ersten Weihnachtstag Aquavit und Austern zum Frühstück. Nach dem Essen gab es immer einen Digestif: Chartreuse oder Portwein oder irgendeinen exotischen Schnaps, den meine Eltern auf einer ihrer Reisen in die Tschechoslowakei oder nach Rangun entdeckt hatten. In dem Sommer, in dem wir Robs Vater in Aspen besuchten (wie Rob es schon über Jahre getan hatte), gab es Daiquiris und Foster's Bier aus Fässern groß wie Ölgallonen bei den familienüblichen Sonnenuntergangspartys auf der Terrasse.

Dann waren da die eisgekühlten Martinis, die wir in uns hineinkippten, als ich bei der Zeitschrift *Spy* als Reporterin und Rob dort im Archiv arbeitete, ein Fluss aus Gin, der uns in die Vergangenheit versetzte zu unseren Helden vom *Algonquin Round Table*, einem legen-

dären literarischen Zirkel der zwanziger Jahre. Auf unserem Polter-
abend trugen wir Leinenklamotten und tranken barfuß im Gras Gin.
Auf unserer Hochzeitsreise nach Portugal gab es in hohen Gläsern
Maracujasaft und Absinth. Im Jahr darauf packten wir – befeuert von
den Geschichten großer Künstler, die im Ausland gelebt und gearbeitet hatten – unsere Sachen und zogen nach Portugal, wo wir selbst gemachten weißen Absinth tranken, bis wir halluzinierten. Wir tranken
literweise Bier, das wir für ein paar Pfennige in Ostberlin kauften. Und
unzählige Gläser Wein: Retsina in Griechenland, Chianti in Italien,
Sancerre in Frankreich, Gewürztraminer in Deutschland, Portwein
und Vinho Verde in Portugal, den man in nachfüllbaren Plastikkanis-
tern kaufte.

Bei diversen Kurztrips nach New York gab es Champagner literweise, aus Magnum- oder Doppelmagnumflaschen. Mit Dutzenden
von Champagnerflöten stießen wir auf Hochzeitspaare im Freun-
des- und Familienkreis an, auf die Geburten unserer Kinder, auf das
Wochenende, auf die, die nicht bei uns sein konnten. Wir tranken
Hunderte Flaschen gekühltes Bier und billigen Wein auf den Dach-
terrassen verschiedener Mietshäuser, genossen mit Freunden den
Sonnenuntergang und debattierten über die Rolle der Kunst in der
Gesellschaft oder darüber, warum *Sebadoh* niemals eine bessere
Platte rausbringen würden als *Pavement*.

Alkohol war der Treibstoff, der Katalysator für unsere künstleri-
schen Ambitionen und das soziale Schmieröl, mit dessen Hilfe wir
Gleichgesinnte fanden, die auch brannten wie Kerouacs römische
Lichter. In dieser Zeit endeten Dinnerpartys manchmal damit, dass
wir uns ins Auto setzten und nach Atlantic City fuhren, zu den Niagarafällen oder – an Silvester – bis an die Westküste. Touren, die wir vielleicht nicht unternommen hätten, wenn wir nicht alle einen im Kahn
gehabt hätten, und um die es mir leidtäte, hätte ich sie nicht gemacht.

Dann war da noch der Sangria, den wir jedes Jahr zu unserer traditionellen Frühlingsparty ansetzten, eine Sauforgie, die bis in die frühen Morgenstunden wütete und immer damit endete – bis unsere Kinder irgendwann begannen, zu viel davon mitzubekommen –, dass

Gäste bei uns übernachteten. Da war die heiße Schokolade mit Schuss, die wir in einer Skihütte auf den Pisten von Steamboat Springs tranken und darauf warteten, dass der Schneesturm vorüberging. Da war der wirklich scheußliche, aber schrecklich billige Pflaumenwein namens Chinesische Mauer. Da war die Zwei-Liter-Flasche Famous Grouse Whisky, die ich für Rob kaufte, als ich schwanger wurde, und die am Ende des zweiten Trimesters leer war. Der Vorrat an Chartreuse, mit dem wir anstießen, als unsere Tochter geboren wurde und als mein Vater starb.

Als wir uns kennenlernten, waren wir einundzwanzig, mit dreiundzwanzig heirateten wir, und auf diese Weise waren wir dasjenige Paar, das scheinbar alle unsere Freunde kannten, diejenigen, mit denen man abstürzte, wenn man nach New York zog oder wenn man mit seinem Freund Schluss gemacht hatte. Unser Sofa war immer belegt, und die Gläser unserer Gäste waren niemals leer.

Da waren natürlich auch die Kater danach. Tage, an denen wir spät aufstanden und auf der Suche nach etwas möglichst Fettigem und Nahrhaftem in ein Bistro im East Village stolperten, um danach direkt wieder nach Hause zu trotten und aufs Sofa zu fallen, von der Cocktail-Grippe niedergestreckt, was uns die Erlaubnis gab, den ganzen Tag Basketball zu gucken, Pizza zu essen, eng umschlungen auf dem Sofa zu dösen und nur aufzustehen, wenn man sich übergeben musste.

Es war nicht alles schön – Streit, zerbrochene Gläser, fliegende Schuhe, Tage, an denen ich nicht mehr zusammenkriegte, wie der Abend vorher geendet hatte. War ich ein Engel gewesen oder entsetzlich? Dann musste ich kleinlaut bei Rob zu Kreuze kriechen – egal, wie blau er gewesen war (und um das mal festzuhalten: Der Mann konnte, wenn die Situation es verlangte, auftreten, als wäre er stocknüchtern), Rob hatte anscheinend nie einen Filmriss – und versuchen, an seinem Gesichtsausdruck abzulesen, wie schlecht ich mich benommen hatte. „Ich werde nie wieder etwas trinken", brachte ich dann den klassischen Büßerspruch der Wieder-Nüchternen hervor.

Vielleicht hätte ich es sein sollen, die mit dem Trinken aufhört. Aber stattdessen war Rob derjenige, der es tat – vor elf Jahren, nach knapp der Hälfte unserer dreiundzwanzig gemeinsamen Jahre. Ich kann mich nicht mehr an die letzte Flasche Wein erinnern, die wir zusammen getrunken haben, den letzten Schnaps oder Cocktail. Ich weiß noch, dass es bei unserer Frühlingsparty im Jahr 2000 gewesen war, dass er das letzte Mal Alkohol trank. Unsere Tochter war vier, mein Vater war tot. Rob hatte gerade mit dem Rennradfahren begonnen, nachdem er im College ein ehrgeiziger Läufer gewesen war. Ich bin ziemlich sicher, dass es die täglichen zwanzig Meilen auf dem Rad waren, die ihn davon abhielten, uns im Schlaf zu massakrieren.

Ich muss gestehen: Ich habe immer gehofft, dass er wieder anfängt zu trinken. Ich war nie auf den Gedanken gekommen, dass er ein Problem mit Alkohol haben könnte (was wahrscheinlich mehr über mein eigenes Verhältnis zu Alkohol aussagt). Er fehlte mir als Nick, wenn ich Nora Charles spielte.

Mit diesem Wunsch war ich nicht allein. Mir wurde plötzlich klar, wie Robs neuer Status – ein Fels der Nüchternheit in einer Brandung des Rauschs – manche Leute verunsicherte. Alte Freunde wussten nicht, wie sie seine Kehrtwende einordnen sollten. Warum trank Rob keinen Alkohol? Hatte er das Trinken ganz über Bord geworfen? Verurteilte er sie für ihre eigene Trinkerei? Sollten sie ihren Konsum herunterfahren? War er Alkoholiker?

Die ganz harten Trinker schüttelten sich, wenn sie ihn an seinem Mineralwasser nippen sahen, als ob der Verzicht auf Alkohol dasselbe war, als wäre er zu den Amish People gezogen. Für sie war er gestorben. Denn: Wenn Rob alkoholabhängig war, waren sie es vielleicht auch. Und diese lästige Vorstellung – AA-Meetings, sich durch die zwölf Schritte kämpfen, Wiedergutmachung leisten – durfte nicht sein. Wenn er das Rennradfahren wirklich ernsthaft betrieb, war es verständlich, dass er nichts oder deutlich weniger trank – während der Saison. Aber einfach aufhören? In diesem Umfeld, das nicht dafür bekannt war, körperlicher Fitness irgendeine Bedeutung beizumessen, war es noch nicht vorgekommen, dass man für einen Sport mit dem Trinken aufhörte.

Vielleicht hätten sie es eher verstanden, wenn Rob den Leuten erklärt hätte, er habe sich vom Alkohol *losgesagt* – ein Wort, in dem viel mehr Drama und auch das Thema Abhängigkeit mitschwingen. Mit dem Trinken *aufhören* hat im Gegensatz dazu viel mehr mit freiwilligem Verzicht zu tun. Und auch wenn er, bevor er damit aufhörte, der Meinung gewesen war, dass er zu viel trank, hatte er nie wirklich Sorge gehabt, Alkoholiker zu werden – womit er sich in einer Art Niemandsland befand. Wenn er ein Alkoholproblem gehabt und angefangen hätte, zu Meetings zu gehen, hätte er sich einen ganz neuen Freundeskreis erschlossen. In New York kommst du keinen Meter weit, ohne auf einen Künstler auf Entzug zu treffen. Aber ebendas fand nicht statt.

Der abstinente Rob ist ruhiger, nicht mehr so gesprächig, hat weniger Lust, bis drei Uhr morgens aufzubleiben und darüber zu diskutieren, ob Mark Kostabi ein Genie war oder ein Hochstapler. Warum ist Lou Reed so ein Arschloch? Wenn du mit einem Schweif zur Welt gekommen bist, würdest du ihn behalten oder wegoperieren lassen? Er kommt selten mit, wenn die Leute in die Kneipe gehen, um ein paar Bierchen zu trinken und die Sau rauszulassen. Auch mit mir macht er das nicht mehr.

Was aber nicht heißt, dass er etwas dagegen hat. Fast immer fragt mich mein Mann, ob ich ein Glas Wein möchte, wenn wir essen gehen, und möchte manchmal sogar davon kosten, wenn es ein besonders guter ist.

Aber ich habe nicht mehr viel Lust aufs Trinken, wenn wir nur zu zweit sind. Ich weiß, dass ich mir alle Martinis dieser Welt bestellen könnte, Rob würde sogar die Oliven hochwerfen, damit ich sie wie ein Seehund im Zirkus mit dem Mund auffangen kann. Aber ich bin befangen. Man fühlt sich nirgendwo so „dämlich", als wenn man betrunken versucht, mit einem nüchternen Gegenüber eine kluge Unterhaltung zu führen. Wenn man einfache Bitten oder Fragen nicht versteht oder das Gespräch ständig auf der eigenen Seite abkippt, wie ein Sofa, das man versucht, eine Treppe hinaufzutragen. Man macht sich lächerlich und begibt sich auf dünnes Eis. Trinken macht allein einfach nicht so viel Spaß wie in Gesellschaft.

Ich vermisse die Intimität und die gegenseitige Aufmerksamkeit, die es erfordert, gemeinsam eine Flasche heißen Sake zu trinken, weil keiner sich selbst ein Glas einschenken darf. Ganz für sich allein ein Glas Wein oder Scotch zu genießen – beim Lesen, in der Badewanne oder spät am Abend, während man dabei zusieht, wie es draußen schneit – ist etwas Wunderbares. Aber am Nachmittag oder selbst zum Abendessen am Tisch sitzen und allein eine Flasche Wein trinken? Das kann einen nur noch einsamer machen.

Ich habe großen Respekt vor Robs Entscheidung, keinen Alkohol mehr zu trinken. Und ich bewundere seine unaufgeregte, beharrliche Ausdauer beim Rennradtraining. Wir haben Kinder, und ich finde es gut, dass sie in einem Haushalt aufwachsen, in dem der eine Elternteil trinkt und der andere nicht. Das macht ihnen deutlich, dass Alkohol trinken etwas ist, was man tun kann, aber nicht tun muss. Und dass es, während es für manche ein großer Genuss ist, für andere der Untergang sein kann.

Unsere wilden Jahre waren sehr an bestimmte Räume und Zeiten gebunden, allen voran an New York und an die Altersspanne von zwanzig bis Anfang dreißig – als wir dabei waren, uns selbst zu finden, unsere Freunde, unsere kreative Ausdrucksform. Es ist schwer, nicht nostalgisch zu werden, wenn man sich zurückversetzt in diese Zeit des endlosen Staunens, der grenzenlosen Möglichkeiten und Abenteuer. Aber was ist, wenn unser Auto bei einer Tour quer durch Amerika in Colorado in einem Schneesturm liegen bleibt?

Heute – etabliert, mit Kindern im Haus – erscheint diese Zeit weit weg. Und dadurch, dass Rob nicht mehr trinkt, fehlt auch noch eine der Brücken in diese Vergangenheit. Trotzdem: Im richtigen Licht und wenn ich ein schönes Glas Sauvignon Blanc in der Hand halte, sieht Robs allgegenwärtiges Mineralwasser wie der Gin Tonic aus, den er immer getrunken hat. Alle Sorgen des Alltags verblassen, und es fühlt sich so an, als stünde einem noch einmal die ganze Welt offen.

Mein erster nüchterner Kuss
Adrienne Edenburn-Macqueen

„Darf ich dich küssen?", fragte er.

Diese Frage meines Kollegen hing schon seit Wochen in der Luft, und ich hätte darauf vorbereitet sein sollen.

Wäre dies ein Film gewesen, hätte ich jetzt verführerisch gelächelt und leicht den Kopf vorgeneigt. Oder ich hätte atemlos „Ja" gesagt, und meine von einem Hollywood-Drehbuchautor perfekt ausgefeilte Antwort hätte zum heißesten Sex der Filmgeschichte geführt.

Aber dies war das echte Leben, und es herrschte eine volle Minute lang Schweigen, während derer ich nicht wusste, was ich sagen sollte. Wir rekelten uns nicht in Satinbettwäsche, in rosa Licht getaucht. Vielmehr lagen wir in Schlafsäcken in einer schäbigen kleinen Hütte, die bei dem Freiwilligendienst, den wir gerade leisteten, unsere Unterbringung darstellte. Ich hatte Mückenstiche am ganzen Körper und irgendeinen allergischen Ausschlag und war total durchgeschwitzt. Er bot mir auch kein Glas Champagner an. Kein Gläschen Wodka. Kein Gläschen irgendwas.

Dies war das echte Leben, und ich war stocknüchtern.

Ich war dreiundzwanzig Jahre alt, und ich hatte noch nie in nüchternem Zustand jemanden geküsst. Die Wucht dieser Erkenntnis drohte, einen ohnehin schon heiklen Moment vollständig zu ruinieren. Die stummen Sekunden wogen immer schwerer, bis ich seine Frage schließlich mit einem Achselzucken und einem „Ich weiß es nicht" beantwortete.

Drei Jahre ist dieser Abend her, und immer noch zieht sich alles in mir zusammen, wenn ich an meine Reaktion denke. Mit meinen dreiundzwanzig Jahren hatte ich schon eine kleine Armee von Typen geküsst. Einen gehörigen Teil davon hatte ich sogar noch deutlich weiter gehen lassen. Ich hatte früh angefangen und eifrig weitergemacht, ohne jemals auch nur einen Ansatz dieser Zögerlichkeit und Unbeholfenheit zu spüren, die in der vorher beschriebenen Situation beinahe alles ruiniert hätten. Weil ich betrunken gewesen war.

Man könnte denken (wie ich es getan habe), dass der Moment des Aufhörens der schwierigste Teil des Entzugs ist. Aber die Entscheidung, mit dem Trinken aufzuhören, die ich als 21-Jährige – depressiv und körperlich ein Wrack – traf, war keine große Hürde. Doch es vergingen Wochen – in denen ich von morgens bis abends zu Hause saß und heulte –, bis ich den wesentlichen Unterschied zwischen nicht mehr trinken und abstinent leben erkannte. Täglich stieß ich auf etwas anderes, zu dem ich plötzlich keinen Zugang mehr hatte. An einigen ganz simplen Dingen, die ich immer geliebt hatte – Anstoßen bei einer Hochzeit, spontane Sit-ins oder Bier-Pong –, konnte ich nach einer Weile auch nüchtern meinen Spaß haben. (Die meisten Leute haben kein Problem damit, beim Bier-Pong das Doppelte zu trinken, und ich behalte meine Sehschärfe.) Trotzdem habe ich jetzt, mit knapp sechsundzwanzig und seit knapp vier Jahren trocken, eine beständig länger werdende Liste von Dingen aufgestellt, die ich vermisse, Dingen, die besser wären, wenn ich maßvoll Alkohol trinken könnte.

Jedes Jahr am Todestag meiner Mutter haben meine Schwestern die Wahl, ihren Schmerz in einem Glas zu ertränken oder in fünf. Ich dagegen höre die furchtbare Volksmusik, die meine Mutter so liebte, und versuche Trost in der Tatsache zu finden, dass sie stolz auf mich wäre. Jetzt, wo ich älter werde, fangen meine Freunde an, einen reiferen Umgang mit Alkohol zu pflegen. Sie brauen ihr eigenes Bier oder entwickeln einen feinen Gaumen für teuren Wein. Ich finde mich plötzlich auf Erwachsenenpartys wieder, bei denen ich – statt mich zu besaufen und dann in meine Handtasche zu übergeben – versuche, interessiert zu wirken, wenn Leute sich über „Aufgesetzten" oder das Alter von Whiskey auslassen oder über die Reinheit von Wodka diskutieren. Schon auf einigen Weinproben habe ich so getan, als könnte ich mich dafür begeistern. Ich gebe mir Mühe, nicht zu unglücklich auszusehen, wenn ich mit meiner Cola dasitze, mich daran zu erinnern, warum es eine gute Entscheidung war, mit dem Trinken aufzuhören, und nicht dem Drang nachzugeben, nach Hause zu gehen und mich mit einer Neun-Dollar-Flasche Wodka ins Koma zu saufen.

Aber ganz oben auf der Liste der Dinge, die besser wären, wenn ich maßvoll mit Alkohol umgehen könnte, stehen Dates. Zum ersten Mal mit einem Mann auszugehen und dabei nichts zu trinken ist oft eine peinliche und unbarmherzig spaßfreie Angelegenheit. Ich habe nie gelernt zu flirten und die üblichen Signale zu interpretieren. Und obwohl ich selbst kein Problem damit habe, in eine Bar zu gehen, finden es andere Leute oft schwer, unbefangen Alkohol zu trinken, wenn ich dabei bin. Ich besitze nicht einmal das Basiswissen über Beziehungen, das die meisten Jugendlichen beim Erwachsenwerden mitbekommen – und das nicht nur, weil ich schon so früh mit dem Trinken angefangen habe. Für mich gab es in keinerlei Hinsicht irgendwelche Grenzen oder Skrupel. Mit fünfzehn war meine Gier nach Alkohol und Drogen unersättlich, und dazu war ich ein erstklassiges Flittchen.

Man braucht keinen Doktor in Psychologie, um zu verstehen, warum ich so wurde, wie ich war. Ich war eins dieser Babys, das sich alle Eltern wünschen. Ich hatte ein wonniges, sonniges Lächeln, leuchtend grüne Augen und hinreißend pummelige Beinchen. Ich hatte lockige rote Haare, derentwegen fremde Menschen stehen blieben, um sie zu bewundern. „Sie sollte Kindermodel werden", sagten die Leute zu meinen Eltern, und das stimmte. Zehn Jahre später hörten diese Kommentare abrupt auf, als meine „schwierige Phase" einsetzte und tiefsitzende Selbstverachtung und Scham in mir erzeugte – mit nachhaltigen Folgen. Mein Lächeln wurde von Drähten und Gummibändern entstellt, und mein ständiges Schielen brachte schließlich die Tatsache zum Vorschein, dass ich mit meinen hübschen grünen Augen ohne Brille verdammt schlecht sah. Die schönen roten Locken verwandelten sich in einen struppigen Mopp. Das Einzige, was blieb, war die Pummeligkeit.

Ich kannte Eltern, die sich ein Bein ausrissen, um das Erscheinungsbild ihrer Kinder zu verbessern, aber meine Eltern waren anderweitig beschäftigt. Meine Mutter entdeckte einen Knoten in ihrer Brust, als ich elf war, und von dem Moment an sahen meine Eltern nicht mehr, dass ich hässlich und fett war. Sie bemerkten nicht, dass ich mich hinter meiner Brille versteckte und mich weigerte zu lächeln. Krankheit zwingt Menschen dazu, komplett umzudenken, und nach der neuen

Definition meiner Eltern war ich allein deshalb schön, weil ich gesund war.

Wie alle Phasen endete auch diese. Mit dreizehn sah ich wieder ziemlich normal aus. Ich brauchte keine Zahnspange mehr. Ich wuchs fünfzehn Zentimeter. Ich bekam Kontaktlinsen. Im Sommercamp erfuhr ich von der Existenz von Haarserum. Ich fand sogar Freunde, die ich nicht insgeheim hasste, inklusive der beiden, die in den folgenden zehn Jahren meine Alkohol- und Drogenversorgung sicherstellen würden.

Alkohol machte alles leichter. Ich war charmant und witzig, und eine Menge junger Männer fand mein wildes und sorgloses Auftreten reizvoll. Im Rückblick ist klar, dass sie vor allem die Tatsache anzog, dass ich leicht zu haben war. Ich verbrachte den Großteil meiner Teenagerzeit damit, mich sozusagen umsonst zu verkaufen, weil ich mich noch immer für die hässliche Zwölfjährige hielt, die ich gewesen war, ein Gefühl, dass nur Alkohol und Aufmerksamkeit ruhigstellen konnten. Es dauerte lange, bis die Tatsache, dass er mich attraktiv fand, nicht mehr der einzige Anspruch war, den ich an einen potenziellen Verehrer stellte.

Noch bevor ich achtzehn wurde, hatte ich meine Unschuld an einen Jungen verloren, dessen Namen ich bis heute nicht weiß, hatte mit Dutzenden anderen geschlafen und die paar Typen, die blöd genug waren zu denken, dass ich an einer echten Beziehung interessiert sei, betrogen – alles unter dem Einfluss von Alkohol. Es gab Fälle, in denen ich mich auch mit wenigen Gläsern im Blut auf sexuelle Handlungen einließ, aber dann nur mit jemandem, mit dem ich vorher schon im volltrunkenen Zustand rumgemacht hatte. Ich war in der Mittelstufe, als ich betrunken an meinem ersten Dreier beteiligt war, und in der Oberstufe, als die Frauenärztin mir mitteilte, dass die schlimmen Krämpfe und starken Blutungen nicht von einer Zyste herrührten, wie meine Mutter mutmaßte, sondern von einer Fehlgeburt. „Ich hatte keine Ahnung", erzählte ich meinen erstaunten Eltern, und das entsprach der Wahrheit. „Ich habe aufgepasst." Das entsprach nicht der Wahrheit. Sie waren nicht sauer, nur traurig. Ich glaube, wir waren alle erleichtert, dass mir eine sicher herzzerreißende Entscheidung abgenommen worden war. Auf dem Heimweg vom Krankenhaus machten wir Witze, um unsere Anspannung zu lösen. Ich lachte gemeinsam mit meiner Mutter, dankbar, dass ich noch mal Glück gehabt hatte. Damals wusste ich nicht, dass meine Mutter niemals eine Großmutter sein, dass sie nur vier Monate später sterben und dass Alkohol bald das Einzige sein würde, das das Loch, das sie in meinem Inneren hinterlassen hatte, füllen konnte.

Als ich mit der Schule fertig war, hatte ich mir meinen Ruf erarbeitet. Schmerztabletten und Kokain gesellten sich als Grundnahrungsmittel zum Alkohol dazu. Sie waren das Einzige, was ich wirklich liebte. Die zahllosen Männer, mit denen ich mich einließ, waren mir scheißegal, und genauso wenig scherte ich mich um mich selbst. Meine Freunde und ich lachten über meine Einstellung zu Liebe und Romantik. Sie beneideten mich darum, dass ich so ungebunden sein konnte, und ich war froh, dass niemand mein Theaterspiel durchschaute.

Mitten in diesem Rausch begegnete mir einer von den guten Männern. Unsere Beziehung basierte auf Liebe, bezog aber ihre Kraft und Nahrung aus dem gemeinsamen abendlichen Trinken. Zwei Jahre lang saßen wir nebeneinander auf Barhockern, säuselten uns Liebesschwüre zu und planten unbeholfen unsere Zukunft. Trotz meiner tiefen Zuneigung zu ihm wurde er zu einem Krückstock, an dem meine Sucht emporranken konnte. Ich war hoffnungslos abhängig von ihm und machte es mir zur hässlichen und unfairen Angewohnheit, ihm die Schuld dafür zuzuschieben, dass ich keine Zukunft hatte. Ich war ihm über ein Jahr lang treu, bevor ich ihn das erste Mal betrog, doch wir schafften es beide zu glauben, dass diese blöde Sache dem Whiskey zuzuschreiben war. Er hätte mit mir Schluss machen sollen. Ich hätte kapieren sollen, dass es meine Alkoholabhängigkeit war, die jeden Aspekt meines Lebens sabotierte. Stattdessen zogen wir zusammen und tranken noch mehr.

Ein paar Wochen vor meinem zweiundzwanzigsten Geburtstag fand ich mich in Handschellen wieder, nachdem es mir gelungen war, aus dem völlig zerstörten Lieferwagen zu klettern, den ich geknackt hatte. Aber auch die Festnahme sorgte nicht dafür, dass ich kapierte, dass ich ein Problem hatte. Auch nicht der Schock meiner Mitmenschen, dass ich unverletzt aus diesem Autowrack herausgekommen war. Für viele wäre die schlichte Erkenntnis, dass sie hätten sterben können (und hätten sterben sollen, nach Meinung der Polizei), ein Weckruf gewesen. Aber ich war so jenseits von Gut und Böse, dass mir selbst das egal war. Ich brauchte noch zwei weitere Wochen im Saufkoma, bevor ich eines Morgens mit meinem ersten ehrlichen Gedanken seit Jahren aufwachte: *Ich will nicht sterben.*

Alkohol war von Kindesbeinen an mein Kumpel gewesen, und ohne ihn war ich ein Wrack. Die Trinkerei hatte meine schlechten Seiten noch verschlimmert – aber sie hatte sie nicht verursacht. Das feige Mädchen, das log und betrog, war *ich*. Die verletzenden Worte und die zerstörerischen Gedanken waren meine. Der Alkohol gab mir den nötigen Mut, aber die destruktiven Fähigkeiten hatte es tief in mir immer schon gegeben.

Das folgende Jahr war ein Versuch, mir ein neues Leben aufzubauen, der jeden Hochmut in mir auslöschte. Ganz langsam wurde ich zu einem Menschen, den ich nicht hasste, zu jemandem, der ehrlich war, und zwar weil das richtig und nicht weil es gerade praktisch war. Ich schrieb nicht länger alles dem Zufall zu. Alles, was geschieht, wird durch etwas anderes ausgelöst, und ich selbst war verantwortlich für mein verkorkstes Leben. Und das wurde ein großes Stück weniger verkorkst, als ich kapierte, dass ich mich mit dem auseinandersetzen musste, was für meinen Zustand verantwortlich war.

Es erstaunte mich, wie sehr mein Freund mich liebte. Für ihn war sein Alkoholkonsum nie ein Problem, aber er unterstützte meine Entscheidung, nicht mehr zu trinken, mehr als ich erwartet hätte. Er hatte mich als betrunkenen Teenager geliebt. Und er liebte mich weiterhin, als ich nach und nach zu einer nüchternen Erwachsenen wurde. Aber das reichte nicht. Ich trennte mich von ihm, weil ich ein ganz und gar neues Leben wollte.

Sofort nachdem ich die Beziehung beendet hatte, wurde mir klar, dass ich am Arsch war. Ich war dreiundzwanzig und Single, und ich hatte keine Ahnung, wie man mit einem Mann redete, ohne vorher mindestens zwölf Bier getrunken zu haben. Sehr schnell stellte ich fest, dass es unmöglich war, einem Fremden auf attraktive Weise zu erklären, warum man sich von ihm nicht zu einem Drink einladen lassen konnte. Weil ich noch so jung bin, kommt keiner auf die Idee, dass ich Alkoholikerin sein könnte. Stattdessen glauben sie, dass ich entweder streng religiös bin oder Medikamente nehme. Am schlimmsten finde ich es, wenn die Leute denken, ich sei schwanger.

Ich vermisse die Tage nicht, an denen ich aufwachte und nicht mehr wusste, wie ich in dem fremden Bett gelandet war, und auch nicht das Gefühl, jemanden irgendwie zu kennen, aber keine Ahnung zu haben, warum.

Was ich aber vermisse, sind die Risiken, die ich mich dank Alkohol traute einzugehen. Heute kann ich mir nicht mehr vormachen, dass das, was ich tue, allem Möglichen folgt, nur nicht einer wohlbedachten Entscheidung. Und meine Angst, mich zu blamieren, bremst mich oft aus und lässt mich langweilig, schüchtern oder transusig erscheinen. Es hat Monate gedauert, bis ich erste Fortschritte erkennen konnte. Ich kam mir völlig unerfahren vor – nicht im Küssen, sondern darin, von einer möglichen Zurückweisung verletzt zu werden und eine solche Blamage auszuhalten, ohne einen Tropfen Alkohol, der sie abmildert.

Wie alles andere war auch mein erster nüchterner Kuss nicht perfekt.

Bei so viel aufgestauter Angst war ich erleichtert zu merken, dass ich immerhin das Knutschen nicht verlernt hatte. Und mich überraschte die Erkenntnis, wie unspektakulär es ist. Ich hatte so etwas wie eine geheime Euphorie erwartet, irgendetwas, das ich bislang verpasst hatte, weil ich in den entscheidenden Jahren größtenteils besinnungslos gewesen war. Ich hatte gedacht, jede Berührung der Haut würde brennen und der Orgasmus sei eine einzige, alles zermalmende gemeinsame Explosion. Wir würden uns unsterblich ineinander verlieben und bis ans Ende aller Tage zusammenleben, ohne zu streiten, alt und schrumpelig zu werden oder Rechnungen bezahlen zu müssen. Stattdessen knallten unsere Zähne und Nasen gegeneinander. Er kniete sich auf meine Hand, und mein Hemd verstopfte kurzzeitig meinen Mund, als er es mir über den Kopf zog. Ich bemühte mich, nicht auf das unauffällige und ein wenig unappetitliche Geräusch zu achten, das zwei Leute verursachen, die versuchen, sich gegenseitig das Gesicht abzuschlecken.

Während wir uns herumwälzten, analysierte ich, was ich tat, und spulte dabei im Geiste streng die Schrittfolge eines Tanzes ab, den ich, wenn auch verschwommen, gut kannte. Ich streckte meinen Arm nach unten und ließ meine Hand zielstrebig über seine Hose streichen. Aber als ich nach seinem Reißverschluss greifen wollte, stoppte er mich. Mein Gesicht glühte, als er mir sagte, dass wir keine Eile hätten. Ich fühlte mich gleichzeitig wie ein gescholtenes Kind und wie eine Nutte, blamiert bis auf die Knochen. Eine andere Frau hätte das wahrscheinlich als Bestätigung empfunden, aber anstatt seine Zuversicht, dass es ein nächstes Mal geben würde, als ehrenwert und romantisch zu betrachten, schämte ich mich in Grund und Boden, weil er sich vielleicht fragte, warum er einem Mädchen gegenüber Respekt zeigte, das offensichtlich keinen verdiente. Als ich zurückwich, hörte er nicht auf, mich zu küssen. Sein Wunsch, es langsam angehen zu lassen, war kein vernichtendes Urteil gewesen. Er hatte mich einfach wissen lassen, wie weit er gehen wollte.

Bei der Konzentration auf mein früheres Verhalten hatte ich die Tatsache ignoriert, dass ich gewohnt gewesen war, ein Wegwerfprodukt zu sein. Ich war immer nur was zum Bumsen gewesen, wenn die Kneipe zumachte. Und das war nicht die Meinung irgendwelcher chauvinistischer Schweine gewesen, sondern von Männern, die mir genau die Menge an Achtung entgegenbrachten, die ich von ihnen verlangte: keine.

Auch wenn es vielleicht so wirkt: Meine Geschichte soll kein abschreckendes Beispiel sein. Ich lebe seit fast vier Jahren ohne Alkohol und bin zu einem Menschen geworden, den ich begonnen habe zu mögen. Obwohl es leicht gewesen wäre, mein früheres Ich von der Person, die ich heute bin, abzutrennen, habe ich mich ganz bewusst dafür entscheiden, das nicht zu tun. Nur wenige meiner alten Freunde sind mir während des Entzugs erhalten geblieben, sodass die meisten meiner jetzigen Freunde mich nur als logisch denkende und verantwortungsvolle Erwachsene kennen. Sie hätten keine Ahnung, wer ich einmal gewesen bin, wenn ich nicht Wert darauf legen würde, diese Person in Erinnerung zu behalten. Ich habe zu viele Jahre unter der Schande vergraben zugebracht, und das nicht, wie man meinen könnte, wegen des Alkohols, sondern wegen eines fest verankerten Mangels an Selbstwertgefühl. Meine heutige Selbstachtung habe ich mir durch vorbehaltlose Ehrlichkeit erarbeitet, durch die mutige Entscheidung, offen und aufrichtig durchs Leben zu gehen. Die Makel und Blessuren, die man als Schwächen ansehen könnte, erinnern mich im Gegenteil daran, dass ich Schläge einstecken kann, ohne daran zu zerbrechen. Ich habe in diesem Lieferwagen damals überlebt. Es wäre zweifellos ein unverzeihlicher Fehler, mein altes Ich zu begraben, als hätte es das nicht gegeben.

Weil dies eine wahre Geschichte ist, gibt es kein Happy End wie im Märchen. Wir reiten nicht gemeinsam in den Sonnenuntergang. Mein erster nüchterner Kuss war nicht mehr als die Wahrnehmung meines Selbstwerts – der einzige nachhaltige Bestandteil dieses Ereignisses. Als ich am nächsten Morgen neben meinem Kollegen aufwachte, noch immer mehr oder weniger angekleidet, überkam mich das altbekannte Gefühl von Reue und Enttäuschung, aber nur für eine Sekunde. Er öffnete seine Augen, und ich sah, dass er glücklich darüber war, neben mir aufzuwachen. Er zog mich noch im Halbschlaf zu sich heran, und zum ersten Mal in meinem Leben fühlte ich mich nicht wie der Fehlgriff eines Betrunkenen.

Der süße Duft der Macht
Sari Botton

Al-Anon war Mist. Wäre ich nicht zu pleite gewesen für eine Therapie, wäre ich niemals dem Rat einer Freundin gefolgt, zu diesen furchtbaren Meetings für Angehörige von Alkoholikern zu gehen. Sie waren viel schlimmer als die AA-Meetings, denen ich im Laufe der Jahre beigewohnt hatte, um der Riege meiner Alkoholiker-Freunde Beistand zu leisten – dreien, um genau zu sein. Wenn die AA-Leute erst mal so richtig am Boden lagen, waren sie tapfer, gaben ihren Scheiß zu und übernahmen die Verantwortung für das ganze Zeug, das sie in betrunkenem Zustand angerichtet hatten. Die Leute bei Al-Anon waren immer die Opfer und jammerten in einer Tour. Schuld an allem waren die anderen.

Die Al-Anons waren selbst abhängig von den Abhängigen, sie brauchten andere auf die schlimmstmögliche Weise und suchten sich wider besseres Wissen die unerreichbarsten, desinteressiertesten und fiesesten Typen, die sie finden konnten. Mich selbst hielt ich natürlich für völlig anders – mich, die ich nicht süchtig war nach Alkohol trinken, sondern nach Alkohol riechen, vor allem im Atem eines schwierigen Mannes.

Joey, mein Freund bei AA, schlug vor, dass ich zu seinen Meetings kommen solle.

„Ich bin keine Alkoholikerin", stellte ich klar.

„Dann mach es so", sagte er, „schließ dich mit einer Kiste Jack Daniel's in ein Zimmer ein und komm nicht eher wieder raus, bis sie alle ist. Dann geh schnurstracks zu AA."

Ich dachte darüber nach. Wenn ich schon mal dabei wäre, könnte ich auch versuchen zu schreiben. Ich hatte schon immer ausprobieren wollen, in betrunkenem Zustand zu schreiben. Ich hatte die Vorstellung, dass es mich von meiner Ich-bin-ein-braves-Mädchen-Verklemmtheit befreien würde.

Aber ich konnte es nicht. Ich hatte dem Alkohol vor knapp vier Jahren abgeschworen, in erster Linie aus gesundheitlichen Gründen. Und wegen eines Typen namens Matt. Ich behielt meinen Nüchternheitsschwur auch bei, als ich zu Jimmy überging und dann zu Michael. Wie um alles in der Welt sollten diese armen Kerle denn ohne meinen selbstlosen Beistand in der Spur bleiben?

Genau das war es, was mich bei ihnen hielt. Wie lebensnotwendig ich meiner Meinung nach für das Wohlergehen eines anderen war! Welche Macht ich dadurch ausüben konnte. Und dabei auch noch wie eine Heilige und Erhabene rüberkam. Sollte ich das hergeben für ein Glas Wein? Niemals. Das hier war noch viel berauschender.

Leider hielt der Kick nie lange an. Früher oder später verfiel jeder Mann wieder dem Alkohol, und ich kam mir wie eine Versagerin vor, die das nicht hatte verhindern können. Die Beziehung ging zu Bruch – manchmal für eine Weile, manchmal für immer.

Michael und ich waren im Laufe der Zeit mehrmals zusammen und wieder getrennt gewesen. Im Hinblick auf all meine Männer fiel es Michael am schwersten, trocken zu bleiben, und mir am schwersten, von ihm loszukommen. Als langhaariger, gut aussehender Musiker war er ständig von Frauen umringt, und er hatte Probleme damit, treu zu sein. Er erinnerte mich an meinen Großvater, den „primären" Alkoholiker in meinem Leben: mal herzensgut, mal eiskalt. Und meiner Großmutter untreu.

Opa schaffte täglich eine Flasche Johnnie Walker Red Label. Das wusste ich, weil ich bei ihm in seinem Sportbekleidungsgeschäft an der Seventh Avenue jobbte. Als meine Cousins hörten, dass ich dort arbeitete, frotzelten sie: „Und was machst du den ganzen Tag? Scotch einschenken?" Das war tatsächlich eine meiner Aufgaben. Um halb elf ging es los. Er bat mich, ein Glas zu spülen, ein paar Eiswürfel zu holen und ihm einen Johnnie einzuschenken. Das tat ich wieder und wieder, bis es Zeit für den Zug nach Hause nach Long Island war.

Der weiche, duftende, malzige Geruch war mir so vertraut. Ich hatte ihn in der Nase, seit ich das erste Mal als kleines Mädchen auf Opas Schoß gesessen hatte. Er faszinierte und beruhigte mich gleichermaßen. Michael roch zwar nach Wodka statt nach Whiskey, aber es funktionierte trotzdem.

Die letzte Runde, die ich mit Michael drehte, begann im Herbst 2000, und sie hätte nicht sein müssen. Fünf Jahre lang hatte ich ihn nicht gesehen, und für mich waren der Reiz, den er ausübte, der große Einfluss, den er einmal auf mich gehabt hatte, längst passé. Ich dachte, ich hätte meine Lektion gelernt. Aber wie sich zeigte, hatte ich meinen Erfolg beim Entzug von dieser ganz speziellen Droge überschätzt.

Am Telefon verabredeten wir uns für ein Treffen bei seiner Bandprobe im Übungsraum in den 30er-Straßen westlich der Sixth Avenue. Seine tiefe Baritonstimme hatte mich früher nervös gemacht, jetzt aber rief sie in mir Erinnerungen an seinen beinahe allabendlichen Zustand hervor: Erst wurde er verbal aggressiv, brabbelte dann irgendwann ohne jeden Zusammenhang vor sich hin und schlief schließlich mitten im Satz ein, je nach Menge an Bier und Wodka. Nicht zu vergessen die Erinnerung daran, wie er mich schlug. Es war schwer nachvollziehbar, dass ich mich überhaupt wieder auch nur in seine Nähe begeben wollte.

Dabei dachte ich nicht mal an den Sex, diesen fantastischen Sex, Michaels Spezialität. Der blieb über kurz oder lang sowieso auf der Strecke. Jedes Mal, wenn wir wieder zusammenkamen, spielte Sex für eine Weile eine Rolle, und er war *gut*. Michael wusste, wie er es anstellte, dass ich mich schön, außergewöhnlich und sexy fühlte, in genau der richtigen Mischung, obwohl ich mich eigentlich für ein braves graues Mäuschen hielt. Wahrscheinlich weil ich ein braves graues Mäuschen war. Aber sobald die erste Sex-Euphorie abebbte, begann er wieder zu trinken. Er verlor das Interesse und wandte sich irgendwann einem neuen Groupie seiner Band zu, einer weiteren grauen Maus mit dem dringenden Wunsch, im Spiegel von Michaels schmeichelhafter Aufmerksamkeit einen Blick auf ihre verborgenen Sexbombenqualitäten zu erhaschen.

Ich glaubte ganz ehrlich, dass ich Michael an diesem Abend sehen wollte, damit wir uns versöhnten, nachdem nach einem Streit so viele Jahre lang Schweigen zwischen uns geherrscht hatte. Ich hatte Michaels Scheiß sattgehabt und mir einen anderen gesucht, woraufhin er den

Kontakt vollständig abgebrochen hatte. Das war ungefähr fünf Jahre her. Wir kannten uns schon seit der Kindheit. Wir hatten gemeinsame Freunde. Das reichte.

Okay, vielleicht wollte ich auch testen – und zur Schau stellen –, wie gut ich über ihn hinweg war. Ich war fünfunddreißig und, ja, gerade noch dabei, mich von einer Beziehung zu einem *weiteren* Alkoholiker zu erholen – wenn auch bei Weitem keinem so schlimmen wie Michael.

Die Relation zwischen Anziehung und Abstoßung verschob sich um ein My, als ich in den Proberaum kam. Es widerte mich an, wie Michael in jeder Pause, bei jedem Lied eine Literflasche Budweiser runterkippte. Der Mann war jetzt siebenunddreißig. Er war ein Upper-East-Side-Wohlstandskind. Es war Zeit, dass er aufhörte, sich wie die Straßen-Kids in Chicago aufzuführen, wo er aufs College gegangen war. Als ich sah, dass er noch immer auf dieser Schiene unterwegs war, tat er mir leid. Und allein in diesem kleinen Detail lauerte Gefahr für mich.

Als ich das Studio betrat, schenkte er mir sein allerliebstes Lächeln. Wahrscheinlich war ich in den zwanzig Jahren, die ich ihn kannte, noch nie so nett von ihm begrüßt worden. Ich spürte, wie sich etwas in mir löste – vermutlich meine Entschlossenheit – und in einem minimal anderen Winkel wieder einrastete.

Erstaunlicherweise sah Michael trotz seines Alkoholkonsums nach wie vor gut aus. Seine Haut trug noch eine leichte Sommerbräune. Er wirkte fit – ein Zeichen, dass er vermutlich immer noch so gut wie jeden Morgen um fünf Uhr aufstand, um auf seinem Heimtrainer den Restalkohol vom Abend zuvor auszuschwitzen. Er hatte immer noch seine langen schwarzen Korkenzieherlocken. Sie schwangen vor und zurück, wenn er im Takt der Musik mit dem Fuß wippte. Er sah mir in die Augen, einmal, zweimal, wieder und wieder, lächelte sein liebevolles Lächeln, und dann begann ich sie zu fühlen: *die Liebe.*

In dem Moment hielt ich es für eine platonische Liebe, die unschuldige Liebe zwischen zwei Freunden, die sich akzeptieren und sich vergeben, zwei Freunden, die sich seit Jugendzeiten kennen und fast wie Geschwister gewesen waren, bevor sie ein Paar wurden.

81

Ein wesentlicher Bestandteil dieser Liebe war Mitleid. Unglücklicherweise wurde mir an diesem Abend nicht bewusst, auf welch brüchiges Eis mich das führte. Dass ich die Männer bemitleidete, war ein Hauptauslöser dafür, dass ich in ein wunderbares Chaos nach dem anderen schlitterte. Es gab mir den Anstoß, sie von aller Verantwortung loszusprechen, und bot mir die Chance, die Kontrolle zu übernehmen. Es war ein unterschwelliger, wortloser Vorgang. Meine innere Superheldin trat aus dem Schatten, um sich um deren Errettung verdient zu machen, ob sie nun gerettet werden wollten oder nicht. Oft ließen sie mich wissen, dass nicht – was aber den gegenteiligen Effekt hervorrief: Ich wurde nur noch hartnäckiger. *Versuche ja nicht, mich zu bremsen.*

Obwohl ich im Probenraum diese liebevolle Zuneigung für Michael verspürte, machte ich mir keine Sorgen. Aber dann gingen wir – wohin auch sonst? – in eine Bar in seinem Viertel. Ich trank nicht, dieser Gewohnheit war ich auch in der Nach-Jimmy-Zeit treu geblieben. Ich hatte mich voll und ganz der Rolle der abstinenten Freundin alkoholabhängiger Männer verschrieben, offenbar selbst dann, wenn ich gerade gar keinen Freund hatte.

In der Bar trank Michael ein Glas Hauswein nach dem anderen. Er erzählte mir, dass er vor Kurzem den Wodka durch Wein ersetzt hätte, mit positivem Effekt: Er stürzte nicht mehr komplett ab. Auf die Idee war er nach einem erfolglosen Aufenthalt in der Entzugsklinik gekommen.

Dann passierte etwas Seltsames. Michael erzählte mir von der Freundin, mit der er während des Entzugs zusammen gewesen war: Sheila, eine Alkohol- und Drogensuchtberaterin, die ihn in die Entzugsklinik in den saftigen Hügeln des Hudson Valleys gebracht hatte, um ihn dann pflichtbewusst am Ende seiner Kur mit der Dose Foster's in der Hand dort wieder abzuholen, um die er gebeten hatte. Während er diese Geschichte zum Besten gab, wurde Michael sichtbar und hörbar beduselt. Hier und da unterliefen ihm kleine Aussprachefehler. Seine Augenlider wurden schwer. Und während er immer betrunkener wurde, verfiel ich irrsinnigerweise meinerseits in einen emotionalen Rausch – höchstwahrscheinlich eine Nebenwirkung meiner Eifersucht auf Sheila. *Sie hat ihm Bier mitgebracht nach seiner Entziehungskur? Anfängerin!* Das konnte ich besser. *Ich* könnte ihn wirklich retten, ihn von seiner Sucht befreien, wenn er mich nur ließe. Eine tragische, genauso abhängige Suchtberaterin war keine Gegnerin für mich und meine Anständigkeit, für meine selbstlose Liebe, meine einzigartige, auf magische Weise heilkräftige Vagina.

Michael muss den Kurswechsel in meinem Inneren gespürt haben, denn jetzt machte er den entscheidenden Zug. Er reichte mit dem Arm über den Tisch und nahm meine Hand. Er schenkte mir noch so ein Lächeln, und dann gingen wir in sein Apartment. Was machte schon eine Nacht um der guten alten Zeiten willen?

Am nächsten Morgen hing Michaels schaler Weißweindunst in der Luft, und mir drehte sich der Magen um. Ich hatte die Geistesgegenwart, ihm (und mir) zu sagen, dass eine Fortführung dieser Geschichte keine gute Idee sei, vor allem, wenn er nicht mit dem Trinken aufhörte. Er war verletzt, und sosehr mir das schmeichelte, war ich doch fest entschlossen.

Puh, dachte ich, *grad noch mal die Kurve gekriegt.*

Aber ein paar Tage später tat er das, worauf ich, glaube ich, die ganze Zeit gehofft hatte: Er bettelte.

„Ich muss das machen – für dich muss ich mit dem Trinken aufhören", jammerte er, und mir wurde schlecht.

„Aber sie sagen, dass es nicht funktioniert, wenn man *für* jemanden mit dem Trinken aufhört", erwiderte ich. Außerdem wusste ich instinktiv, dass er noch nicht so weit war, und ich bezweifelte, dass er es jemals sein würde. Es gab in seinem Leben zu viele Frauen wie mich, die sich nur zu gern auf solche Deals mit ihm einließen, die ihn tun und machen ließen, was er wollte, wenn er ihnen dafür das Gefühl gab, wichtig zu sein und Einfluss auf jemanden zu haben.

„Bitte!"

Es war ihm ernst.

„Und versprichst du mir, dass du mich nicht unterwegs fallen lässt? Dass du dableibst und mich an die Hand nimmst?"

Verdammte Scheiße. Er hatte wirklich erkannt, wozu ich in der Lage war. Worum er bat, war das genaue Gegenteil von dem, was Angehörigen von Suchtkranken als sogenannte *tough love* nahegelegt wurde. Aber scheiß drauf. Ich steckte schon so tief drin.

Für ein paar Wochen lief alles super. Michael gab sich alle Mühe. Statt sich auf Alkohol zu fixieren, fixierte er sich auf mich. Er schrieb Lieder für mich, schickte mir Liebesbriefe, in denen er mir dafür dankte, die einzige Person zu sein, die den Mut hatte, wirklich darauf zu beharren, dass er mit dem Trinken aufhörte. Michael war trocken, und ich schwebte auf der Wolke seiner grenzenlosen Verehrung.

Aber fristgemäß knickte er ein. Drastisch. Er hatte noch nie länger als einen Monat durchgehalten, und wir hatten knapp drei Wochen geschafft. Wie auf Bestellung schickte ihm seine Exfreundin Sheila, die Suchtberaterin, eine Weihnachtskarte. Sie trafen sich zu einem „freundschaftlichen Abendessen". Wir telefonierten an dem Abend, und er versuchte, sein Lallen vor mir zu verbergen.

„Ich kann so nicht mit dir reden", sagte ich.

„Aber du hast versprochen, dass du mich nicht verlässt, wenn ich rückfällig werde. Du hast gesagt, dass du bleibst und mir dabei hilfst weiterzumachen."

Ich blieb. Ich ging zu Al-Anon, und bei dem Gejammer der Leute stellten sich mir die Nackenhaare auf. Als Michael aufhörte, zu den AA-Meetings zu gehen, schleifte ich ihn höchstpersönlich dorthin und hielt während der ganzen Sitzung seine Hand. Nach den Meetings stahl er sich davon. Er hatte immer irgendwo einen Termin. Ich wusste, wo. Handys waren 2000 noch nicht so weit verbreitet. Michael rief mich von öffentlichen Apparaten aus an, und die Namen der Bars, in denen er telefonierte, erschienen auf meiner Anrufer-Liste. Oft waren es Bars in dem Viertel, in dem Sheila wohnte.

Michaels Trinkerei wurde wieder schlimmer – so schlimm, dass er ohnmächtig wurde, als wir in einem Thai-Restaurant in Midtown essen waren, und schnarchend mit dem Kopf auf dem Tisch lag, während die anderen Gäste versuchten, ihn nicht anzustarren.

Plötzlich war ich der Feind. „Sheila trinkt wenigstens *mit* mir",

meckerte er eines Abends am Telefon. „Du. Bist. Langweilig." Wenn
er blau war, fing er an, seine Wörter in einer bestimmten Art zu akzen-
tuieren, wahrscheinlich in der Hoffnung, dass er dann nicht betrunken klang. „Wenn du wenigstens mit mir in die Bar kommen würdest ..." Er schlief ein.

Okay.

Dann würde ich eben mit ihm in die Bar gehen.

Vielleicht konnte ich, wenn ich ihm nüchtern gegenübersaß, an ihn
rankommen. Ihn dazu bringen, wieder zu AA zu gehen. Und sein
Leben zu ändern. Sein Leben zu retten! Und unsere Liebe! Weil ich so
unglaublich großartig und allmächtig war.

Für einen Typen, der immer noch auf den Grunge-Look der Neunziger stand, hatte Michael einen merkwürdigen Geschmack, was Bars
anging. Er liebte diese hochglänzenden Hotelbars für Touristen in
Midtown, die hauptsächlich eine Klientel aus Edelnutten und ihren
Kunden, meist Geschäftsleute von außerhalb, anlockten. Eine gut
gekleidete Frau, Typ Stewardess, kam im Lauf des Abends mit drei
verschiedenen Männern herein, während ich dasaß und Michael dabei
zusah, wie er sieben Halblitergläser Bier vom Fass in sich hinein-
kippte, jedes gefolgt von einem eisgekühlten Wodka.

Ich beobachtete ihn, während er sich zudröhnte, und fragte mich,
wie es sich wohl anfühlte in seinem Hirn. Mich faszinierte die Vorstellung, so glückselig ins Delirium abzudriften, aber ich verspürte
keinerlei Drang, es selbst auszuprobieren. Ich fühlte mich hin- und
hergerissen zwischen dem Wunsch, so locker und unterhaltsam zu
sein wie Sheila, und dem Wunsch, ernst zu machen und Michael zu
retten. Im einen Moment lachte ich über seine blöden Witze und
setzte mich so hin, dass er mir seine schlabberigen, wohlriechenden
Wodaküsse aufdrücken konnte, um im nächsten Augenblick loszu-
heulen und ihn anzuflehen: „Wann bist du endlich bereit aufzuhören?"

„Das ist nur ein kleiner Umweg, Süße", sagte er und nahm mich in
den Arm. Alkoholwogen entströmten seinem Mund und seiner Haut,
umfingen mich, liebkosten mich. „Ich muss nur bis zum Ende durch

diesen Kram durch, damit ich's wirklich schaffe. Bleib bei mir. Wir kriegen das hin."

Er trank weiter, und ich schleifte ihn weiter zu den AA-Meetings, nach denen er sich aus dem Staub machte. Dann das Geständnis.

„Ich bin fremdgegangen."

Ich schlug ihm in den Magen. Ich ging nicht mehr ran, wenn er anrief.

„Und was ist mit mir?", brüllte er auf meinen Anrufbeantworter. „Ich bring mich vielleicht um, und du gehst nicht mal ans Telefon. Würdest du wenigstens weinen, wenn ich sterbe?"

Wow! Einfach nur, indem ich ans Telefon ging, könnte ich sein Leben retten. Aber ich war es leid, so allmächtig zu sein.

Trotzdem kehrte ich zu ihm zurück. Ich hätte an dem Abend mit ihm Schluss machen müssen, als er mich an den Schultern packte und durchschüttelte, und zwar heftig. Oder an dem Abend, als er mir in einer Bar an die Gurgel ging. Aber erst an dem Abend, als er unsere Verabredung absagte, damit er bei Sheila bleiben und saufen konnte, zog ich den Schlussstrich. (Ganz offensichtlich machte ich mir weniger Sorgen um meine körperliche Unversehrtheit als um die Respektierung meines Egos.)

In meinem Seelenschmerz beschloss ich, Michaels Allheilmittel für diesen Zustand auszuprobieren. Ich musste einfach wissen, wie das war, was er und Sheila empfanden, wenn sie sich volllaufen ließen. Ich ging ins *Detour*, eine Jazzkneipe gegenüber meiner Wohnung im East Village. Ich hatte seit meinem achtzehnten Geburtstag, als ein einziger Screwdriver dafür gesorgt hatte, dass mein Bett sich drehte und ich am nächsten Tag einen schrecklichen Kater hatte, keinen Wodka mehr getrunken. Aber an diesem Abend musste es Wodka sein. Ich kannte den Geruch, aber ich wollte auch wissen, wie er schmeckt. Dies war meine Chance, endlich auszuprobieren, betrunken zu schreiben.

In der Bar sang eine Frau, ungefähr in meinem Alter, Jazzstandards, begleitet von Gitarre und Kontrabass. Ich bestellte einen Wodka Martini. Es gefiel mir, wie er in dem Glas aussah: sauber, schlicht, sachlich. Nach vier Jahren ohne einen Tropfen Alkohol saß ich an der Theke und trank andächtig Schluck für Schluck. Er ging mir direkt in den Kopf. Ich fühlte mich wie in einer Blase. Die lauten Bargeräusche wurden gedämpft. Alles verlangsamte sich.

Als ich ausgetrunken hatte, bestellte mir ein Typ am anderen Ende der Theke noch ein Glas. Ich lächelte ihm zu, ohne auch nur ansatzweise Lust auf einen Flirt zu haben. Dieses Zeug sollte Leute dazu bringen, sich gegenseitig die Kleider vom Leib zu reißen? Mich nicht.

Schluck … schluck … schluck. Ich fühlte mich losgelöst. Abgeschnitten. Taub.

Ich wankte über die Straße zurück in meine Wohnung. Als ich mich erschöpft aufs Sofa fallen ließ, entdeckte ich auf dem Couchtisch mein Tagebuch. Das war meine Chance. Verdammte Verklemmtheit.

Am nächsten Morgen wachte ich mit fürchterlichen Kopfschmerzen auf. Mein Tagebuch lag auf dem Boden. Ich hob es auf. Es standen nur zwei neue Zeilen darin: „Ich habe heute Wodka getrunken. Ich kann mein Gesicht nicht mehr spüren."

In dem Jahr, nachdem wir uns getrennt hatten, versuchte Michael mehrfach, mich zu erreichen, auch am 11. September. Einmal rief er nach Mitternacht an, betrunken, aus einer Kneipe. Ich legte auf.

Ich hatte endlich genug von alldem, von meinem lächerlichen Gefühl der Macht und dem, was ich davon gehabt hatte. So schmerzhaft dieser letzte Versuch mit Michael gewesen war, glaube ich doch, dass er nötig war, um mich zu kurieren und meine romantischen Vorstellungen zunichtezumachen. Es ist jetzt über zehn Jahre her, dass ich mit ihm gesprochen habe. Zwei Jahre nach unserer Trennung habe ich meinen Mann kennengelernt. Michael war mein letzter alkoholabhängiger Freund.

Nach der Zwölf-Schritte-Philosophie der Anonymen Alkoholiker ist man von einer Sucht niemals wirklich geheilt, sondern lebenslang in Genesung befindlich. Vielleicht bin ich naiv, aber diesmal glaube ich, dass ich wirklich vollständig geheilt bin.

Es. Muss. Sein.

Becky Sherrick Harks

Stef und ich waren elf und dreizehn, als wir uns kennenlernten. Es war fast so etwas wie eine chemische Reaktion zwischen uns, etwas, das vielleicht ein-, zweimal im Leben vorkommt – wenn man Glück hat. Es war, als würden unsere Zellen uns zueinander hin ziehen. Es war klar, dass das Universum etwas mit uns vorhatte.

Immer auf der Suche nach ein bisschen Spaß, trafen wir uns regelmäßig auf dieser oder jener Party. Während ich es schaffte, meinen Alkoholkonsum so zu dosieren, dass ich nicht über dem Klo endete und die Götter der Porzellanschüssel anbetete, fand Stef kein Maß. Sowohl in der Schule, wo sie ihren Wodka sorgsam in einer Limoflasche tarnte, als auch außerhalb, wenn sie sich Abend für Abend bis zur Bewusstlosigkeit betrank, gab es für sie nur den Exzess. Wenn sie trank, glänzten ihre Augen, ihre Pupillen wurden größer und größer, bis sie das Grün ihrer Iris ganz zu verschlucken drohten. Als ob sie eine magische, mystische Welt sah, die niemand anders sehen konnte.

Wir wuchsen in dem gleichen spießigen Städtchen auf, der Rasen in den Vorgärten saftig und grün, die Menschen freundlich, die Himmel azurblau, die Straßen voller BMWs und Porsches, die Gegend von einem Fluss hübsch in zwei Hälften geteilt. Die Wände ihres bescheidenen, typisch vorstädtischen Elternhauses, keine sieben Minuten mit dem Auto über den Fluss von meinem entfernt, stellten Stefs Leben zur Schau. Ein Foto von Stef als Baby, lachend und von oben bis unten voll Kartoffelbrei. Stef in schwarz-weiß gestreifter Zebra-Schlafanzughose, wie sie mit einem riesigen Goofy-Grinsen in die Kamera guckt und so tut, als wäre sie in ein Gespräch mit einer Schaufensterpuppe vertieft. Foto um Foto ein Leben voller Lachen und Fröhlichkeit, das in so krassem Gegensatz stand zu der allgegenwärtigen Traurigkeit, die später aus ihren Augen sprechen sollte.

Stef war ein Kind der Liebe, hineingeboren in eine Patchworkfamilie – das Produkt einer Affäre unter Nachbarn. Ihre Eltern heirateten daraufhin und zogen sie im Kreise ihrer deutlich älteren Geschwister groß, die mit Begeisterung ihre kleine Schwester piesackten und malträtierten. Anhand der Fotos war aber leicht zu erkennen, dass sie trotz der Geschwisterquälerei ein von Herzen geliebtes kleines Mädchen war.

Im Schulorchester nannte man uns die *Bad Girls*, die immer die Köpfe zusammensteckten und wegen diesem oder jenem kicherten. Es war dort, mit Stef neben mir, während wir ausgiebig aus ihrer Spezial-Wasserflasche tranken – mehr Wodka als Wasser –, dass ich die Worte das erste Mal sah. In seinem Streichquartett Nr. 16 in F-Dur – einem wunderbaren Stück, das wir einmal zusammen spielten – hatte Beethoven notiert: *„Muss es sein?"*, und als Antwort darauf: *„Es muss sein!"*

Genau so dachte ich über unsere Freundschaft: *Muss es sein? Es muss sein!*

Oh, wie wir gelacht haben, da unten in dem Orchestergraben, von unseren Klassenkameraden umgeben, die nichts kapierten, und gänzlich undamenhaft durch die Nase prusteten vor unbändiger Freude über dieses kleine verrückte Detail. Wieder und wieder gickelten wir in unserem besten (schlimmsten) Deutsch: *„Muss es sein? Es muss sein!"*

Es muss sein. Sie muss sein. Ich habe ihr nie gesagt, wie sehr ich sie angebetet habe. Armreife klimperten formvollendet an ihren Handgelenken, Schlaghosen umschmeichelten ihre Hüften, ein altes Stones-T-Shirt – alles aufs Lässigste kombiniert. Sie war legendär, schon mit sechzehn. Die Jungs wollten Stef haben, die Mädchen wollten Stef sein. Mir war nie jemand begegnet, der war wie sie.

Ich war auch noch nie jemandem begegnet, der für mich Partei ergriff. Jede andere Freundin, die ich hatte, hätte mir eher das Messer in den Rücken gestochen. Wortbrüchigkeit war mir seit jüngster Kindheit vertraut – als Tochter zweier Alkoholiker, die mir erlaubten, mich selbst großzuziehen. Allein.

Mit sechs hatte ich mehr Erfahrung im Alleinsein als die meisten Leute mit fünfundzwanzig. Ich kam gar nicht auf die Idee, dass sich jemand auch nur einen Deut um mich scheren könnte, und als da plötzlich Stef auftauchte und meinem untreuen Freund sagte, er solle sich verpissen, und meiner früheren Freundin, dass sie ein totales Arschloch sei, war ich überwältigt. Es hatte immer nur mich gegeben, mich allein. Die eben für sich allein kämpfte.

Als ich mit zwanzig feststellte, dass mein untreuer Freund mich geschwängert hatte, war Stef die Erste, die ich anrief. Ich heulte ins Telefon, völlig aufgelöst, die Zukunft ein riesengroßes schwarzes Fragezeichen. Und während jeder andere um mich herum in Panik ausbrach und heulte und brüllte und mich beschimpfte, blieb Stef einfach ruhig, streichelte meinen immer runder werdenden Bauch und sang ein albernes Lied übers Kinderkriegen. Als sie damit fertig war, sagte sie: „Herzlichen Glückwunsch, Becky, ich schmeiß dir eine Babyparty." Und das tat sie. Es war grandios. Tag für Tag war sie an meiner Seite, während mein erster Sohn in mir heranwuchs. Wir guckten schlechte Fernsehserien auf ihrem Sofa. Diese Zuneigung kam so unerwartet in einer turbulenten, unschönen Zeit meines Lebens.

Ein paar Wochen nach der Geburt meines Sohnes – die sie offiziell zu Tante Stef machte – stellte sie fest, dass sie auch ein Kind erwartete. Wir feierten auch ihre Schwangerschaft, aber nach der Geburt ihres Sohnes schwanden ihr Strahlen und ihre Wärme dahin, bis sie nur noch ein schwaches Glimmen waren. Ihre Traurigkeit übermannte sie. Und Stef tat das Einzige, was sie kannte, um dieser Traurigkeit Einhalt zu gebieten: Sie trank. Aber anstatt dass sich ihre Augen für die freudvolle Welt öffneten, die sie früher gesehen hatte, sank Stef nur noch tiefer in ihre Verzweiflung. Der Alkohol war nicht stark genug für ihre Traurigkeit.

Ich erkannte nicht, was dahintersteckte: eine psychische Krankheit. Alkoholismus. Ich dachte einfach, dass Stef sich in ein alterndes Partygirl verwandelte, während wir anderen erwachsen wurden. Sie würde da schon irgendwann wieder rauskommen, oder? Ich meine, wir hatten doch die Partynächte ad acta gelegt, um für Prüfungen zu büffeln und uns um unsere Babys zu kümmern. Stef würde das sicher auch tun.

Sie tat es nicht. Und wir begriffen immer noch nicht – konnten es nicht begreifen –, was mit unserer so unendlich liebenswerten, strahlenden Freundin passierte. Sie ging unter, und wir warfen ihr keinen Rettungsring zu.

Mehr oder weniger unmittelbar nach der Geburt ihres ersten Kindes wurde Stef ungewollt wieder schwanger. Und obwohl sie vor Glück übersprudelte, wenn sie ihre beiden Söhne im Arm hielt, müssen ihre Schwangerschaften eine schlummernde psychische Erkrankung in Gang gesetzt haben – vielleicht war sie auch schon immer da gewesen. Genau wie ihre Sucht, die mit Sicherheit schon immer da gewesen war. Muss es sein? Es muss sein.

Bipolare Störung nannten sie es, als Stef das erste Mal von zu Hause abhaute und ihre Kinder in der Obhut ihrer zutiefst besorgten Mutter zurückließ. Völlig verzweifelt rief Stefs Mutter mich an, die Polizei, die Obdachlosenheime, auf der Suche nach ihrer Tochter. Als sie sie schließlich in einem Obdachlosenheim fanden, ließen ihre Eltern sie in eine psychiatrische Klinik einweisen. Als ich Stef auf der Station anrief, freute sie sich unbändig, von mir zu hören.

„Sie glauben, dass ich eine bipolare Störung habe", sagte sie in ihrer saloppen Art, als ob sie von der Pointe eines Witzes sprach und nicht von einer ernsten Diagnose.

Ich hielt den Atem an und versuchte, mich wieder zu fassen, bevor ich antwortete. Meine eigene Mutter hat eine bipolare Störung und ist Alkoholikerin, und zu hören, dass meine Freundin auf die gleiche Weise litt, brach mir das Herz.

„Wenn du wieder draußen bist, treffen wir uns mal wieder und trinken zusammen einen Kaffee, okay?", sagte ich. Ich hatte zu der Zeit meine Partyklamotten bereits komplett gegen die Mutterrolle getauscht, und die Zeiten, in denen wir uns zusammen betranken, bis wir lallend Gespräche mit Laternenpfählen führten, gehörten schon lange der Vergangenheit an.

Als sie mit Taschen voller Tabletten – die sie versprach, zu nehmen (und es nie tat) – die Klinik verließ, wurde das Partymachen, was mal ein lustiger Zeitvertreib gewesen war, zu ihrer Alltagsbeschäftigung. Es erschütterte mich zu sehen, wie sie tiefer und tiefer in die Gosse rutschte – immer die Letzte in der Bar, die sich Nacht für Nacht einem Fremden nach dem anderen an die Brust warf.

Erst da erkannte ich, dass sie nicht mehr trank, um ein bisschen Schwung in eine langweilige Party zu bringen. Nein. Mit zweiundzwanzig war meine Freundin Alkoholikerin. Ich konnte es nicht ertragen. Zu viele Kindheitserinnerungen, zu viel Schmerz. Zu weit weg von meiner Komfortzone, als dass ich hätte damit umgehen können. Die Alkoholabhängigkeit meiner Mutter hatte eine tiefe Wunde geschlagen, und meine Freundin, meine so teure Freundin, nahm den gleichen Weg. Ich konnte es nicht mitansehen. Ich konnte nicht einmal ihren Namen aussprechen, ohne dass mir die Tränen in die Augen traten.

Wie oft ich sie danach sah, lässt sich an einer Hand abzählen.

Direkt nach der Geburt ihres zweiten Sohnes besuchte ich sie im Haus ihrer Eltern, wo sie mit ihrem Freund und ihren beiden Jungen wohnte. Die Person, die mir die Tür öffnete, sah aus wie meine Freundin, aber sie benahm sich nicht wie sie.

Voller Überschwang – einen Tick zu sehr, um angenehm zu sein – fiel sie mir um den Hals, als sie mich mit ihrem Sohn auf dem Arm an der Tür begrüßte. Die Worte sprudelten schneller und schneller aus ihrem Mund, und ich hatte Schwierigkeiten, ihr zu folgen. Manie. Sie war in einer manischen Phase. Außerdem war sie betrunken, der Alkohol dampfte ihr aus jeder Pore und nahm mir den Atem. Ich sah auf die Uhr. Es war gerade mal zehn Uhr morgens.

Wir gingen zusammen zu Mittag essen, zu zweit – Stefs Freund passte auf die Söhne auf –, und bei überbackenen Pommes versuchte ich, zu meiner Freundin vorzudringen. Ich versuchte, an die Person heranzukommen, die sie einmal gewesen war, die Stef, die ich so voller Liebe in Erinnerung hatte. Ich konnte sie nirgends finden. Sie ging über alles hinweg, was ich sagte, und amüsierte sich köstlich über die Salz- und Pfefferstreuer auf dem Tisch. Ohne darüber zu reden, ließ ihr Verhalten das ganze Ausmaß ihrer Traurigkeit hinter ihren wirren, manischen Worten und ihren blutunterlaufenen Augen sichtbar werden. Dies war nicht meine Freundin. Die Person mir gegenüber kannte ich nicht.

92

Es war eins der letzten Male, die ich den Menschen sah, zu dem Stef geworden war. Nach dem Essen fuhr ich nach Hause und weinte um meine Freundin, die so ganz und gar verloren war. Ihre Krankheit traf mich zu sehr ins Mark, und ich wusste, dass ich weitergehen musste. Stef war auf dem Grund einer Wodkaflasche verschollen, und keiner von uns, die wir sie so geliebt hatten, als sie strahlte und leuchtete, konnte sie dort erreichen.

Während Stef in der Psychatrie und in den hinterletzten Bars ein und aus ging, wurde ich erwachsen. Ich heiratete, kaufte ein Haus und bekam noch ein Kind. Ich hatte mein Leben, das einmal genauso durcheinander gewesen war, in die Hand genommen und die Kurve gekriegt. Sie hatte die entgegengesetzte Richtung eingeschlagen. Ich hatte zwei Autos und eine Hypothek bei der Bank. Sie lebte in einem Obdachlosenasyl. Ich hatte zwei Handys und einen Festnetzanschluss, sie konnte sich nicht einmal ein funktionierendes Telefon leisten. Unsere Wege waren einmal so ineinander verwoben gewesen, dass ich nicht wusste, wo ihr Leben anfing und meins endete – und nun das. Ich blieb über ihre Mutter, die sich verschuldet hatte, um Stef noch ein letztes Mal auf Entzug zu schicken, auf dem Laufenden.

Das letzte Mal hörte ich von Stef – die mich geliebt hatte, als niemand anders es tat –, als sie eine Nachricht auf meiner Mailbox hinterließ. Sie klang fröhlich und optimistisch, ein einfaches: „Hey, ich bin aus der Klinik raus. Lass uns zusammen einen Kaffee trinken. Ich ruf dich wieder an, ich habe kein Telefon."

Oh, wie sehr wünschte ich, ich wäre drangegangen.

An einem sonnigen Freitagmorgen, ein paar Tage nachdem ich Stefs Nachricht bekommen hatte, rief ihre Mutter mich an. Ich freute mich riesig, als ich die Nummer auf dem Display sah, und meldete mich mit der fröhlichsten Stimme, die mir nach zwei Jahren Schlafmangel möglich war. Es war höchste Zeit, dass ich mich um meine Freundin kümmerte, sie auf einen Kaffee einlud und ihr sagte, wie lieb ich sie hatte.

Dann sagte ihre Mutter diese vier Wörter: „Stef ist tot, Becky."

Ich brach auf dem Boden meiner hellerleuchteten Küche zusammen. Ich bekam keine Luft mehr. Der Raum, eben noch voller Sauerstoff, hatte sich in ein Vakuum verwandelt.

Tagelang befasste ich mich mit Blumengestecken, mein Sohn bettelte um meine Aufmerksamkeit, während ich auf dem Sofa hockte und weinte und nicht wusste, was ich auf das Grab von jemandem legen sollte, der überhaupt nicht tot sein durfte. Von einer, die neben mir sitzen und sich mit mir über die absurden Sprüche für Trauerkränze kaputtlachen sollte: „In bester Erinnerung" oder „Unser tiefstes Beileid". Wen sollte ich fragen, welche Blumen ich kaufen sollte für jemanden, der nur für kurze sechsundzwanzig Jahre auf dieser Erde weilte? Allein war ich nicht dazu in der Lage, welche auszusuchen. Ich verbrachte Stunden damit, mich durch Webseiten zu klicken, um etwas Passendes zu finden. Am Ende kaufte ich gar nichts. Es gab kein Gesteck mit „Ich kann nicht glauben, dass du tot bist", keinen Kranz mit „Aber du hast doch zwei so wunderbare Söhne", keine Sargdecke mit „Bitte, lieber Gott, sag mir, dass das alles ein schlechter Scherz des Himmels ist".

Die Kapelle bei der Trauerfeier war nicht bestuhlt und vollgestopft mit Menschen, deren Leben Stef berührt hatte, ohne sich darum zu bemühen. Als das Streichtrio begann „As Tears Go By" zu spielen, weinte der ganze Saal. Die zart schwingenden Töne des Stücks waren viel zu lieblich für diesen Anlass. Ich hätte gern wütende Trash-Metal-Musik gehört, deren harte Gitarrenriffs die Luft in der Kapelle zerrissen. Alles, nur nicht diese feinen Töne, die in der Luft hängen blieben.

Mir wurde speiübel, als ich sah, wie sich ihr jüngerer Sohn – seiner Mutter wie aus dem Gesicht geschnitten – in den Sarg hineinbeugte und wieder daraus hervorkam, völlig verschmiert von dem Make-up, das der Bestatter aufgetragen hatte, damit Stef so aussah, als wäre sie nicht tot.

Das Bild ihrer beiden weinenden Kinder in diesen adretten kleinen schwarzen Anzügen, die kein Kind anziehen müssen sollte, hat sich für immer in mein Gehirn eingebrannt.

„Mami!", schrien die Jungen, als der Sarg geschlossen wurde.

Sechsundzwanzig Jahre alt, tot in ihrem Bett aufgefunden. Leberzirrhose. Zwei kleine Söhne, die niemals wissen würden, auf welche Weise ihre Mutter einen Raum erstrahlen lassen konnte. Einfach weg. Gerade noch lebendig, im nächsten Moment tot.

Jahrelang habe ich mir den Kopf darüber zerbrochen, was ich zu ihr sagen würde, wenn ich die Chance dazu hätte. Ein letztes Gespräch. Vielleicht könnte ich ihr ein wenig bedeutungslosen, abgedroschenen Scheißtrost anbieten: „Meine Traurigkeit ist mit der Zeit erträglicher geworden" oder „Ich vermisse dich immer noch, aber ich komme inzwischen damit klar". Es wäre gelogen.

Drei Jahre später ist es nicht erträglicher, nur anders. Das klaffende Loch, das sie gerissen hat, lässt sich nicht stopfen. Ohne sie ist die Welt immer noch dunkler. Ich könnte ihr sagen, dass ich in den letzten Jahren zwar Millionen von Wörtern geschrieben habe, aber so gut wie keins über sie. Kein Wort erscheint genug. Sie treffen nicht das, was Stef ausmachte.

Ich denke, ich könnte Stef all diese Sachen sagen, wenn mir nur ein letztes Gespräch vergönnt wäre mit dem Menschen, der mir gezeigt hat, was wirkliche Liebe, wirkliche Freundschaft und wirkliche Loyalität ist.

Ich würde sie ein letztes Mal umarmen, ihre Wärme spüren, in ihrem Licht baden und ein letztes Mal mit ihr lachen. Ich weiß, was ich zu meiner Freundin sagen würde, endlich liegen die richtigen Worte auf meiner Zungenspitze: „Muss es sein?" „Es muss sein."

Runner's High
Eva Tenuto

Wenn ich trank, war ich eine Läuferin. Ich tat, was ich konnte, um vor der Realität wegzurennen. Ich entwickelte einen sechsten Sinn für Männer, die ich nicht haben konnte, und verfolgte sie ebenso zwanghaft wie fanatisch. Ich spürte die Unpassendsten der Nicht-an-mir-Interessierten auf und setzte die kreativsten Überzeugungstaktiken ein, sie dazu zu bringen, um mich zu werben. Je mehr sie versuchten, mir zu entkommen, desto mehr versuchte ich, sie an mich zu fesseln.

Meine letzte Beziehung vor dem Entzug war nicht anders. Ich lief in die Zukunft davon, er lief vor der Vergangenheit weg. Es gab selten Momente, in denen wir beide wirklich in einer gemeinsamen Gegenwart waren. Er war kein schlechter Mensch. Er war zum Schreien komisch, womit er mein Herz eroberte. Aber zu den Eigenschaften, die ich an ihm liebte, kam hinzu, dass er heroinabhängig war. Und zu meinen besten Absichten kam hinzu, dass ich aktive Alkoholikerin war.

Ich trank jeden Abend und erschien jeden Morgen verkatert in der Schule, an der ich als Lehrerin arbeitete. Ich liebte die Kinder, weil sie es – im Gegensatz zu meinem Chef – nie registrierten, ob ich zu spät und mit grauen Zähnen zum Unterricht kam, weil ich am Abend zuvor Unmengen Rotwein getrunken hatte. Unzählige Nächte verbrachte ich damit, den Brooklyn-Queens-Expressway rauf- und runterzufahren, als säße ich in der Achterbahn von Coney Island. Wenn ich hinter dem Steuer saß, ein Auge offen, wurden aus drei Fahrbahnen sechs. Ich brachte Freunde nach Hause, holte andere ab und suchte die Kneipe, die – wie uns der Türsteher der letzten Bar gesagt hatte – nach der Sperrstunde noch offen war. Jede Nacht, in der ich heil wieder nach Hause kam, konnte ich von Glück reden.

Für sich allein lebten mein drogenabhängiger Freund und ich jeder ein ziemlich kaputtes Leben. Gemeinsam beschworen wir eine unnötige Katastrophe nach der anderen herauf. Es war wie *Wer hat Angst vor Virginia Woolf* im wahren Leben. Während unseres letzten Intermezzos beschloss er, nach Jamaika zurückzuziehen, wo er ursprünglich herstammte. Ich unterrichtete gerade in Vollzeit, hatte einen guten Job und eine gute Wohnung und wollte nicht wegziehen. Also trennten wir uns. Aber natürlich fühlte er sich, als die zweitausend Meilen zwischen uns lagen, plötzlich bereit für eine echte Beziehung.

Er wollte, dass ich ihn zu meinem Geburtstag übers Wochenende besuchen kam. Das tat ich. Als er mich vom Flughafen abholte, sah er aus, als hätte er gerade eine fürchterliche Grippe. Er sagte, er wäre so froh, dass ich da sei. Er hätte genug von den Drogen. Er könnte so nicht mehr weiterleben: Die Welt war gemein zu ihm, und er brauchte mich.

Ich wusste damals nichts von seinem ständigen Hin- und Hergespringe zwischen den Orten. Davon, dass er jedes Mal, wenn er von New York nach Jamaika zurückkehrte, wieder an der Nadel hing und jedes Mal, wenn er wieder von Jamaika nach New York zog, komplett am Ende war und von dem Zeug loskommen musste. Alles, was ich wusste, war, dass er zum ersten Mal in meine Richtung lief statt von mir weg, und ich wollte, dass es mit uns funktionierte. Bei Gott, ich würde dafür sorgen.

Es war der beste Vorwand, mich nicht mit meinen eigenen Problemen auseinandersetzen zu müssen. *Er* war derjenige, dem es besser gehen musste, und ich würde ihn wieder hinkriegen. Ich wollte nicht, dass er stirbt. Ich wollte alles, von dem ich träumte, mit ihm, egal wie widersprüchlich die Aussagen immer gewesen waren, die ich von ihm bekommen hatte. Ich geriet in einen Sog, den der Alkohol in Gang gesetzt hatte: Wenn er nur ein Laptop hätte, wäre alles gut. Also werde ich ihm ein Laptop kaufen, dann kann er als freier Grafiker arbeiten. Aber halt, wie soll er sich mit seinen Kunden treffen? Ich kaufe ihm am besten auch noch ein Auto.

Ich überredete ihn sogar dazu, dass wir versuchen sollten, ein Kind zu bekommen. Ich wusste, dass er das eigentlich nicht wollte, und in Anbetracht unserer Beziehung und der Menge an Alkohol, die ich mir täglich einverleibte, hätte ich es auch nicht wollen sollen. Aber ist es in Filmen nicht auch immer so, dass die ungewollten Väter das Baby sehr lieben, wenn es erst einmal da ist? Zum Glück waren seine Spermien viel zu high, um ihren Job zu machen. Und er war zu high, um einen Job zu behalten. Und ja, ich dachte wirklich, es wäre die Lösung aller Probleme, wenn ich einem Junkie ein Laptop und ein Auto kaufe. Ich war sogar kurz davor, mit Geld, das ich geerbt hatte, ein Haus in Jamaika zu kaufen, in dem wir zusammen eine kleine Pension aufmachen könnten. Weil Heroin, Alkohol und Unternehmertum so wunderbar zusammenpassen.

Unsere Beziehung lenkte mich auf angenehme Weise von mir selbst ab, während der wenigen guten und der häufigeren schlechten Momente. Ich wollte nicht auf mich schauen, ich sah nur auf ihn – und gab ihm an allem die Schuld. Ich hätte sogar einen Weg gefunden, ihn für eine weltweite Hungersnot verantwortlich zu machen. Ich war eindeutig genauso gestört, auch wenn ich das nicht erkannte.

Aber schließlich wurde die Enttäuschung doch groß genug, und ich kam nicht länger umhin, einmal einen ehrlichen Blick auf mich und meine Verhaltensweisen zu werfen. Eine Freundin sagte zu mir: „Wenn du merkst, dass du einen Zwang entwickelst, wenn du immer und immer wieder dasselbe über jemanden sagst, ersetze seinen Namen durch deinen und überlege, ob die Aussage weiterhin stimmt." Ich probierte es aus. Statt zu sagen: „Er ist so ein Lügner, er sagt, dass er aufhört, und macht es doch nie", ersetzte ich jedes *er* durch *ich*. *„Ich* kann ohne Alkohol kein Familienfest durchstehen. *Ich* liebe den Alkohol mehr als ihn. *Ich* kapiere nicht, wie sehr mein Alkoholkonsum für den Zustand meines Lebens verantwortlich ist. *Ich* bin eine Lügnerin. *Ich* bin süchtig." *Scheiße*, dachte ich, *ich bin Alkoholikerin.*

Schon bevor ich diese Übung durchexerzierte, war ich beunruhigt gewesen. Mehrmals ging ich zu meiner Mutter und sagte zu ihr: „Mama, ich mache mir Sorgen über meinen Alkoholkonsum." „Mama, ich fahre ständig betrunken Auto. Ich habe Angst vor mir selbst." Worauf sie nur erwiderte: „Mach dir keine Gedanken, das gibt sich irgendwann." Das war nicht das, was ich hören wollte.

Ich wollte, dass sie sich um mich kümmerte. Dass sie mich überredete, aufzuhören. Dass sie in Panik geriet, sich Sorgen machte und ihre Angst um mich zum Ausdruck brachte. Ich wollte, dass sie sich einmischte. Dass sie sagte: *Genug ist genug, ich lasse das nicht mehr zu.* Aber nichts davon geschah. Wie ein Kleinkind stürzte ich mich ein ums andere Mal wieder in die Gefahr, in der Hoffnung, dass meine Mami eingreifen und mich in die Schranken weisen würde, damit mir nichts zustieß.

Aber diesen Teil des Jobs hatte meine arme Mutter nie gelernt. Sie hatte ihre Kindheit auf einem Barhocker neben ihrem alten Herrn verbracht. Sie hatte ihre Kindheit damit verbracht, Drinks für ihren Vater zu mixen, während er das Auto steuerte. Sie hatte einen Vater gehabt, der Schnaps versteckte, in regelmäßigen Abständen ins Krankenhaus eingeliefert werden musste und mit neunundvierzig Jahren in der Kneipe tot umkippte. Sie hatte nicht gelernt, wie man Grenzen setzte. Sie hatte gelernt, alles möglich zu machen. Ich musste an einen Punkt kommen, an dem ich beschloss, mich um mich selbst zu kümmern, unabhängig von dem, was alle anderen taten.

Als der Wunschtraum, mir mit meinem Freund ein gemeinsames Leben in Jamaika aufzubauen, in sich zusammenfiel, und als offensichtlich war, dass ich mit einem Drogenabhängigen keine Pension aufmachen würde, musste ich ein paar Entscheidungen treffen. Ich hatte meinen Job gekündigt, meine Wohnung untervermietet und meinen kompletten Hausstand verkauft – alles mit dem trügerischen Bild von Palmen und eisgekühlten Getränken im Kopf. Stattdessen zog ich schließlich in meine Heimatstadt nördlich von New York, in ein Haus, das meinem Vater gehörte, in eine Wohnung zwei Türen neben seiner. Aber obwohl mein Ex nicht mehr da war, um an allem schuld zu sein, bekam ich meine Probleme nicht in den Griff. Mein Vater verlangte 150 Dollar Miete pro Monat, und ich schaffte es nur zwei Mal, sie zu bezahlen. Die anderen Monate hatte ich einfach nichts, was ich ihm geben konnte. Ich verdiente ein bisschen Geld als Empfangsdame in einem Maklerbüro, und was ich bekam, vertrank ich wieder. Ich hatte dort gerade erst angefangen, mich schon zweimal krankgemeldet und war drauf und dran, es wieder zu tun.

Da kam Rachel, eine alte Schulfreundin, zu Besuch aus L. A. Vor

Jahren hatten wir in einer Wohnung in der Lower East Side zusammengewohnt und einmal so viel Hasch geraucht, dass wir nicht nur dachten, uns schon aus einem früheren Leben zu kennen, sondern sogar der Meinung waren, wir wären ein und dieselbe Person. Wir kamen oft erst kurz vor Sonnenaufgang nach Hause und weckten die Nachbarn mit spontanen Bongo-Trommel-Sessions oder drehten Prince für eine perfekte Zwei-Personen-Tanzparty auf volle Lautstärke, bevor wir ohnmächtig wurden. Ich brauche nicht zu sagen, dass unser Mietvertrag nicht verlängert wurde.

Wir beschlossen, einen Spaziergang zu machen, eine Fünf-Meilen-Strecke, die wir früher oft gegangen waren. Den ganzen Weg lang offenbarte ich ihr, wie sehr mein Alkoholkonsum mir Angst machte. Wie sehr es mir Angst machte, dass ich, wenn ich einmal damit angefangen hatte, nicht mehr aufhören konnte zu trinken. Jetzt, da mein Freund nicht mehr zur Verfügung stand, konnte ich die Schuld daran nur noch mir selbst zuschreiben. Obwohl ich es wieder und wieder versucht hatte, auszugehen und nur einen einzigen Drink zu bestellen, blieb ich jedes Mal bis zum bitteren Ende, bis der Barkeeper mich rausschmiss. Wie oft sollte ich noch mit dem festen Vorsatz ausgehen, nur ein Glas Wein zu trinken, um dann doch die Worte zu hören: „Du musst nicht nach Hause gehen, aber hier kannst du auch nicht mehr bleiben"?

Sie hörte mir zu. Sie verstand mich. Sie war besorgt. Als wir wieder zu unseren Autos kamen, sagte sie: „Ich weiß, das ist bescheuert, aber ich könnte jetzt ein Glas Wein gebrauchen."

„Dann los", erwiderte ich.

„Meinst du wirklich?", fragte sie.

„Klar, ich hör ja nicht gleich heute auf, los komm."

„Okay, aber nur ein Glas für jede von uns. Wir wollen uns ja nicht die Party morgen Abend verderben."

Wir tranken zwei Gläser. Oder drei. Sie brachte mich nach Hause. Aber es war alles schon im Rollen: der Lockruf der Sucht, das Brennen in meiner Brust, das mich wie ein Magnet zum nächsten Drink zog und durch nichts zu lindern war. Widerstand zwecklos. Im selben

Moment, in dem sie aus der Parklücke fuhr, würde ich wieder losziehen. Daran gab es keinen Zweifel.

Ich wachte am nächsten Morgen mit einem unglaublichen Kater auf, zutiefst deprimiert und vor lauter Selbstverachtung wie gelähmt, und sagte das Wort, das ich mir so sehr von jemandem, dem etwas an mir lag, gewünscht hatte. *Genug.*

Sechseinhalb Jahre später hat sich einiges verändert. Ohne Alkohol muss ich nicht mehr rennen, sondern tue, was ich kann, um ruhig sitzen zu bleiben. Ich habe ein Haus gekauft und zahle jeden Monat meine Schulden ab. Ich habe mich selbstständig gemacht, und zum ersten Mal in meinem Leben verdiene ich mein Geld mit etwas, das ich liebe. Ich habe einen Hund adoptiert und lebe mit einer Frau zusammen. Mit achtunddreißig Jahren glaube ich, dass ich mit Julie die erste wirkliche Beziehung meines Lebens führe.

Als Julie fragte, ob wir zusammen ausgehen, war ich versucht, in meine alten Muster zurückzufallen. Auch „trocken" fühlte ich mich immer noch wohler mit Menschen, die von vornherein unerreichbar für mich waren. Julie war jenseits von erreichbar. Sie mochte mich und zeigte es mir, und es erschreckte mich zu Tode. Ich war damals mit einem Mann zusammen, der gerade aus dem Gefängnis entlassen worden war, wo er wegen fahrlässiger Tötung eingesessen hatte. Nach sechs Monaten auf Entzug war er rückfällig geworden. Noch am selben Tag, als er aus der Klinik kam, hatte er sich ans Steuer gesetzt und eine Fußgängerin überfahren. Er musste für zwei Jahre ins Gefängnis, und als er wieder freikam, fing ich an, mit ihm auszugehen. Vier Jahre trocken und mein Geschmack war noch immer derselbe: die Ungeeigneten und Unerreichbaren.

Als Julie mit mir ausgehen wollte, sagte ich zu ihr: „Tut mir leid, aber es geht gerade nicht." Sie hatte einen Job und einen Schulabschluss, ein Auto und einen Führerschein. Mit so jemandem war ich noch nie ausgegangen. So eine war ich nicht.

Aber sie war zu gut, um sie gehen zu lassen, also überwand ich mein nicht funktionierendes Bauchgefühl und zwang mich dazu, der Sache wenigstens eine Chance zu geben. Die ersten eineinhalb Jahre lebte ich mit einer permanenten Panikattacke und kämpfte unaufhörlich gegen den Drang an, mich von ihr zu trennen. Sie war so verknallt in mich. Und je mehr sie ihre Zuneigung zum Ausdruck brachte, desto mehr wollte ich davonlaufen. Ich musste Regeln aufstellen, um meine Panik unter Kontrolle zu behalten: Höchstens drei Mal am Tag durfte sie mir sagen, dass ich gut aussah. Ein paar *Ich-liebe-dich*s zu viel, und ich bekam Herzrasen.

Mir wurde klar, dass ich noch immer rannte. Zum Glück befahl mir eine innere Stimme, still zu sitzen und anzunehmen, was man mir anbot. Halt die Spannung aus, die Entspannung wird einsetzen. Julie und ich sind bald zwei Jahre zusammen, nächsten Monat zieht sie bei mir ein.

Teil 3 Kultur und Gesellschaft

Von Baileys bis Manischewitz

„Ohne eigene Biersorte bist du kein richtiges Land ... Es hilft, wenn du eine einigermaßen gute Fußballmannschaft hast oder ein paar Atomwaffen, aber die Grundvoraussetzung ist ein Bier."
– Frank Zappa –

Meine Damen und Herren: die fabelhaften Slur Girls!
Laurie Lindeen

Auf Händen und Füßen kroch ich auf einem verdreckten Betonfuß-
boden herum, in einer Künstlergarderobe in Tijuana, Mexiko. Und
dies war keine Szene aus *Papillon*. Dies war ich nach einem Gig. Es
war 1993. Meine Band, *Zuzu's Petals*, hatte gerade den peinlichsten
volltrunkenen Auftritt ihrer Karriere abgeliefert, und ich machte mir
Sorgen. Nicht unbedingt, weil ich so besoffen war, dass ich mich übergeben musste. Nein, ich hatte vielmehr Angst, dass wir bei dieser
großartigen, einmonatigen Topstar-Tour, bei der wir als Vorband für
die verträumte New-Wave-Ikone Adam Ant auftraten, rausfliegen
würden, weil ich mich so unprofessionell aufführte. Der Stern von
Zuzu's Petals begann dank des Erfolgs unseres ersten Albums endlich
aufzugehen. Und mit dem größeren Publikum empfand ich auch eine
größere Verantwortung, eine gute Show abzuliefern und nicht voll zu
sein wie eine Haubitze.

Glassplitter bohrten sich in meine Handflächen und Knie, als ich
mich zu der Toilette schleppte, die einfach so offen in der Garderobe
stand. Sie war aus kaltem Metall und fühlte sich gut an an meinen
Unterarmen, als ich mich in Position brachte, um zu kotzen.

Nachdem ich eine Tagesration Señor Toad's Tequila aus meinem
System entfernt hatte, lehnte ich mich gegen die Betonmauer, um
mich auf den Füßen zu halten. Der Schweiß stand mir auf der Stirn,
und der Ärmel meines cremeweißen, spitzenbesetzten Vintage-Kom-
munionkleides war aufgerissen. Die Bänder der rosa Satinschleife, die
meinen Peter-Pan-Kragen in der Mitte zusammenhielt, hingen lose
herunter.

Adam Ants Tontechniker klopfte mir auf den Rücken und sagte:
„Ihr Mädels seid unsere Helden." Auf der Rock-'n'-Roll-Tour gibt es
keine Privatsphäre. Die Leute kotzen, treiben es miteinander und
praktizieren alle sonstigen Formen der Triebbefriedigung in aller
Öffentlichkeit, wenn's sein muss.

Wir waren in den Augen der alteingesessenen Crew vielleicht ein bisschen zu wohlerzogen, zu sittsam und zurückhaltend. Nachdem wir jetzt aber den Versuch unternommen hatten, im Vollsuff aufzutreten, und danach eine öffentliche Kotzeinlage zum Besten gegeben hatten, wurden wir im Club willkommen geheißen: Wir waren echte Rocker.

Musiker – genauso wie Malermeister, Schriftsteller oder Schauspieler – hält man oft für große Trinker. Ich mache dafür gern in erster Linie Frank Sinatra verantwortlich, dieses unergründliche Mysterium. Er verkörperte eine eigentlich unmögliche Zaubermischung: zu gleichen Teilen knallhartes Talent, Charisma und Hartnäckigkeit, dazu ein weiches Herz mit ein paar Sprenklern Großkotzigkeit hier und da, um die Komplexität zu vervollkommnen. Das von Sinatra angeführte *Rat Pack*, wie es sich auf der Bühne abfüllt, sieht nach so viel Spaß aus, eine einzige Lachorgie. Guck dir die drei an, Frank, Sammy und Dean, so lässig und sexy und cool, den Highball in der einen Hand, die Kippe in der anderen. Jeder wollte sie. Niemand war begeistert, als Shirley MacLaine den Part von Dean Martin übernahm. Das Bild dieses singenden, swingenden Männer-Clubs war so unwiderstehlich, dass noch bis weit in die 1980er-Jahre hinein viele von uns unbewusst diesem Vorbild nacheiferten. Wer will nicht witzig und cool sein und dabei auch noch rauchen und trinken und singen. Was könnte es Besseres geben? Nichts.

Wir gründeten *Zuzu's Petals*, eine reine Frauenband, auch deshalb, weil wir dachten, gemeinsam sind wir stark. Saufschwestern. Nach unseren angeschickerten Auftritten beglückwünschten uns unsere Fans und sagten Sachen wie: „Für Mädels lasst ihr Typen es echt krachen!" und „Ihr Mädels scheint ziemlich viel Spaß zu haben da oben". Dann bestellten sie uns Drinks. Und das nicht, um an uns ranzukommen – sie wollten einfach der Band zu Diensten sein, egal wie übel und abgefuckt wir drauf waren. Traurig, aber wahr.

Damals zu meinen Rockband-Zeiten gab es eine Menge großartiger Saufkumpane in der Riege unserer durchweg männlichen Musikerfreunde in Minneapolis: *The Replacements, Soul Asylum, The Jayhawks*. Und auf Tour kamen noch diverse neue Zechbrüder dazu: *Best*

Kissers in the World, Otis Coyote, The Fuzztones. Wir konnten problemlos mit denen mithalten. Es waren die späten Achtziger, frühen Neunziger – jeder trank, weil auch jedermanns Eltern tranken. Wir tranken, weil es Spaß machte, und für Künstlertypen, die sich sozial ansonsten schwertaten, war es eine einfache Möglichkeit, unter Leute zu kommen.

Und dann gab es auch noch die dem Alkohol zugeneigten Musiker*innen* – unsere Vorbilder. Zum Beispiel Janis Joplin, Chrissie Hynde, Joni Mitchell, Deborah Harry, Peggy Lee und die Go-Gos (alle ziemlich weit oben auf der Coolness-Skala). Wir genossen die guten Trauben auch zusammen mit den Musikerinnen unserer Zeit: Kim Deal von den *Pixies*, der Hälfte von *L7, Babes in Toyland* (das ursprüngliche Trio), Shawn Colvin, Lucinda Williams und zwei Drittel der Band *Scrawl*, um nur ein paar aufzuzählen. Coole Künstlerinnen tranken, so wie Zelda Fitzgerald und Greta Garbo („Bringen Sie mir einen Whiskey ... und seien Sie nicht geizig damit, Schätzchen.").

Es war eine große Gaudi, bis es jemanden das Leben kostete. Bob Stinson von den *Replacements* war der erste „Verlust" aus unserem Umfeld, und es waren die Drogen, nicht der Alkohol, die ihn letzten Endes umbrachten. Aber es gibt keine Hierarchien beim Missbrauch von Rauschmitteln und auch keine bevorzugte Art zu sterben. Tot ist tot. Viele von uns, die Alkohol tranken, hantierten auch mit Drogen, und ein paar davon blieben daran hängen.

Wir Frauen von *Zuzu's Petals* wollten einfach unseren Spaß haben. Wir waren gerade für einen Soundcheck im *First Avenue* angekommen, einem Nachtclub in Minneapolis, in dem *Zuzu's Petals* ständig Gigs spielte. Wir hatten uns in den Hauptraum durchgeschlagen, einen großen Konzertsaal mit richtiger Bühne und Musikanlage – die beste Bühne der Stadt.

Die Crew von Stage-Managern und Tontechnikern hatte uns den Namen *Slur Girls* gegeben – weil wir dafür bekannt waren, unsere Texte zu lallen, wenn wir zu viel getrunken hatten. Sie benannten sogar einen Cocktail nach uns, einen köstlichen roten Drink in einem hohen Glas aus Wodka, Cranberrysaft und Zitrone. „Unsere *Slur Girls*!", sagten sie, wenn wir mal wieder die ganze Nacht unter brüllendem Gelächter in verschiedenen Ausprägungen durch den Club zogen und uns dabei an unseren Cocktails und unseren Vintage-Handtaschen festhielten.

In den frühen Neunzigern wurde Alkohol trinken für eine Weile uncool, als der Straight-Edge-Punk aufkam und die Riot-Grrrl-Bewegung: postfeministisch, frauenzentriert und sehr politisch. Einige von ihnen wurden aus Abstinenzgrünen zu Veganerinnen. Manche stiegen auf Heroin um. Keine der beiden Gruppen nahm groß Kontakt zu uns auf, wenn wir irgendwo zusammen auftraten. Uns *Slur Girls* war das recht. Wir gaben uns Mühe, uns selbst nicht zu wichtig zu nehmen. Als einmal ein Musikjournalist fragte, ob wir uns als *Riot Grrrls* sahen, schnurrte meine Bandkollegin Co: „Wir sind keine Krrrawall-Mädels, wir sind Krawall." Zu der Zeit, als die *Riot Grrrls* fauchend in Erscheinung traten, waren wir auf der Tour und im Musik-Business schon alte Hasen, und wir hatten hart dafür gearbeitet, dass man uns nicht in irgendeine Schublade steckte. Nichtsdestotrotz würden wir auf ewig das Etikett „Mädelsband" tragen.

In der ganzen Zeit damals litt ich unter furchtbarem Lampenfieber, und ein paar Drinks wirkten Wunder. Heute stehe ich einmal im Jahr auf genau dieser Bühne im *First Avenue*, dank eines engagierten Freundes, der mich darum bittet, den Staub abzuschütteln und einen David-Bowie-Song zu singen, um Geld für ein Katzen-Tierheim zu sammeln. Ich liebe *Rock for Pussy* (oder *Bowie Night*, wie ich die Veranstaltung meinem Sohn gegenüber nenne). Musiker aus der Gegend, alte und junge, singen einen Abend lang Bowie-Songs. Ich fiebere diesem Abend derart entgegen, dass es ans Manische grenzt.

Und so wie damals als *Slur Girl* verfalle ich gnadenlos in mein altes Muster: ein paar Drinks, nicht zu viele, bevor ich auf die Bühne gehe. Zu viele Cocktails, und man bekommt eine „Suffstimme", dieses schreckliche Phänomen, bei dem der Stimmumfang sich auf zwei Töne reduziert – eine Qual für die Zuhörer, man selbst aber glaubt, man röhre wie Dynamit. Höchst peinlich.

Einmal durfte ich bei *Rock for Pussy* den Kronprinzen unter den

Bowie-Songs singen: „Rock 'n' Roll Suicide". Vor dem Auftritt quatschte ich mit alten Freunden und trank den einen oder anderen Drink zu viel, dann musste ich auf die Bühne. In lila-schwarzem Korsett und mit frischen Fliederzweigen im Haar fand ich das *Slur Girl* in mir wieder, und der Alkohol ließ mich für ein paar Augenblicke vergessen, dass ich mittlerweile eine Frau in den besten Jahren mit einem Haufen Verantwortung war. „Time takes a cigarette", raspelte ich.

Man hat mir gesagt, dass man meinen gruseligen Auftritt immer noch irgendwo im Netz finden kann, und ich schaudere bei dem Gedanken. Ich krächzte vor mich hin und trug viel zu dick auf wie Norma Desmond. Meine Stimme versagte, weil ich so viel getrunken hatte. Mir kommt das Bild der betrunkenen, kurz vor dem Selbstmord stehenden Anne Sexton in den Sinn, wie sie in Cambridge, Massachusetts, zusammen mit jungen, coolen Musikern/Fans ihre Gedichte vorträgt. Es steht ganz oben auf meiner Liste von Situationen, die ich tunlichst vermeiden möchte.

Letztes Jahr bekam ich bei *Rock for Pussy* Bowies „Queen Bitch" zugeteilt. Zur Vorbereitung sang ich leise a cappella vor mich hin, während ich mit meinem Hund spazieren ging. Ich gestatte mir nur noch maximal zwei Bier vor meinem Auftritt bei der *Bowie Night* und nie mehr einen *Slur Girl*-Cocktail, Lampenfieber hin oder her.

Zwanzig Jahre danach muss ich mir die Frage stellen: Habe ich eine Band gegründet und Karriere als Musikerin gemacht, weil das ein Job ist, bei dem quasi von einem erwartet wird, dass man Alkohol trinkt? Wie bei allen schwierigen Fragen gibt es darauf keine eindeutige Antwort.

Rockkonzerte, Partys, tanzen, singen, Zeit mit Freunden verbringen, Buchclubs, auswärts zu Mittag essen, gute Gespräche, Leute aller Art treffen und reisen gehören zu meinen Lieblingsbeschäftigungen. Alle diese Dinge laden geradezu zum Trinken ein, und ich tue das dann auch mit Genuss. Ich bin von Natur aus ein sehr geselliger Mensch.

Aber wenn ich mich zurückziehe und mich von aller Welt abschotte, neige ich dazu, in abgrundtiefe Depressionen zu verfallen. Allein trinke ich keinen Alkohol. Ich habe nie welchen im Haus. Als Frau in meinem Alter achte ich darauf, nicht zu viel zu trinken, vor allem weil der Kater am nächsten Morgen mit den Jahren immer heftiger wird und ich es mir nicht erlauben kann, einen Tag auszufallen. Aber auch, weil betrunkene Frauen ab einem bestimmten Alter schief angesehen werden. Männliche Musiker betrunken auf der Bühne? Nicht der Rede wert. Lustig. Verwegen. Charmant. Eine Frau betrunken auf der Bühne? Erbärmlich. Tragisch. Durchgeknallt. So vieles ist immer noch ungerecht.

Vor Kurzem habe ich meine alten Bandkolleginnen angemailt und sie gefragt, wie sie heute über unseren alten Spitznamen *Slur Girls* denken. Unsere Bassistin hatte die perfekte Antwort: „In den 80ern war das so etwas wie eine Auszeichnung. Heute eher weniger."

Man-o-Manischewitz!
Daphne Merkin

Noch so viele Jahre später erinnere ich mich in aller Klarheit an den geschockten Unterton in der Stimme meiner Mutter, als sie mich zum ersten Mal anrief und ich hörbar betrunken war. Ich muss Anfang zwanzig gewesen sein. Ich wohnte damals in einer dunklen kleinen Wohnung am anderen, weniger vornehmen Ende der Upper East Side und war gerade von einem Abend, an dem einiges an Alkohol geflossen war, nach Hause gekommen. Ich genoss das Gefühl, betrunken zu sein: dieses schwebende Mir-kann-niemand-was-anhaben-Gefühl, von all den üblichen Schranken im Kopf befreit. Ich war glücklich darüber, betrunken zu sein, und ich glaube, das brachte meine Mutter mindestens genauso aus der Fassung wie die Tatsache, dass ich lallte.

„Du klingst, als wärst du betrunken", sagte sie, ihre Stimme voller Vorwurf.

„Echt?", sagte ich. „Ich glaube, das bin ich auch."

Für einen Moment herrschte Stille, die wie ein Schrei durch das Telefon dröhnte.

„Daphne", sagte sie. „Juden trinken nicht."

Es war eine Feststellung, keine implizierte Frage, ein kategorischer Imperativ, geboren aus ethnischem Stolz und einem hierarchischen Gefühl der Abgrenzung: *Juden trinken nicht.* Trinken war etwas, was andere Leute – die Goi, um genau zu sein – taten. Zu ihrem Schaden. Es war etwas, das Leute wie wir nicht taten. Zu unserem Nutzen. Natürlich gab es das Purimfest: der Moment des Jahres, an dem Juden zum Trinken angehalten werden, bis sie nicht mehr geradeaus gehen – und in der Purimgeschichte nicht mehr zwischen den Guten und den Bösen unterscheiden können, zwischen den Aussprüchen *arur Haman* („Verflucht sei Haman") und *baruch Mordechai* („Gelobt sei Mordechai"). Aber das ist eine einmalige Ausnahme in einer ansonsten ganz und gar enthaltsamen Religion. Alkohol zu trinken bedeutete, vom Jüdisch-Sein hinabzustürzen in ein Meer aus schändlichen Trieben und unbeherrschbarem Verhalten. Wer wusste, was ich als Nächstes tun würde?

Ich wuchs in einer religiösen Familie auf, in der die jüdischen Speisegesetze und der Sabbat konsequent eingehalten wurden und man von so etwas wie Cocktails noch nicht einmal gehört hatte. Wir aßen zum Beispiel sogenannte Smokey-Bear-Kekse statt Oreos, weil deren Hersteller Nabisco bei den Inhaltsstoffen keine Angaben zu pflanzlichen Ölen machte, sodass die Möglichkeit bestand, dass sie tierisches Fett enthielten. Während der vierundzwanzig Stunden zwischen Freitagabend und Samstagabend, wenn der Sabbat endete, benutzten wir keinen Strom – kein Telefon, kein elektrisches Licht, kein Fernsehen, keine Musik. Das Essen am Freitagabend war die einzige Mahlzeit, die die gesamte Familie – meine Eltern und wir sechs Kinder – gemeinsam einnahm. Den Rest der Woche über aßen meine Eltern zu zweit im Esszimmer, während meine Geschwister und ich unser Abendbrot in der Küche bekamen. Es war eine etwas seltsame „Ihr-da-oben-wir-hier-unten"-Regelung, die unserem viktorianisch angehauchten Familienleben entsprach, aber auch die rituelle Bedeutung dieser Freitagabendmahlzeiten hervorhob.

Der Tisch war immer wunderschön gedeckt – die Stärke meiner Mutter lag eher in ihrem Sinn für Ästhetik als darin, ein Gefühl von familiärer Wärme und Geborgenheit zu schaffen –, mit Tischdecke und Servietten aus Leinen, Blumen, dem guten Porzellan und zueinander passenden hochstieligen Wein- und Wassergläsern. Der Leuchter funkelte, das Silberbesteck und die Kerzenständer glänzten, und die ganze Atmosphäre schien vor freudiger Erwartung zu schimmern.

Der Kiddusch-Segen, den mein Vater vor dem Essen sprach, verlangte nach dem ersten Schluck Alkohol der Woche. Als ich noch ganz klein war, kam der in Form einer Flasche Manischewitz auf den Tisch, später dann, als sich die Herstellung von koscherem Wein verbreitete, gingen wir zu der kultivierteren israelischen Marke Carmel über, die dann ihrerseits durch andere Marken wie Yardem oder Kerdem ersetzt wurde.

„Man-o-Manischewitz! Was für ein Wein!" So lautete der Werbespruch für diesen typischen Wein im Fernsehen und im Radio, banaler ging es nicht. Ich liebte alles am *Manischewitz Concord Grape*-Wein, von seinem tiefen Burgunderrot bis hin zu seinem klebrig-süßen Geschmack: eine hochwertige, fermentierte Version von Traubensaft. Mir gefiel, dass man sich an seinen Geschmack nicht gewöhnen musste, so wie man sich das Mögen anderer Erwachsenengetränke – von Whiskey bis Kaffee – erst erarbeiten musste. Er schmeckte einem sofort, egal, ob in kleinen weißen Pappbechern beim Kiddusch in der Synagoge nach dem Samstagmorgengottesdienst oder in einem großen Silberbecher, der beim Abendessen herumgereicht wurde, damit jeder einen Schluck daraus trank. Ich mochte sogar die nicht wieder rauswaschbaren Flecken, die er überall hinterließ – auf der Tischdecke genauso wie auf meinen besten Sabbatkleidern – und sich auf diese Weise stets in Erinnerung hielt.

Die jüdischen Gesetze rund um Wein und Weinherstellung sind sehr komplex. Über Jahrhunderte hinweg wurden sie von Rabbinern immer wieder überarbeitet und verfeinert, um die größtmögliche Heiligkeit dieses Getränkes zu gewährleisten. Die Bestimmungen für koscheren Wein gehen in der Hauptsache auf eine Angst vor Alkoholkonsum zurück, der zu einer Auflösung der Grenzen zwischen Juden und Nicht-Juden führen würde (und diese wiederum zur Aufhebung des Tabus der Mischehe).

Den nicht-jüdischen Hausangestellten meiner Eltern war es dementsprechend nicht erlaubt, mit den Weinflaschen zu hantieren, diese wurden immer von meiner Mutter aus dem Kühlschrank geholt und in einem silbernen Behälter auf den Tisch gestellt. (Ausgenommen von dieser Regel ist gekochter Wein, der *Jajin mewuschal* genannt wird und von Nicht-Juden serviert werden darf.) Im Laufe der Zeit kam ich vom Manischewitz ab und trank lieber die leichteren Weißweine, die freitagabends und samstags zum Mittagessen serviert wurden. Ich wüsste nicht, dass jemals mehr als zwei Flaschen Wein zu einem Essen aufgemacht wurden, was vermuten lässt, dass nur sehr geringe Mengen getrunken wurden, da wir eine große Familie waren und normalerweise auch mehrere Gäste mit am Tisch saßen.

Es gab auch noch zu ein paar anderen Gelegenheiten im Jahr Wein: in der Hauptsache wichtige und unwichtigere jüdische Feiertage, von

Rosch Haschana bis *Schawuot.* Beim Seder, dem Vorabend des Pessachfestes, müssen im Laufe des Abends vier Becher Wein getrunken werden, aber ich kann mich daran erinnern, dass viele unserer Gäste nach den ersten zwei Bechern auf Traubensaft umstiegen, aus Furcht vor der betäubenden Wirkung, die zu viel Wein auf sie haben würde. Nur Hilde, die beste Freundin meiner Mutter und unser regelmäßiger Sedergast, stellte sich immer mit großer Hingabe allen vier Bechern. Jedes Mal war sie am Ende des Seders ein wenig beschwipst, sehr zur sichtlichen Verärgerung meiner Mutter. Tatsächlich habe ich bis heute ein Bild von Hilde als eine der wenigen handfesten Trinkerinnen unter den Bekannten meiner Eltern, aber ich bin sicher, dass mir das nur wegen des niedrigen Trunkenheitslevels um sie herum so erscheint.

In der sehr überschaubaren Auswahl an Sabbatrezepten meiner Mutter (die sie jede Woche auf weiße Notizzettel schrieb, damit unsere Köchin, die treue Iva, sie für uns zubereitete) gab es ein Dessert, an das ich mich zum Teil deshalb erinnere, weil ein Schuss Alkohol hineingehörte. Es war eine sehr leckere, milchfreie Schokoladen-Mousse mit Eischnee statt fetter Sahne – und die Flüssigkeit, um die es ging, war Schnaps.

Die einzige andere Ausnahme vom Sabbat- und Feiertagswein waren die diskreten Spirituosen-Flaschen, die in einem kleinen Weinkabinett aufbewahrt wurden, das in eines der Bücherregale im Arbeitszimmer meines Vaters eingebaut war. In diesem Kabinett ging – zu meiner großen Begeisterung als Kind – das Licht an, wenn man es öffnete. Es enthielt meist ein oder zwei in Geschenkpapier eingewickelte Flaschen Chivas Regal oder Likörwein, die Gäste als Gastgeschenk mitgebracht hatten, ein oder zwei Flaschen von dem Pflaumenschnaps Sliwowitz und hin und wieder eine Flasche Whiskey oder Portwein. Wenn meine belgische Großmutter aus Israel zu Besuch kam, vergrößerte sich die Sammlung um ein oder zwei Flaschen Bols, den hellgelben Eierlikör, den sie am liebsten mochte.

Als Kind litt ich unter Schlaflosigkeit. Wenn ich nicht einschlafen konnte, goss meine Mutter mir ein Schnapsglas voll Sliwowitz ein. Ich liebte es, mit ihr in dem schummrigen Arbeitszimmer zu stehen – nur von dem Licht aus dem Schnapskabinett erhellt –, sie ganz für mich allein zu haben, an meinem Glas zu nippen und es so lange wie möglich hinauszuzögern, dass ich zurück ins Bett musste. Dies waren meine ersten – und einzigen – Erfahrungen mit der beruhigenden Wirkung von Alkohol, und als braves Mädchen, das ich war, kam ich auch später nie auf die Idee, etwa vom Portwein zu kosten oder gar das Kabinett aufzubrechen und mir dessen Inhalt mal genauer vorzunehmen.

Ebenso wenig interessierte mich lange Zeit die bewusstseinsverändernde Wirkung des Sichbesaufens, vermutlich weil Alkohol bei uns nie komplett verboten war, ihm aber auch nie besonders gehuldigt wurde. Das stand im krassen Gegensatz zu dem, was ich in der Highschool-Zeit meiner Tochter erlebte, als an ihrer privaten Mädchenschule alle Eltern einen Riesenaufstand machten, wenn bei einer Veranstaltung auch nur der kleinste Tropfen Alkohol getrunken wurde. Diese hochgradig angstbesetzte Einstellung gegenüber den Gefahren des Alkohols konnte meines Erachtens nur das Ergebnis von Familiengeschichten sein, in denen in jeder Ecke ein oder zwei alkoholkranke Verwandte lauerten. In der jüdischen Schule, die ich in den 1960er- und 1970er-Jahren besuchte, kann ich mich an Diskussionen über Drogen und Sex erinnern, aber in keiner Weise daran, dass jemals die Gefahren von Alkohol thematisiert wurden.

Meine ersten ernsthaften Begegnungen mit dem Phänomen der „Cocktail Hour" hatte ich eher in der Literatur als im realen Leben, durch Bücher von O'Hara, Updike oder Cheever. Deren Schilderungen der vielbeschworenen „Mittelschicht-Angst weißer, protestantischer Vorortamerikaner" wäre nicht vollständig ohne das Klackern der Eiswürfel und das Gluckern beim Einschenken des Alkohols als Hintergrundgeräusch. Beim Lesen wurde mir bewusst, was für eine wesentliche, wenn nicht gar sakrosankte Rolle derartige Trinkrituale in der Wahrnehmung der Amerikaner spielen: die geniale Art und Weise, mit der Alkohol alles geschmeidiger zu machen scheint, von lästigem Small-Talk bis zur verklemmten Anmache. Außerdem wurde mir die tragische Schlinge bewusst, die die „Sorrows of Gin" – in Anlehnung an den Titel einer Geschichte von Cheever – um die zuziehen, die seinem unheilvollen Einfluss erliegen. Ich war sogar so fasziniert von deren spezieller Anziehungskraft auf Schriftsteller, dass ich begann, nach einem Buch mit dem Titel *The Thirsty Muse* über den destruktiven Effekt, den Alkohol auf vier amerikanische Autoren hatte, zu suchen.

Diese Vertrautheit blieb überwiegend theoretischer Natur, bis ich mit Mitte zwanzig zum ersten Mal Freunde hatte, die das volle Programm der „Cocktail Hour" zelebrierten. Zu ihnen gehörte meine Freundin Elizabeth Harper, deren jüdische Eltern sich so sehr assimiliert hatten, dass Elizabeth erst in der Highschool klar wurde, dass sie Jüdin ist. Wenn ich sie am Wochenende in dem puristisch-modernen Haus ihrer Eltern in Rye besuchte, verfolgte ich beeindruckt, wie gegen halb sechs die Vorbereitungen für den Aperitif getroffen wurden. Dies umfasste auch das Bereitstellen von Käse und Erdnüssen im Wohnzimmer und die Auswahl eines klassischen Musikstücks, über die ausschweifend diskutiert wurde.

Mit unseren Drinks in der Hand – meistens Wein, wenn ich mich richtig erinnere – setzten wir uns zu viert zusammen und begannen ein unerträglich oberflächliches Gespräch über ein gerade passendes kulturelles Thema, sei es ein Buch, eine Ausstellung oder die neueste Theaterproduktion. Ich fühlte mich unglaublich erwachsen – wie ich es in dieser Form in meinem eigenen Elternhaus nie tat –, aber gleichzeitig spürte ich die Diskrepanz zwischen der Intimität der Situation und der entspannenden Wirkung des Weins auf der einen Seite und dem formalen, unpersönlichen Ton, in dem wir miteinander sprachen, auf der anderen. Bisher hatte ich den Konsum von Alkohol mit dem Ausbruch überbordender Gefühle und unerwarteter Lebensbeichten assoziiert. Ich hatte wirklich gedacht, dass es in gewisser Weise der Sinn des Trinkens war, das ansonsten eingesperrte Ich in einem Raum voller nun nicht mehr wachsamer Superegos frei laufen zu lassen. Die Aperitifs mit Elizabeths Eltern machten deutlich, dass man das Terrain des geselligen Trinkens betreten und trotzdem innerlich verschlossen bleiben konnte wie eine Auster. Und dass Alkohol einen nur locker machte, wenn man ihm stillschweigend die Erlaubnis dazu gab.

In den nächsten drei Jahrzehnten war ich auf vielen weiteren „Cocktail Hours" und lernte, dass in der Welt außerhalb des orthodoxen Judentums auch Juden mit Freude Alkohol trinken. Ich fand heraus, dass meine eigene Toleranzschwelle gegenüber Alkohol – unbeschadet von den Warnungen und Kommentaren meiner Mutter, dass Juden und Alkohol von Natur aus nicht zusammenpassen – ziemlich hoch lag. Einige Jahre lang, in den späten Achtzigern und frühen Neunzigern, in denen ich in der Verlagswelt arbeitete, kippte ich vor dem Mittagessen täglich zwei bis drei Bloody Marys in mich hinein, und ich kann mich nicht daran erinnern, mich jemals mehr als ein bisschen beduselt gefühlt zu haben. Jedenfalls hatte ich nie Probleme, nach der Mittagspause wieder ins Büro zurückzugehen und da weiterzumachen, wo ich aufgehört hatte.

Irgendwann zählte ich dann zwei echte Alkoholiker zu meinen Freunden: eine irische Schriftstellerin, für die es ganz normal war, zum Frühstück erst mal ein Glas Whiskey runterzustürzen, und ein Typ vom Radio, der verlangte, dass ich Scotch von seiner Lieblingsmarke vorrätig hatte, wenn er zu Besuch kam. Heutzutage gibt es eine erstaunliche Vielfalt an koscheren Weinen zur Auswahl, heimische und importierte. Und auch wenn ich das vor den Wein-Snobs in meinem Bekanntenkreis nicht gern zugebe: Obwohl ich inzwischen eine große Vorliebe für Riesling aus dem Elsass und Sancerre aus dem Loiretal habe, liebe ich nach wie vor meinen Manischewitz aus Newark, New Jersey. Wenn auch nicht besonders edel und oft verspottet, ist er der süffigste Drink, den ich kenne, voller duftender Erinnerungen – der pure Traubengenuss.

Veni, vidi, bibi (Ich kam, ich sah, ich trank)
Helene Stapinski

Ich trinke gern. Die meisten Leute glauben, das kommt von meiner genussfreudigen italienischen Familie mütterlicherseits. Aber in Wahrheit trinken die Italiener in meiner Familie gar nicht viel, gönnen sich nur hier und da ein Glas Wein. Mein Spaß und meine Ausdauer beim Trinken habe ich von meinem polnischen Vater. Ich habe in meinem Leben schon mit Hundeschlittenführern in Alaska eine Pinne Yukon Jack nach der anderen weggekippt. Ich habe meinen Mann mit einer Flasche Mekong Whiskey am Strand von Thailand unter den Tisch getrunken. Ich habe sogar mit einer Gruppe Russen mitgehalten, die mir beigebracht haben, wie man richtig Wodka trinkt.

Vor Kurzem aber habe ich – bei dem Versuch, einem Familiengeheimnis auf die Spur zu kommen – erfahren, dass Alkohol auch eine große, sehr große Rolle in meinem italienischen Familienerbe spielt. In Manhattan aß ich in einem Restaurant namens *Pisticci* – benannt nach einem kleinen Bergdorf in Süditalien, in dem vor hundert Jahren meine Ururgroßmutter lebte. Als ich dann Michael, den Restaurantbesitzer, und Rosalba, eine Frau, die gerade aus ebenjenem Dorf Pisticci zu Besuch war, kennenlernte, waren sie ganz begeistert zu hören, dass ich vorhatte, dorthin zu fahren, weil so gut wie nie jemand Pisticci besuchen würde. Also das echte Pisticci.

„Wie heißt du mit Nachnamen?", fragte Rosalba.

„Vena", antwortete ich.

„Oh mein Gott! Hast du schon mal Amaro Lucano getrunken?"

Ich hatte noch nicht einmal von Amaro Lucano gehört. Also zog sie aus ihrer Tasche eine große Flasche mit einer braunen Flüssigkeit hervor, die sie fast fünftausend Meilen weit mitgeschleppt hatte, um sie Michael zu bringen. „Das ist unser *digestivo* aus Pisticci. Er wird von der Familie Vena hergestellt!" Sie sah mich an und aus ihren Augen sprühten geradezu die Ausrufezeichen.

Ich betrachtete das unbekannte gelbe Etikett, auf dem unser Nachname prangte. Und eine Frau in einer traditionellen italienischen

Tracht, die man *Pacchiana* nennt. Ihr Haar ist im Nacken zu einem Knoten zusammengesteckt, die eine Hand stemmt sie kokett in die Hüfte. Sie guckt seitlich aus dem Etikett hinaus, wahrscheinlich auf einen armen alten Italiener außerhalb des Bildes. „Wer bist du denn, *stunad*?", kann man sie förmlich fragen hören. Dabei lächelt sie. Ich bin in meiner Familie für mein Lächeln bekannt, das dem der Mona Lisa ähneln soll (die zufälligerweise aus der gleichen Gegend stammt).

In der anderen Hand hält diese längst vergessene, wieder zum Leben erweckte *paesana* einen Korb mit Kräutern, um zu zeigen, was in der Flasche steckt. Tatsächlich aber weiß keiner so genau, was in der Flasche steckt, weil das ein Familiengeheimnis der Venas ist – so wie Colonel Sanders' berühmte elf Kräuter und Gewürze (die Grundlage aller *Kentucky Fried Chicken*).

„Du musst ihn probieren!", rief Rosalba. Michael holte ein Glas und schenkte mir von dem dickflüssigen Trunk ein. Ich leckte mir die Lippen.

Und dann das. Dies war anders. Der Amaro Lucano versetzte einem einen ganz speziellen, unerwarteten Schlag, einen, der sich erst Monate später zu erkennen gibt, wie ein lauernder kosmischer Kater, dessen stechender Kopfschmerz erst nach ein paar Tagen reinhaut.

Zuallererst: Er roch wie Jägermeister. Und ich hasse Jägermeister. Meine Nasenflügel bebten, aber ich kippte ihn in einem Zug runter und versuchte, dabei nicht das Gesicht zu verziehen, aus Angst, Michael und Rosalba vielleicht vor den Kopf zu stoßen. Mit einem Mal fühlte ich mich in mein siebenjähriges Ich zurückversetzt, wie ich mit Fieber und schlimmem Husten auf dem Sofa lag und diesen Löffel voll Widerlichkeit hinunterschlucken musste. Das Zeug schmeckte nicht wie Jägermeister. Es schmeckte wie Wick-Hustensaft.

„Na, was hältst du davon?", fragte Rosalba.

„*Delicioso!*", log ich.

„Möchtest du noch einen?", bot Michael großzügig an. Ich hatte offenbar zu begeistert gelogen.

„Oh, nein danke. Ich werde sehr schnell betrunken", log ich noch einmal. Um sie davon abzulenken, mir noch mehr einzuschenken, er-

zählte ich ihnen meine Geschichte, diese bruchstückhafte, kompli-
zierte Geschichte, die mich diesen Sommer auf eine Reise nach Süditalien führen würde: mein Vena-Familien-Mysterium.

Etwa um die Jahrhundertwende zum 20. Jahrhundert brachte meine
Ururgroßmutter Vita in Süditalien bei einem Kartenspiel jemanden
um. Sie floh daraufhin mit ihren drei Söhnen nach Amerika, ließ ihren
Mann, Francesco Vena, aber zurück. Er kam dreißig Jahre später nach.

Auf dem Weg nach Amerika verlor Vita einen ihrer Söhne. Wie
oder wo, wissen wir nicht. Ob er in Neapel über Bord fiel oder einfach
davonlief. Wir wissen nicht einmal, wie er hieß. Alles, was wir wissen,
ist, dass Vita in Jersey City landete, zusammen mit ihren halbwüchsi-
gen Söhnen Valentin und Leonardo, meinem Urgroßvater.

Verwandte behaupteten immer, dass Val und Leonardo verschiedene Väter hatten und unser Nachname eigentlich Greco lautete. Leonardos Frau nannte Vita, ihre Schwiegermutter, immer *puttanella* –
kleine Hure. Sie kamen nicht gut miteinander aus. Was aber nichts
hieß, das tat auf der italienischen Seite der Familie so gut wie niemand.

Wir wussten auch nicht viel über den Mord – weder über den Namen
des Opfers noch über die Tatwaffe. Meine Mutter hörte die Geschichte
nie in Gänze, da Vita 1915 starb, nachdem sie an Halloween von einer
mit Steinen gefüllten Socke am Kopf getroffen worden war – lange,
bevor meine Mutter geboren wurde. Meine Familie betrachtete das als
Rache des Schicksals für Vitas Verbrechen. „*Chi la fa, l'aspetti!*", sagten sie. Wie man in den Wald hineinruft, so schallt es zurück. Als Vitas
Mann, Francesco, nach Amerika kam und erfuhr, dass Vita tot war,
machte er kehrt und fuhr direkt wieder zurück nach Pisticci.

Kurz nach dem Abend, als ich zum ersten Mal Amaro Lucano probiert hatte, reiste ich selbst über den Ozean, um Vitas Geschichte ans
Tageslicht zu bringen. Ich nahm meine Mutter mit, meine zwei kleinen Kinder und meinen Freund Tony, einen Übersetzer, dessen Familie aus dem nahe gelegenen Kalabrien stammte.

Wir wohnten ganz unten im Bogen von Italiens Stiefel, in Bernalda – jener Stadt, die Francis Ford Coppolas Familie hervorgebracht
hat. Ich hatte für einen Monat ein Apartment in der Via Cavour gemie-

tet – der Straße, in der Vita aufgewachsen war – und trank mit der Vermieterin auf den Vertragsabschluss einen *limoncello*. Würden die Venas doch nur *limoncello* herstellen.

Jeden Morgen erwachte ich entweder von dem Geschrei der Fischer, die *„Pesce!"* durch ein Megafon riefen, oder von dem unserer Nachbarin, die ihre Söhne über die Straße hinweg anbrüllte – ohne Megafon. Ich weiß nicht, wer lauter war.

Ich sollte außerdem eine Menge Zeit in Pisticci verbringen, dem Nachbardorf, in dem Vita gelebt hatte, bevor sie nach Amerika ging. Nach etwa drei Minuten in Pisticci entdeckte ich die *Bar Vena*, ein kleines Café auf der Piazza Umberto. Tony und ich rannten sofort hin, um herauszufinden, ob man dort etwas über Vitas mysteriöses Verbrechen wusste.

Als ich dem Barkeeper meine Geschichte erzählte und meinen Nachnamen nannte, drehte er sich um und holte mit einem Griff eine Flasche – was wohl? – Amaro Lucano aus dem Regal. Bevor ich ihn daran hindern konnte, stellte er ein Glas auf den polierten Tresen und schenkte es voll. Er nickte Tony zu, ob er auch einen wolle. *„No grazie"*, sagte Tony und winkte ab. Wenn ich diesen Drink auch ablehnte, würde ich den Barkeeper beleidigen und er würde mir nichts erzählen. Also biss ich die Zähne zusammen, nahm das Glas und zwang mich zu einem Lächeln.

Nach vielem Hin und Her in einem kaum verständlichen Dialekt stellte sich heraus, dass er nichts über Vitas Geschichte wusste. Ich drehte mich zu Tony um, stemmte die Hand in die Hüfte und beschwerte mich auf Englisch: „Ich habe das ganze Glas von diesem Sch…zeug also völlig umsonst getrunken."

Als Nächstes machte ich mich auf den Weg, um einen Mann namens Evaristo zu treffen, einen Polizisten aus dem Ort, der mit einer Verwandten von Rosalba – der Frau, die ich in dem Restaurant in Manhattan kennengelernt hatte – verheiratet war. Nachdem ich ungefähr zehn Minuten herumgefahren war, parkte ich das Auto, begrüßte Evaristo, als würde ich ihn seit dreißig Jahren kennen, und stellte ihm Tony vor. Sie umarmten sich.

„Humido", sagte Evaristo und fächelte sich Luft zu. Ein Römer, den es hier nach Pisticci verschlagen hatte. Evaristo führte uns zügig durch ein paar Straßen in eine Gegend, die mir furchtbar bekannt vorkam. Und da war sie auch schon direkt vor uns, die *Bar Vena*, wo wir gerade gewesen waren, „eröffnet von derselben Familie, die auch Amaro Lucano herstellt", wie Evaristo uns erklärte. Ich sagte ihm, dass wir gerade dort gewesen seien. Drinnen zeigte er zu einem Regal hoch über dem Tresen, auf dem eine erschreckend große Flasche Amaro Lucano stand.

„Möchtest du ein Glas?", fragte Evaristo.

Ich schüttelte energisch den Kopf. Nein. In den folgenden Wochen wurde mir Glas um Glas Amaro Lucano angeboten, wann immer ich meinen Nachnamen erwähnte. Meine Buße dafür, dass ich der Ursünde meiner Familie auf den Grund ging.

Nach einem schnellen Espresso brachte Evaristo uns zum Rathaus, wo wir nach der Heiratsurkunde meiner Ururgroßeltern fahndeten. Ohne Erfolg. Dann suchten wir die Dorfkirche auf, wo wir einen Stapel zerknitterter gelber Papiere durchblätterten, aber auch dort fand sich kein Eintrag.

Am nächsten Tag durchstreiften wir die Straßen und hörten von drei verschiedenen Leuten drei verschiedene Geschichten über Vena-Morde: eine von einem Mann, der durch seine Tür hindurch mit dem Gewehr einen Bettler erschossen hatte, eine von einem Liebespaar, das den betrogenen Ehemann mit einer Sense umgebracht hatte, und eine aus den 1950er-Jahren. Keiner dieser Morde war meiner.

Schließlich kehrten wir zu der Straße zurück, in der Vita vor ihrer Flucht gelebt hatte – und wo ihr Sohn, mein Urgroßvater Leonardo, 1879 geboren worden war: die Via Loreto. Unter dem Straßenschild gab es eine Ortsbeschreibung auf Englisch für Touristen, die sich nach Pisticci verirrt hatten:

Dies ist der höchstgelegene Teil der Stadt, der mittelalterliche Stadtkern, der als einziger den Erdrutsch von 1688 überstand … In diesem Stadtteil befanden sich: die Wohnhäuser der Dorfschulzen, die vom Landesherrn mit Waffen ausgestattet wurden, die Häuser der Priester, der Richter und der Ärzte und die palastartigen Wohnanlagen der adligsten und reichsten Familien des 17. und 18. Jahrhunderts.

Ich fragte mich, was zum Teufel Vita in dieser noblen Gegend zu suchen hatte. Nach den Angaben auf Leonardos Geburtsurkunde war Vita Weberin und ihr Mann Francesco ein Landarbeiter.

Wir fanden die Nummer 34, Vitas letzte Adresse in Italien. Das Haus war klein und weiß, abgesehen von der grünen Tür und den grünen Fensterläden. Das einzige Lebenszeichen, aus Gegenwart oder Vergangenheit, war eine Wäscheleine vor der Tür, an der eine einzige hölzerne Wäscheklammer hing, als ob jemand das Haus in großer Eile verlassen und die letzte kleine Habseligkeit dort vergessen hatte.

Evaristo fragte in der Nachbarschaft herum und fand heraus, dass Vitas altes Haus schon seit Jahren leer stand. Und niemand schien etwas über einen Mord zu wissen. Die Leute zuckten nur mit den Schultern und gaben uns den Tipp, mit dem Stadtarchivar Dino D'Angella zu sprechen.

Zu Fuß gingen wir zu der Schule, an der D'Angella der Direktor – *il presidente* – war. Evaristo brachte uns zum Schulbüro, wo wir von einer Kampfmaschine von Frau mit dicken Augenbrauen und kurzen schwarzen Haaren abgefangen wurden.

Evaristo debattierte heftig mit ihr. Die Frau schüttelte den Kopf, zog ihre unglaublich buschigen Augenbrauen zusammen und setzte dann zu einem Monolog an.

„Was sagt sie?", fragte ich Tony.

„Ich weiß es nicht", antwortete er, während er sich redlich abmühte, ihr zu folgen. „Vielleicht fragt sie Evaristo, ob er eine Pinzette hat, mit der sie sich die Augenbrauen zupfen kann."

Schließlich wurden wir doch in *il presidentes* Büro beordert. D'Angella war groß, aber gebeugt. Sein dunkles Haar lichtete sich deutlich und seine hohe Stirn glänzte, schwere Lider hingen über seinen tief liegenden Augen, darunter lagen dunkle Ringe. Er trug eine dicke, goldene Kette, an der ein goldener Jesuskopf hing. Sein Mund war zu dem typischen Basilicata-Lächeln verzogen.

„Was kann ich für Sie tun?", fragte D'Angella.

„Ich bin eine amerikanische Schriftstellerin und recherchiere über meine Familiengeschichte", sagte ich. „Angeblich gab es da einen Mord, in den meine Ururgroßmutter, die aus Bernalda stammte, und ihr Mann aus Pisticci verwickelt waren."

„Wann war das?", fragte er.

„Vor gut hundert Jahren. Aber niemand, den ich bisher gefragt habe, hat jemals etwas von diesem Mord gehört."

Er nickte. Und lächelte weiter.

„Was ist Ihr Familienname?", fragte er.

„Vena."

„Aha", sagte er. „Mein Großvater war Apotheker." Für einen Moment fürchtete ich, dass er in seinen Schreibtisch greifen und eine große Arzneiflasche Amaro Lucano hervorholen würde. Aber er machte nur eine dramatische Pause. „Er kannte alle Geschichten aus dem Ort. Und er hatte ein gutes Gedächtnis. Er starb 1963, aber er hat mir viele Jahre lang von den berühmten Kriminalfällen erzählt."

Ich nickte und rutschte auf die Stuhlkante vor.

„Ich kann mich an eine Geschichte erinnern, die er erzählt hat", fuhr D'Angella fort. „Sie hatte mit einem Francesco Vena zu tun."

Es war totenstill.

„Um 1890 herum oder so brachte dieser Francesco Vena jemanden um."

Wieder eine lange Pause.

„Francesco Vena wurde verurteilt und ging für dreißig Jahre ins Gefängnis", sagte D'Angella, ohne sich der Bedeutsamkeit seiner Worte bewusst zu sein. Dreißig Jahre. Genau die Zeit, die mein Ururgroßvater gewartet hatte, bis er nach Amerika gekommen war!

„Mein Großvater", fuhr er fort, „sagte, dass der Mord mit einer Gallitelli aus Bernalda zu tun hatte."

Gallitelli war Vitas Mädchenname! Jetzt sprühten die Ausrufezeichen aus meinen Augen.

„Vita?!", fragte ich.

„Von dem Namen Vita weiß ich nichts", sagte er abwinkend. „Nur

124

von Gallitelli. Und so wie ich es verstanden habe, war sie nicht Francescos Frau. Auch nicht seine Geliebte. Sie lebten einfach nur zusammen."

Der Teil der Geschichte mit dem Gefängnis erklärte, warum Francesco in Italien geblieben war. Warum es so lange gedauert hatte, bis er seiner Familie nachfolgte. Und vor allem, warum niemand meine Geschichte kannte. Ich hatte sie immer so dargestellt, als hätte Vita das Verbrechen begangen. Was den Überlieferungen meiner Verwandten zufolge vermutlich auch stimmte. Aber Francesco hatte die Sache auf sich genommen.

Ich wollte diesen Engel von Pisticci umarmen, und das wusste er. Er hatte nicht länger sein Lächeln im Gesicht, sondern ein selbstzufriedenes Grinsen.

Zurück in Bernalda spürte ich zwei Historiker auf: Angelo Tataranno, einen ketterauchenden ortsansässigen *professore*, und Antonio Salfi. In einem Café im Ort diskutierten wir über meine Familiengeschichte. Ich sah mich an den Tischen um und stellte fest, dass ich der einzige weibliche Gast unter Dutzenden Männern war. Die Frauen waren zu Hause und hängten Wäsche auf oder kauften Fisch. Als ich ihnen von Vitas, beziehungsweise Francescos, Kartenrunde mit tödlichem Ausgang berichtete, nickten sie und sagten, dass in der Stadt früher viele Morde wegen eines beliebten Kartenspiels mit Namen *passatella* verübt worden waren. Es war nicht nur ein Karten-, sondern auch ein Trinkspiel.

Passatella – eine Erfindung der alten Römer – erforderte mindestens vier Mitspieler, darüber hinaus waren so viele erlaubt, wie man wollte. Je mehr, desto besser. Oder auch je mehr, desto tödlicher.

Der Gewinner einer Runde wurde zum *passatella*-König ernannt und erhielt die Macht über die Weinflasche: Manchen füllte er die Gläser, anderen enthielt er den Wein vor. Dann ging der König um den Tisch herum, erklärte, warum manche Wein bekamen und andere nicht, und sparte dabei nicht mit Beleidigungen und Späßen, die er meist in lange Reden verpackte.

„Es wäre allerdings sehr ungewöhnlich gewesen, dass eine Frau

125

passatella gespielt hat, oder überhaupt irgendein Kartenspiel", sagte Tataranno und nahm einen Schluck *cedrata*, ein leuchtend grünes Getränk, das wie Frostschutzmittel aussieht. (Er bot mir ein Glas Amaro Lucano an, aber dieses Mal lehnte ich ab.)

„Vielleicht hat Francesco gespielt und wurde beleidigt", überlegte ich, „und Vita rächte sich später dafür. Oder es gab an dem Abend eine Prügelei, und die Frauen rannten hinzu, um ihre Männer davon abzuhalten, sich gegenseitig umzubringen. Dabei führte dann eins zum anderen ..." Die beiden schoben simultan ihre Unterlippe vor und dachten eine Weile darüber nach.

Es entspann sich ein Gespräch über das Recherchieren und darüber, wie mühsam es ist und dass einem auch immer das Glück hold sein musste. „Ich kannte einen Mann, der dreißig Jahre lang auf der Grundlage seines falschen Nachnamens recherchiert hat", rief Tataranno aus. „Sein Nachname war gar nicht sein Nachname. Wie tragisch, wenn man seinen eigenen Nachnamen nicht kennt."

„Komisch, dass Sie das sagen", sagte ich. „Erst gestern Abend haben meine Mutter und ich darüber gesprochen, wie mein Großvater ihr immer erzählt hat, dass wir eigentlich gar nicht Vena heißen, sondern Greco."

„Das ist interessant", sagte Salfi. „Greco war der Name der reichen Landbesitzer in Pisticci." Er erklärte, dass die Grecos sich Konkubinen hielten und ihre Arbeiter wie Sklaven behandelten. Sie hatten außereheliche Verhältnisse und Kinder mit diesen Frauen. In Extremfällen befahlen die reichen Männer ihren Arbeitern, ihre Mätresse zu heiraten oder mit ihr zusammenzuleben.

„Auf diese Weise war die Frau im Alltag versorgt, aber der reiche Mann konnte sie aufsuchen, wann immer er wollte", fuhr er fort. „Wenn der *padrone*, also der Chef, kam, musste der ‚Ehemann' das Haus verlassen. Für die Arbeiter war es eine Frage von Leben und Tod."

Und plötzlich passte alles zusammen. Warum der eine Sohn ein Vena und der andere ein Greco war. Warum in meiner Familie immer gesagt wurde, sie hätten zwei verschiedene Väter gehabt. Und zwei verschiedene Nachnamen. Und warum es von Vita und Francesco keine Heiratsurkunde gab und keinen Eintrag im Kirchenregister. Die *Pisticci-Connection*. Das Wohnhaus in dem noblen Stadtteil.

Vita wurde als Frau „gehalten", sie war eine Konkubine. Eine *puttanella*, wie meine Großmutter immer sagte. Wir sind Nachkommen des reichen Landbesitzers Greco und seiner Konkubine. Vita.

Nach zwei Wochen ergebnislosen Suchens in Kriminalarchiven beschlossen wir, zur Amaro-Lucano-Fabrik zu fahren, vielleicht waren diese Venas ja mit meinen Venas verwandt. Die Stadt wimmelte nur so von Venas – mehr als fünfunddreißig Einträge im Telefonbuch. Ich hatte die ganze Zeit einen Bogen um die Fabrik gemacht, weil auf dem Dach eine gigantische, liegende Amaro-Lucano-Flasche aus Pappe angebracht war. Sie machte mir Angst. Sie war so groß.

Wir parkten auf dem Fabrikhof. Dessen rostiges gelbes Tor trug blaue Buchstaben, die meinen Nachnamen ergaben. Zumindest meinen falschen Nachnamen: VENA.

Wir gingen zu dem Wärterhäuschen und erklärten, dass wir lang verschollene Verwandte wären und gern mit den Fabrikbesitzern sprechen würden. Der Pförtner war sehr freundlich, sagte aber, dass die Venas alle bei einem Familientreffen waren. Mein erster Gedanke war: *Mist! Wenn ich das gewusst hätte, hätte ich mitgehen können.* Aber dann fiel mir ein, dass ich dann riesige Menge Amaro Lucano hätte konsumieren müssen. Gut, dass ich nicht dabei war.

Er bat uns, ein andermal wiederzukommen, aber wir reisten am nächsten Tag ab. „Haben Sie irgendwelche Informationen über die Familie Vena?", fragte ich. „Einen Stammbaum vielleicht?"

„Keinen Stammbaum", sagte er, „aber es gibt da etwas." Er griff unter seinen Tresen – nach etwas, von dem ich sicher war, dass es eine Geschenkflasche Amaro Lucano sein würde – und zog ein gebundenes Buch über die Firmengeschichte hervor. Ich blätterte durch die Seiten und verlor mich in den sepiafarbenen Fotos von Pisticci und von dem Firmengründer Pasquale, geboren 1871, etwa um die gleiche Zeit wie Leonardo und Valentin. Dem Buch zufolge war Pasquale mit seinen Brüdern nach Neapel gegangen und hatte zugesehen, wie sie nach Amerika davonsegelten. Er selbst blieb zurück und suchte sich einen Job.

Drei Brüder. In Neapel. Zwei segeln nach Amerika. Alle heißen Vena.

Und ich begriff.

Konnten Valentin und Leonardo diese Brüder gewesen sein? Konnte Pasquale das dritte Kind sein, das auf dem Weg verloren ging? Unmöglich. Aber wenn es doch dieselbe Familie war? Vor Aufregung wurde mir ganz schwummerig. Hier stand ich, die ich jeden bitteren Amaro Lucano fürchtete, den mir jemand anbot. War meine Verbindung zu dieser Familie so naheliegend, befand sie sich vielleicht direkt hier auf diesem Flaschenetikett? Vielleicht war das Vita, diese kokette Frau mit dem besonderen Lächeln, die Hand in der Hüfte, die zu sagen schien: *„Hey, was machst du denn da? Ein großer Detektiv bist du jedenfalls nicht!"*

„Kann ich ein Exemplar kaufen?", fragte ich.

„Sie können das da haben", sagte der Pförtner.

„Vielen Dank", sagte ich und presste das Buch an meine Brust.

Und damit – mit der Hoffnung auf einen Hinweis, eine Verbindung, ein Happy End – verließen wir Pisticci.

Vielleicht war Pasquale Vitas Sohn, der weder ertrank noch sonst wie starb, sondern in Neapel blieb und einen Neuanfang wagte, ohne seine Mutter, die Mörderin. In den folgenden Monaten schrieb ich Briefe an die Amaro-Lucano-Fabrik, rief mehrfach dort an. Aber sie ignorierten mich, die verrückte Schriftstellerin aus Amerika.

An unserem letzten Tag in Italien packte ich unsere Koffer und sortierte die Sommerkleider aus, die den Kindern im nächsten Jahr nicht mehr passen würden. In die frei gewordenen Lücken packte ich drei Flaschen Amaro Lucano, mein neues Lieblingsgetränk.

Eine chinesische Amerikanerin: Trinken in Ost und West
Emma Kate Tsai

Ich habe meinen Vater niemals mit einem Drink in der Hand gesehen. Meine Mutter habe ich niemals ohne einen Drink in der Hand gesehen. Allerdings habe ich meine Eltern auch niemals Seite an Seite gesehen. Ich bin das Produkt zweier Extreme: halb chinesisch, halb amerikanisch. Ost und West trafen in Form meiner so ganz und gar nicht zueinander passenden Eltern aufeinander und vereinten sich in ihren drei Nachkommen: meinem Bruder, meiner Schwester und mir.

Meine Eltern trennten sich, als ich zwei war, was dazu führte, dass ich zwischen dem bescheidenen Vororthäuschen meines Vaters, das ich als mein Zuhause betrachtete, und der feuchtkalten Wohnung meiner Mutter, die ich als meiner nicht würdig betrachtete, hin und her pendelte. Der Riss in ihrer Beziehung – es fällt mir schwer, sie „Ehe" zu nennen, da das meiste davon außerhalb des ehelichen Rahmens stattfand – zeichnete sich schon früh, lange vor meiner Zeit, ab. Und es war nicht nur der Alkohol, der meine Eltern entzweite, sondern auch die Politik, die Erziehung und die Wertesysteme, die sich nicht miteinander vereinbaren ließen. Die Welt hatte eine Grenze zwischen ihnen gezogen, und schließlich beugten sie sich ein für alle Mal deren Existenz.

Mein Vater wurde in China geboren, wuchs in Taiwan auf und verkörperte sämtliche Eigenschaften eines typischen chinesischen Mannes. Er war fleißig, loyal, treu, solide, diszipliniert, zuverlässig und seriös. Und meine Mutter? Na ja, die war Amerikanerin. Sie erlag leicht und oft der Versuchung, und das schloss auch den Alkohol mit ein. Nichtsdestotrotz liebte ich sie beide.

Während ich zwischen ihnen hin und her pendelte, eiferte ich mal meinem Vater, mal meiner Mutter nach, so als wäre die jeweilige Persönlichkeit meiner Eltern eine Maske, die ich passend zur momentanen Situation aufsetzte. Genauso unentschieden war ich, was den Konsum von Alkohol betraf. Würde ich eine Säuferin werden wie meine Mutter oder der absolute Abstinenzler, der zu sein mein Vater so stolz war?

Ich kam mehr nach meinem chinesischen Vater, wollte aber lieber wie meine amerikanische Mutter sein. Sie war die Spannendere, die Schöne, die, mit der man Spaß haben und gut auskommen konnte. Die, die trank. Die unabhängige Single-Frau. Sie lachte, er schimpfte. Und obwohl ich den Weg respektierte, den mein Vater für sich gewählt hatte, hing doch das Lebensmodell meiner Mutter wie ein funkelndes Mobile über mir, das ich niemals ganz aus meinem Kopf bekommen konnte. Ich begann, Alkohol trinken mit Fröhlichkeit zu assoziieren, mit Jugendlichkeit und Ausgehen. Und damit, amerikanisch zu sein.

Alkohol trinken war die Sprache meiner Mutter. Darin drückte sie sich aus, sie lebte es. Sie gab dem Alkohol mehr Macht in ihrem Haus, als sie sich selbst gab, einen ständigen und höherwertigen Platz an ihrem Tisch beim Mittag- und Abendessen und die Hauptrolle in jeder ihrer Geschichten. Der Alkohol – und meine Mutter – brachte Männer mit nach Hause, fremde Männer, die wir nie ein zweites Mal sahen. Und meine Mutter *zeigte* uns nicht nur, was es bedeutete, eine Trinkerin zu sein, sie *lehrte* es uns. Als ich zwölf war, gab sie mir einen Schluck von ihrem Wein. Einmal fragte ich sie, ob ich von ihrem Bier probieren dürfe, aber ich spuckte es wieder aus, bevor ich es herunterschlucken konnte. Ich kann mich an einen ihrer typischen Sprüche erinnern: „Niemand trinkt Bier, weil es ihm schmeckt. Das ist genau wie mit Kaffee." Meine Geschwister und ich mussten mitspielen, und wir taten es, weil sie uns sonst als „Kind deines Vaters" abstempelte – etwas Hässliches, Schlechtes, das nicht zu ihr gehörte. Mom war glücklich, wenn sie trank, sie kicherte, bis ihr die Tränen kamen, auf eine Art und Weise, die ich liebte. Aber manchmal machte es sie auch traurig.

Meine Mutter trank wie ein typischer amerikanischer Mann. Wenn ich hörte, wie quietschend die Kühlschranktür aufging und wieder zugeschlagen wurde, wusste ich, dass sie mit einem eisgekühlten Bier auf dem Weg zum Sofa war. Am liebsten trank sie Leichtbier. Sie trank es direkt aus der Flasche: vor dem Fernseher, zum Mittagessen, beim Kochen, vor dem Ausgehen, auf dem Weg ins Bett. Bierflaschenkühler aus Schaumstoff – sogenannte *Koozies* – standen dicht an dicht auf unserem Kühlschrank, füllten das gesamte untere Regal in der Speisekammer und den Einbauschrank im Flur. Sie waren wie eine Seuche, wie ein Ausschlag vom Alkohol, den wir – den die Wohnung – nie wieder loswurden. Ich hatte nicht mal gewusst, dass die Dinger einen Namen haben.

Moms Schnapsgläser waren für uns wie die Reise-Stempel in ihrem Pass. Sie hinderten die Schranktüren daran, zuzugehen, und ließen kaum noch Platz für unsere Schnabelbecher oder Wassergläser. Sie als Einzige gaben uns Auskunft darüber, wo Mom war, wenn sie uns verließ. Sie war nie besonders lange bei uns. Wenn sie die Stadt verließ, übergab sie uns in die Obhut unseres Vaters. Sie schrieb selten Postkarten, rief so gut wie nie an. Aber wenn sie zurückkam, besuchten wir sie in der neuen Wohnung, in die sie eingezogen war, und fanden dort immer ein kleines neues Trinkglas, auf dem der Bundesstaat oder das Land eingraviert war, in dem sie bei ihrem letzten Ausflug gewesen war.

Nachts, wenn ich nicht schlafen konnte, schlich ich in die dunkle Küche und füllte eines ihrer Schnapsgläser mit Apfelsaft. Dann fühlte ich mich meiner Mutter näher, so als ob ich mit ihr dort gewesen wäre, als ob ich beim Kauf jedes einzelnen Trinkgefäßes hinter ihr gestanden hätte. Ich starrte auf den Kühlschrank voller Budweiser-Magnete und Fotos meiner Mutter, wie sie durch einen knallbunten Strohhalm einen geeisten Cocktail trinkt. Weitere Souvenirs warteten im Gefrierschrank. Neben Lutscheis und Tiefkühlerbsen lagen eisgekühlte Bierkrüge, die sie in den Kneipen der Stadt in ihrer Handtasche hatte verschwinden lassen. Auch sie waren beschriftet: BIG ASS BEER stand darauf, und dazu der Name der Bar, in der Regel *Woodrow's*. Es war das erste Mal, dass ich das Wort „Arsch" geschrieben sah. Als ich meine Mutter fragte, was es bedeutete, lachte sie und schob mich weg.

Von all den Dingen rund um meine Mutter und ihre Trinkerei faszinierten mich am meisten die Geschichten über ihre Eskapaden, die sie fröhlich am Kaffeetisch zum Besten gab. Jeder ihrer Ausgehabende begann mit einem todschicken Outfit und mit einer ihrer abgelegten

Lover, der vor Kurzem zu der bedeutenden Rolle des Babysitters für diesen Abend degradiert worden war. Das Bild meiner Mutter, wie sie am Türrahmen lehnt, könnte ich malen: Sie sah strahlend und wunderschön aus, allerdings nicht unbedingt so, wie man es von einer Mutter erwartete. Schwarze Leggings, kurzes schwarzes Trägertop, knallig pinkfarbener Lippenstift, dunkelblauer Lidschatten, lange, klimpernde Ohrringe.

Aber die Trinkerei war noch mehr als eine Sammelleidenschaft oder ein Hobby, das sie cooler machte als die typische Mama in der Küchenschürze. Sie hatte verdammtes Glück mit ihren Autos. Zumindest dachte ich das. Als ich älter wurde, kapierte ich, warum meine Mutter ständig „Unfälle" hatte und warum mein Vater, von dem sie längst geschieden war, ihr immer wieder neue Transportmittel kaufte. Nach jedem Totalschaden ratterte sie ihre Liste von Ausreden herunter: Fahrerflucht; das Auto war gestohlen worden; ein Freund hatte es ausgeliehen. Ich durchschaute schließlich, dass sie in den meisten Fällen nach einer durchzechten Nacht am Steuer eingeschlafen war.

Ich war meiner Mutter gegenüber schon früh und oft frech. Aber erst, als ich sie wegen ihrer Trinkerei anging („Mom, kann es sein, dass deine Bierflaschen immer größer werden?"), schickte sie mich auf mein Zimmer. Ich weigerte mich, mich zu entschuldigen, und schließlich einigten wir uns stillschweigend darauf, so zu tun, als ob sie nicht mehr trank als früher und ich es nicht bemerkte. In Wahrheit aber wurden ihre Bierflaschen immer größer, und sie immer dicker. Sie nahm schnell und massiv zu, und das war mir peinlich. Ich fragte mich damals oft, wie mein Leben verlaufen wäre, wenn meine Eltern sich nicht getrennt hätten. Vielleicht wäre es ganz genau so verlaufen.

Ich habe meinen Vater niemals Alkohol trinken sehen. Das einzige alkoholische Getränk, das jemals einen Platz in seinem FSK-0-Haus einnahm, war eine Flasche Wein, die er geschenkt bekommen hatte und die fest verkorkt auf dem Sideboard im Esszimmer stand. Ich betrachtete die Flasche gern, während ich mir an dem Tisch mit der Plastikdecke einen Bissen in den Mund schob – bis er sie an einen amerikanischen Kollegen weiterverschenkte.

Feiertage verbrachten wir immer bei meinem Vater, weil Mom sich an Tagen wie Silvester oder zu sonstigen traditionellen Feierlichkeiten generell aus dem Staub machte. Ich kannte diese Festivitäten nur aus Filmen und erfuhr auf diese Weise, wie Amerikaner sie begingen und was sie dazu tranken. Ich lernte Glühwein kennen, hochprozentigen Eierpunsch und Cider mit Brandy. Wir anderen dagegen – wir drei Kinder, mein Vater und die chinesischen Freunde, die zu seiner Familie geworden waren – zogen nach dem Essen, zu dem jeder etwas beigesteuert hatte, Nummern für „Weißer Elefant", ein Spiel, das wir oft spielten. Unsere Kehlen blieben trocken. Niemand trank Alkohol. Es brachte nicht mal jemand Wein mit. Alle brachten Essen mit.

Wir stießen auch mit Essen an. Statt mit einem Aperitif zu beginnen, bissen wir in eine Frühlingsrolle. Statt eine Flasche Champagner knallen zu lassen, erhoben wir unsere Schüsseln. Und jedes Mal übertrieben wir es maßlos. Jedes Essen begann mit einer Auswahl an Vorspeisen, gefolgt von bis zu zehn weiteren Gängen (*Kai-lan*, gedünstetes *Pak-choi*, kurzgebratene grüne Bohnen, Schweine- und Tofu-Hack, gegrillte Ente, kaltes Hühnerfleisch, ein ganzer gekochter Fisch, Rührei mit Tomaten), gefolgt von einer fantasievollen Suppe (die manchmal einfach nur aus Algen und Wasser bestand), abgerundet mit einem Nachtisch (Suppe aus süßen roten Bohnen oder Eierpudding) und Obst.

Aber unsere Mägen blieben nicht nur deshalb weinfrei, weil wir uns aufs Essen konzentrierten. Sondern weil wir Chinesen waren. Schon damals konnte ich sie spüren: die ganz bewusste Abstinenz, die Angst, sich danebenzubenehmen. Das Risiko war zu groß. Man könnte die Kontrolle verlieren, und das könnte noch etwas viel Schlimmeres bedeuten: den Verlust der Selbstachtung. Mein Vater lebte ein integres Leben, und dazu gehörte, nicht betrunken zu sein. Dem Alkohol zu entsagen passte perfekt zu den Werten, die er und seine chinesischen Freunde hochhielten: Loyalität, Treue, Demut, Bescheidenheit, Respekt. Vor ihm und seiner Selbstdisziplin hatte ich Respekt. Vor meiner Mutter nicht.

Statt der Schnapsgläser, die die besten Regalplätze in der kleinen

Küche meiner Mutter beanspruchten, wurden bei meinem Vater normale Trinkgläser und Plastikbecher bevorzugt. Die wenigen Weingläser, die er besaß – Hochzeitsgeschenke an ihn und seine zweite Frau (er heiratete wieder, als ich elf war) –, standen in der hinteren Reihe und setzten Staub an.

Genauso, wie ich meine Mutter beobachtete, wenn sie ihre Geschichten erzählte, beobachtete ich auch meinen Vater, wenn er seine erzählte. Ich verstand nicht ein einziges Wort von seinem Mandarin, aber ich wusste, dass seine Anekdoten – anders als die meiner Mutter – auch ohne die Hilfe von Alkohol aus ihm heraussprudelten. Die Ozark-Mineralwasserflaschen in den Händen seiner Freunde waren ein deutlicher Beweis. Bei den rein chinesischen Abenden kam niemals Alkohol auf den Tisch. Ich erlebte es nur einige wenige Male, dass mein Vater diese unausgesprochene Regel brach, und das war, wenn er Amerikaner zu sich einlud. Dann füllte er den Kühlschrank außer mit Cola- und Wasserflaschen auch mit Budweiser. Damit brachte er sein Vorurteil deutlich zum Ausdruck: Amerikaner tranken, Chinesen nicht. Für mich aber stand da jeweils eine kulturelle Norm dahinter, und das verunsicherte mich. Ich war halb Chinesin, halb Amerikanerin. Was würde das später für meine Trinkgewohnheiten bedeuten?

Ich trank mein erstes eigenes Bier, als ich knapp achtzehn war. Ich war gerade frisch aufs College gekommen und hatte in einem Biologiekurs Freundschaft mit einem Mexikaner geschlossen, der seinen Geldbeutel mit einer Kette an seinem Hosenbund festgemacht hatte. Ich kannte niemanden, der so war wie er. Ich war ein Lehrerliebling, das Mädchen mit Brille in der letzten Reihe, das nur Einsen schrieb. Ich war nicht cool. Aber dieser Typ war es. Sein Name war Francisco (Cisco), und er erklärte mir, dass Alkohol trinken nicht einfach nur eine Sache des Erwachsenwerdens war, sondern eine Fähigkeit, die man erwerben müsse. Ich lernte die Spielregeln schnell.

Ich weiß nicht mehr, ob er mich gefragt hatte, ob ich vorher schon mal Alkohol getrunken hatte. Vermutlich war er einfach davon ausgegangen. Ich nehme es ihm nicht übel. Ich war schüchtern und introvertiert, und das interpretierten die Leute oft fälschlicherweise als abgeklärt oder kokett. Ich war weder das eine noch das andere – auch wenn ich es unbedingt sein wollte. Also trank ich mitten am Tag in seinem Wohnheimzimmer zum ersten Mal in meinem Leben freiwillig Alkohol. Es fühlte sich an wie Schule schwänzen. Er zog eine kleine Kühlschranktür auf und bot mir ein Guinness an. Ich konnte nicht ablehnen. Ich musste cool sein. Ich war jetzt auf dem College. Nachdem ich die eiskalte Flüssigkeit meine Kehle hatte verbrennen lassen, fühlte ich mich wie entjungfert, als ob sie – und als ob er – mir einen Teil meiner Unschuld geraubt hatte. Als ob meine Enthaltsamkeit vergewaltigt worden war. Ich hatte nein sagen wollen, ehrlich, aber es war, als wäre ich vom Collegeleben ausgeschlossen worden, wenn ich es getan hätte.

Doch das hier, das war nicht ich. Es kam mir vor, als würde ich mich selbst betrügen. Ich hasste es, wie sich die Flasche in meiner Hand und wie sich das Glas an meinen Lippen anfühlten, hasste den Geschmack und die Art und Weise, wie das Zeug in mir hinunterrann. Und ich hasste das alles dafür, ein verpöntes Laster zu sein. Das Laster meiner Mutter. Indem ich ihm nachgab, hinterging ich meinen Vater: den Menschen, dessen Hauptcharakterzüge auch ich in mir trug, das wusste ich. Trotzdem trank ich Alkohol, wenn auch aus ganz und gar anderen Gründen als meine Mutter. Ich war nicht davon abhängig, und es war mir egal, ob ich es jemals wieder tun würde. Ich trank, weil es bedeutete, jung, cool und süß zu sein. Und für den Moment war das genau das, was ich sein wollte.

„Mit solchen Leuten willst du dich doch gar nicht abgeben", sagte mein Vater einmal, als er mich mit Cisco zusammen sah, diesem jungen Mann mit dunkler Haut und unterm Hintern hängenden Jeans. Seine Missbilligung gab mir das Gefühl, als hätte das Bier Schandflecken auf meinen Zähnen hinterlassen, als Zeichen der Untreue gegenüber meinem Vater. Plötzlich kamen mir all die Dinge in den Sinn, die ich an meiner Mutter liebte: ihre blitzenden Augen, ihr Marilyn-Monroe-Mund, ihre übernatürliche Schönheit, ihr Charme, ihre Liebenswürdigkeit. Ich redete mir ein, dass der Alkohol sie zu dieser Person machte. Er ließ sie leuchten und machte sie zum Star der Manege. Der Alkohol befreite sie von den Hemmungen, die wir anderen alle hatten. Und wenn ich Alkohol trank, würde mich das genauso begehrenswert machen wie sie. So attraktiv. So beliebt. Mithilfe des Alkohols würde ich einen festen Freund finden, mit ihm Händchen halten und samstags abends ausgehen. Dann hätte ich der Mädchenclique etwas zu erzählen, zu der ich gehören würde, in der alle mich mochten, mir alles erzählten und mir sogar ihre Wohnungsschlüssel gaben. Mithilfe des Alkohols würde ich dazugehören. Würde ich durch und durch Amerikanerin sein.

Ich besuchte Cisco nie wieder in seinem Wohnheimzimmer. Aber mit ihm hatte ich ein Verhaltensmuster in Gang gebracht, das sich fortsetzte und mit dem ich schließlich doch in die Fußstapfen meiner Mutter trat: Männer würden mich dazu bringen zu trinken.

Kurz nach meinem achtzehnten Geburtstag zog ich endgültig zu Hause aus, wegen eines Typen namens Kenneth, sechsundzwanzig Jahre alt und aus Singapur. Mein erster fester Freund. Er arbeitete als Barkeeper in einem Restaurant auf dem Collegegelände, und an unserem ersten gemeinsamen Abend ließ er mich jede Schnapssorte probieren, die sein gut gefülltes Regal hergab. Aber unsere alkoholische Affäre war nur ein One-Night-Stand. Nach diesem Abend tranken wir nie wieder zusammen. Das Bier in seinem Kühlschrank blieb ungeöffnet. Wir vergaßen den Wein, den er für Gäste in der Speisekammer vorrätig hielt. Stattdessen aßen wir, und ich nahm fünfzehn Kilo zu, bevor ich ihn wegen eines anderen Mannes verließ: älter, anders, Amerikaner.

Joe brachte mir bei, wie eine Erwachsene zu trinken. Er hatte genug Geld und Stil, um mich in die Welt der feinen Speisen, der Gin Tonics, Martinis und guten Weine einzuführen. Durch ihn lernte ich, Alkohol wie eine Krücke zu benutzen. Seine berauschende Kraft war stark genug, um mich zu der extrovertierten Person zu machen, die ich sonst nur vortäuschen konnte. Wenn ich mit diesem Mann zusammen sein wollte, musste ich schlichtweg vergessen, dass ich schüchtern war. Ich musste zu Cocktailpartys gehen und über Witze lachen, die ich nicht lustig fand, musste lächeln und nicken und mir die Namen von Leuten merken. Bei alkohollosen Veranstaltungen wie Mittagessen oder Picknicks blieben meine Lippen verschlossen – und der Mann an meiner Seite verstummte ebenfalls und meldete sich mindestens eine Woche lang nicht, während deren er darüber nachdachte, ob ich wirklich die richtige Partnerin für ihn war. War ich nicht.

Wieder solo gewöhnte ich mir das Trinken wieder ab, bis ich die drei Mädels traf, auf die ich mein ganzes Leben gewartet hatte. Und mit Frauen trank ich auf einmal wie meine Mutter – zu viel und zu oft, mit aller Kraft darum bemüht, in eine Gesellschaft hineinzupassen, zu der ich gemäß meines Alters und meines Bildungsstandes zu gehören hatte.

Ich war eine Frau und Single, folglich war ich eine Säuferin. Natürlich sagt das keiner laut. Jeder tut so, als sei es völlig normal, sich jeden Abend zu betrinken, bis man blau ist. Zumindest wenn man zwischen zwanzig und dreißig Jahre alt, und erst recht, wenn man dazu noch ein hübsches Mädel ist. Endlich hatte ich das Leben gefunden, nach dem ich mich immer gesehnt, die Freundinnen, auf die ich immer gehofft hatte: Ich war in eine Viererclique aufgenommen worden. Stundenlang berichteten wir uns gegenseitig, was für einen harten Abend wir gehabt hatten: wie wir morgens mit Pommesresten im Gesicht aufgewacht waren oder wie wir es fast nicht mehr nach Hause geschafft hatten. Jeder Bockmist war wie ein Adelstitel, und je größer der Bockmist – und je mehr frittiertes Essen und Alkohol damit verbunden waren –, desto besser. Exzessiver Alkoholkonsum war das einzige Aufnahmekriterium für diesen kleinen Club, also machte ich mit. Ich bekam den Spitznamen „Nucklerin", weil ich so viel langsamer trank als die anderen, und ich erfand viele großartige Geschichten über mein ausschweifendes Leben, um mit ihnen mitzuhalten. Allein zu Hause trank ich nie, obwohl ich ihnen erzählte, dass ich es tat.

Mein Körper rettete mich schließlich vor mir selbst. Eine Immunkrankheit, Lupus erythematodes, zwang mich dazu, zu erkennen, wer und was ich war. Und was nicht. Nicht nur der Alkohol hatte meine Sinne betäubt. Ich hatte mich auch viel zu weit von mir selbst entfernt. Als ich mich endlich von dieser Frauenclique löste, fand ich mich selbst, fand ich die „Gerne hin und wieder"-Trinkerin, die ich immer gewesen war. Weder meine Mutter noch mein Vater, sondern irgendetwas dazwischen. Eine chinesische Amerikanerin.

Die Mutter aller Sünden
Asra Q. Nomani

Geboren in Mumbai, aber aufgewachsen in einem komfortablen Vor-
stadthaus in Morgantown in West Virginia, war mir bewusst, dass
meine Mutter Sajida eine „verbotene Frucht" unter der Küchenspüle
aufbewahrte, gleich neben der Scheuermilch und den Wischlappen
und neben dem Mörser und Stößel, mit dem wir den Teig für *roti* –
also Brot – kneteten.

Davon zu trinken gestattete sie ausschließlich bei Feierlichkeiten
mit Freunden, die Mujumder hießen oder Nizami. Als Erstes servierte
sie kulinarische Köstlichkeiten, Fleisch, das bei einem muslimischen
Gebet geschlachtet worden war, damit es *halal* – also rechtmäßig –
war. Dann zog mein Vater Zafar den „Schatz" unter der Spüle hervor:
eine Zwei-Liter-Flasche Cola.

Das war das Krasseste, was meine Eltern sich erlaubten. Meine
Mutter war mit der schwarzen Burka – dem Umhang mit Gesichts-
schleier – aufgewachsen, *dem* Symbol des puritanischen Islam. Als
wahre Abstinenzler hatten meine Eltern gelernt, was den meisten
Muslimen beigebracht wird: Alkohol ist *haram* – also verboten.

Einige meiner Klassenkameraden an der Suncrest Junior Highschool tranken Bier, aber mich reizte das nicht. Ich betete meine täglichen Gebete, verneigte meinen Kopf Richtung Mekka und sprach
die erste Sure des Korans, *Al-Fatiha*: „Führe uns den geraden Weg."
Ich war eine ehrgeizige, erfolgreiche Leichtathletin und hatte den besten Notendurchschnitt in meiner Klasse. Als mich der Schulsprecher
an meinem Spind ansprach, ob ich mit ihm zum Abschlussball gehen
würde, sagte ich: „Ich kann nicht."

Mein einziges Laster: Coca-Cola, die mein älterer Bruder Mustafa
und ich wie einen Zaubertrank in uns hineinschütteten.

Ich bewarb mich bei einem einzigen College: bei der West Virginia
University (WVU) in meiner Heimatstadt, obwohl die an Platz eins
der *Playboy* Party-Hochschulen stand. Sie lag in Sunnyside, einer
schmutzig grauen Gegend, in deren Eckkneipen das Bier krugweise

für 25 Cent verkauft wurde. Während meines ersten Jahrs auf dem College starb Andre Gist – ein ehemaliger Spieler aus dem WVU-Football-Team – in einem Auto, das ein anderer ehemaliger WVU-Footballer, Mark Rough, an der University Avenue, gleich oberhalb von Sunnyside, über die Böschung gejagt hatte. Rough wurde freigesprochen. Aber vor dem Gerichtssaal traf ich Gists Onkel, einen Muslim, und erhielt eine ernüchternde Lektion über die Gefahren des Alkohols.

Mit neunzehn übertrat ich die Grenze zum *haram*, als ich zum ersten Mal mit meinem Freund knutschte – und damit unsere Beziehung besiegelte – und es außerdem wagte, einen Schluck von seinem Guinness zu probieren. Es schmeckte wie Motoröl. Und dann entdeckte ich eines Abends die richtigen Drinks für mich: Bartles & James Wine Coolers, mit Wein gepimpte Fruchtsäfte.

An einem anderen Abend beichtete ich meiner Mutter an unserem gelben Formica-Küchentisch, dass ich Sex hatte.

Sie starrte mich an, schrie „Stopp!" und begann zu schluchzen.

Ich dachte nicht im Traum daran, ihr zu beichten, dass ich Alkohol trank. Ich begann, mit dem Widerstreit zwischen meinen Werten und meinem Handeln zu leben. Ich empfand Alkohol als legal, trotzdem verheimlichte ich, dass ich ihn trank. Ab meinem neunzehnten Lebensjahr bis kurz nach meinem sechsundvierzigsten Geburtstag lebte ich mit einer Lüge. Als Autorin setzte ich mich mit verschiedenen radikal religiösen Gesetzen auseinander, von Ehrenmorden bis zur Rassentrennung, aber ich schrieb nicht ein einziges Wort über das islamische Alkoholverbot.

Das Bier der braven Mädchen

Oft, wenn Menschen Widersprüchen gegenüberstehen, lösen sie sie nicht auf. Darin, dass ich mich damit auseinandersetze, steckt auch das tiefsitzende Bedürfnis, die wahren Inhalte einer Religion herauszufiltern, und die Widersprüche zwischen Dogma und Handeln. Nachdem ich mit Mitte zwanzig meinen Abschluss an der WVU und danach noch einen an der American University in Washington, D. C., gemacht hatte, bekam ich meinen ersten Job als Reporterin beim *Wall Street Journal*. Ich trank hin und wieder Alkohol, aber nie exzessiv. Während eines Praktikums beim *Wall Street Journal* in San Francisco hing ich immer mit Reportern und Redakteuren der Zeitung in *Harrington's Bar and Grill* ab, dem ältesten Irish Pub in der Stadt, wo der neueste Klatsch und Tratsch und alte Kriegsgeschichten ausgetauscht wurden. Der Alkohol befreite mich ein Stück weit von meiner überehrgeizigen Steifheit, sodass ich zu etwas ganz Simplem in der Lage war: rumhängen. Endlich hatte ich ein Visum fürs Coolsein.

Trotzdem bemühte ich mich weiterhin, „ein braves Mädchen" zu sein. Im Winter 1992 flog ich nach Pakistan und heiratete einen muslimischen Mann, den ich an der Uni in Washington kennengelernt hatte. Obwohl ich auch mit nicht-muslimischen Männern ausgegangen war, erschien mir lediglich die Hochzeit mit einem Muslim als *halal*. Die Ehe hielt allerdings nur ein paar Monate, weil es mir nicht gelang, meinen inneren Frieden mit dem Widerspruch zu machen, mit jemandem verheiratet zu sein, mit dem ich einfach nicht kompatibel war. Eine Therapeutin riet mir, das zu tun, was ich wollte, und nicht das, was ich sollte. Und sie sagte: „Viel Spaß dabei!"

Wie auf Bestellung lernte ich daraufhin im Sommer 1993 Danny Pearl kennen, ebenfalls Reporter im Washingtoner Newsroom des *Wall Street Journal* und Sohn jüdischer Eltern aus Israel. Dannys Biografie unterschied sich zwar von meiner, aber wir waren beide im wahrsten Sinne des Wortes „koscher" aufgewachsen mit dem ebenso jüdischen wie muslimischen Gesetz, kein Schweinefleisch essen zu dürfen.

Eines Abends, als wir zusammen nach Dupont Circle liefen, wo wir beide wohnten, schlug Danny vor, noch in eine Kneipe, das *Big Hunt*, zu gehen. In einer der Nischen erzählte ich ihm, dass ich kein Bier mochte. „Du hast noch nicht das richtige Bier getrunken", sagte Danny. „Du musst Weizenbier trinken. Das ist ein Bier für brave Mädchen."

Im schummrigen Licht der Kneipe bestellte Danny mir ein Weizenbier. Ich trank einen Schluck. Es war kalt. „Hmmmmmmmm", sagte ich, „das mag ich." Danny lächelte. Er hatte mich zum Bier bekehrt und mir gleichzeitig eine Eintrittskarte zur amerikanischen Kultur verschafft. Fortan zechte ich mit Danny und seinen Freunden in den Bars und Kneipen im *Adams Morgan*-Viertel. Nach der Arbeit gingen wir ins *Big Hunt* oder Salsa tanzen im *Planet Fred*. Samstags nuckelte ich an einem Bier, wenn ich Dannys Band *Clamp* zuhörte.

Während ich mich ans Biertrinken gewöhnte, hielt ich es gleichzeitig peinlichst genau vor meinen Eltern geheim. Wenn sie mich in meiner Wohnung besuchten, ich der ich mit einer Freundin zusammenwohnte, log ich und sagte, die Biervorräte gehörten meiner Mitbewohnerin. Sie hielten sie für eine Schlampe. Ich wollte mir nicht den Zornesausbruch anhören müssen, dass ich unser Alkoholverbot missachtete, und ich wollte kein „böses Mädchen" sein. Gleichzeitig setzte ich mit Danny als Reiseleiter meine Pilgerreise durch die amerikanische Kultur fort.

Ich erzählte ihm, dass ich nicht zu meinem Highschool-Abschlussball gegangen war, weil „brave Mädchen" das nicht taten. In diesem Sommer half Danny mir, meine allererste Party zu organisieren. Ein Sommernachtstraum, zu dem die Frauen in rüschigen Brautjungfernkleidchen kamen und die Männer im Smoking oder Anzug und bei dem sich die Pärchen vor lebensgroßen Gemälden karibischer Palmen fotografieren ließen. Es war keine normale Party – es gab Bier vom Fass. Im darauffolgenden Winter half er mir mit der zweiten Party. Bei der wurde es so laut, dass die Nachbarn drohten, die Polizei zu rufen. Ich hatte es geschafft!

Ich überschritt die dreißig und Danny zog weg – erst nach London, dann nach Paris. Ich trank weiterhin regelmäßig und traf mich mit den Freunden vom Newsroom im *Fourth Estate* oder in anderen Bars. Bei einem Besuch in London landeten Danny und ich in einer Kneipe, in der ein Elvis-Imitator mir sein Autogramm auf die Unterwäsche schrieb. In diesem Urlaub probierte ich zum ersten Mal harte Drinks und experimentierte mit Wodka in verschiedenen Geschmacksrichtungen.

Wieder zu Hause brach ich weitere Tabus. Ich trug Baby-Doll-Kleider, die grad bis zum Oberschenkel reichten. Ich ging ganz offiziell mit Männern aus und wagte es sogar einmal, bei einem Beachvolleyballturnier an einem Strand von New Jersey, bei dem ich mit meinem Freund im Doppel antrat, einen Bikini zu tragen. Mein Vater saß an der Seitenlinie im Sand und sah weg.

Ich wechselte zum *Wall Street Journal*-Büro in New York und bekam dort fast jeden Abend einen Platz am Tisch der coolen Typen. Im *Fox and Hounds* trank ich Bier mit den andersdenkenden Leuten, zum Beispiel mit dem Seite-eins-Redakteur Ken Wells, der später ein Buch über Bier in Amerika schrieb.

In einer Hinsicht war die Trinkerei komplett blödsinnig. Statt unter der Woche Sport zu treiben, ging ich mit der Gang trinken. Die meisten Abende betrat ich meine Wohnung in Brooklyn Heights allein, einsam und beschwipst. Einmal machte ich mir im Treppenhaus in die Hose. Manchmal fand ich mich morgens im *Happy Days* wieder, einem 24-Stunden-Imbiss an der Montague Street, wo ich mich auf ein Frühstück mit Würstchen – Schweinswürstchen – und Rührei stürzte. Wie beim Alkohol ließ ich auch das Verbot von Schweinefleisch, das Muslime als unrein betrachten, fallen.

Geschockt von den Attentaten des 11. September 2001, begann ich, intensiv über die Widersprüche in unserer muslimischen Gesellschaft nachzudenken: Was ist *halal* und was ist *haram*? Ich war fassungslos über die Reaktionen innerhalb unserer muslimischen Gesellschaft auf Berichte, dass einige 9/11-Attentäter Partys gefeiert und Alkohol getrunken hatten.

„Das können keine Muslime gewesen sein", hörte ich Leute sagen. „Sie haben Alkohol getrunken."

Ich war gleichsam belustigt und verärgert. Sie können keine Muslime gewesen sein – weil sie Alkohol getrunken hatten? Und was war damit, dass sie Tausende unschuldiger Männer, Frauen und Kinder getötet hatten? Diese Argumentation offenbarte eine Tatsache innerhalb unserer muslimischen Gesellschaft, die sich traditionell auf fünf Säulen stützt: Glaubensbekenntnis, Gebet, Pilgerfahrt, Wohltätigkeit und Fasten. Aber in der Praxis stellten wir eine virtuelle sechste Säule auf, die über Mord, Diebstahl, Vergewaltigung und andere Verbrechen hinauszugehen schien: das Verbot, Alkohol zu trinken.

Gleichzeitig praktizierten wir diese Säule mit großer Scheinheiligkeit. Als ich in Pakistan war, von wo aus ich über den bevorstehenden Krieg in Afghanistan berichtete, erfuhr ich, dass der Staatsgründer Muhammad Ali Jinnah Scotch geliebt hatte. Der amtierende Militärmachthaber Pakistans, Pervez Musharraf, trank ebenfalls gern Whiskey. In Karatschi beauftragte mich ein Redakteur des *Rolling Stone*, eine Geschichte über „Sex, Drugs und Rock 'n' Roll" in Pakistan zu schreiben. Es begegnete mir in Hülle und Fülle, inklusive Alkohol.

Dreißig Jahre lang – ab der „Geburt" Pakistans 1947 – waren im Land der Verkauf und Verzehr von Alkohol erlaubt. 1977 setzte der Premierminister Zulfikar Ali Bhutto ein Alkoholverbot in Kraft in dem Versuch, konservative Bevölkerungsschichten für sich zu gewinnen. Nur Wochen später organisierte der ultrakonservative General Zia-ul-Haq einen Militärputsch und leitete eine strenge Islamisierung des Landes ein. Der extremistische „Rat für islamische Ideologie" des Landes legte fest, dass nur Nicht-Muslime wie Hindus, Christen oder Zoroastrier die Erlaubnis bekommen konnten, Alkohol zu kaufen und zu konsumieren.

Während meiner Zeit in Pakistan verließ ich also abends mein Hotelzimmer in Karatschi und feierte (ich meine, recherchierte) zusammen mit jungen pakistanischen Frauen und Männern. Wir tranken und tanzten. In *French Beach*, einer Strandhaussiedlung außerhalb von Karatschi, lernte ich eine Gruppe von Mitte-zwanzig-Jährigen kennen, die eine spezielle Handynummer von Schwarzhändlern aus der Region besaßen, die sie mit Bier der pakistanischen Murree-Brauerei versorgten. Mit einem von ihnen begann ich eine Beziehung.

Ende Januar rief Danny aus Islamabad an und sagte, dass er mit seiner Frau Mariane wegen eines Interviews nach Karatschi kommen würde. Ich sorgte dafür, dass in dem Haus, das ich gemietet hatte, genug Bier für meinen Kumpel vorrätig war.

Am nächsten Tag – es war der 23. Januar 2003 – machte Danny sich auf den Weg zu dem Interview. Geplant war, dass er abends zum Essen zurück sein würde, das Mariane und ich für ein paar meiner neuen Freunde in Karatschi zubereiten würden. Als wir zu Hause waren, orderte mein Freund per Telefon von einem Schwarzhändler Bier. Kurz nach 19 Uhr, der Zeit, die für Dannys Rückkehr vereinbart gewesen war, begann Mariane ihn anzurufen, aber sein Telefon funktionierte nicht. Die Bierflaschen leerten sich, während wir munter am Tisch miteinander plauderten. Marianes Sorge wuchs.

Als es dunkel wurde, war Danny immer noch nicht zurück. Bei Sonnenaufgang kontaktierte ich die pakistanische Polizei. Bevor sie in das Haus einfiel, putzte ich einmal durch die Zimmer und entfernte die leeren Flaschen. Sie waren das letzte Zeichen einer Nacht, in der ich noch meine Unschuld besaß. Etwas Großes und Dunkles braute sich zusammen.

Während der nächsten Tage griff ich einmal zu einem Glas Jack Daniel's aus der Minibar eines Hotels. Ich musste mich betäuben, während wir nach meinem besten Freund suchten. Nach vier Wochen fand die Polizei eine Spur, von der wir uns erhofften, dass sie uns zu Danny führen würde. Einer der Einheimischen organisierte eine Flasche von Dannys Lieblingsschnaps, damit sie bei seiner Rückkehr bereitstünde.

Danny sollte die Flasche nie in Händen halten. Nach fünf Wochen Suche sagte ein pakistanischer Polizist mit versteinertem Gesicht zu Mariane: „Ich konnte Ihnen Danny nicht zurückbringen." Ein pakistanischer Bote hatte an diesem Abend in der Lobby des *Karatschi Sheraton* einem FBI-Agenten – einem drahtigen irischen Katholiken von der FBI-Außenstelle in Newark in New Jersey – ein Video überbracht, das Dannys grausame Ermordung dokumentierte. Eben saßen wir noch beim Weizenbier im *Big Hunt* – und jetzt war er tot, ermordet, aller Wahrscheinlichkeit nach von dem Chefplaner der Anschläge des 11. September, Khalid Scheich Mohammed, kurz KSM.

Über KSM wurde gemunkelt, dass er – während er seine terroristischen Anschläge plante – ein ziemlicher Partylöwe gewesen war. Die philippinische Polizei gab an, dass er sich zu der Zeit, als er die Operation Bojinka plante, bei der mehrere Flugzeuge über dem Pazifik in die Luft gesprengt werden sollten, in Karaokebars und Nachtclubs herumtrieb, mit den Tänzerinnen ausging und 1998 angeblich eine Party zum zehnjährigen Jubiläum der Explosion des *Pan Am*-Fluges 103 über Lockerbie veranstaltete.

Nichts davon schmälerte KSMs Ruhm unter seinen Anhängern. Und nebenbei exekutierte er meinen Freund mit einem Schlachtermesser und filmte die Tragödie für das Propagandavideo „Die Ermordung des Spionage-Reporters und Juden Daniel Pearl". Bei unserem letzten Treffen mit der pakistanischen Polizei, FBI-Agenten, Angehörigen des Außenministeriums und noch einigen anderen streckten wir dem islamischen Extremismus die Zunge raus: Wir tranken Rotwein.

Um wieder zu mir zu kommen, zog ich zurück nach Morgantown in die Nähe meiner Eltern und blieb mehr oder weniger nüchtern. Ich brachte meinen Sohn zur Welt, der noch in Pakistan gezeugt worden war, und auf einer Pilgerreise nach Mekka, die ich mit ihm unternahm, als er drei Monate alt war, tunkte ich eines Abends meinen Finger in ein Samuel-Adams-Bier und hielt ihn meinem Sohn an die Lippen. Ich wollte nicht, dass er unter dem Eindruck eines Verbotes aufwuchs, das ich für viel zu übertrieben hielt.

2007 wagte ich es, zu meinem 25-jährigen Highschool-Abschluss-Treffen ins *Crockett's*, eine Kneipe in der Stadt, zu gehen. Ich war als College-Studentin einmal dort gewesen und hatte an meinem Wine Cooler genippt. Dieses Mal würde ich ein Bier trinken, zusammen mit coolen Typen wie Lisa McCroskey, die aus Las Vegas eingeflogen war. Das tat ich. Und es war einfach nur völlig normal.

2007 zog ich auch wieder nach Washington, D. C., wo ich als kulturelle Beraterin bei der US-Armee arbeitete und neue Trinkkumpane fand. Zufälligerweise waren sie irisch-katholischer Abstammung, und bei einer Dienstreise landeten wir im *Brass Monkey* in New York. Dort lernte ich, Guinness zu trinken, dieses dunkle Bier, das ich einst abgelehnt hatte. Einer meiner Begleiter erinnerte sich an einen Beitrag der BBC, in dem es darum ging, dass wir die schlimmsten Aspekte unserer Trinkkultur selbst geschaffen hätten. Alkohol hat durchaus seine guten Seiten. Er bringt soziale Barrieren zu Fall, fördert die multikulturelle Verständigung und rüttelt an starren Strukturen.

Die Mutter alles Bösen

Was die Scharia – also das islamische Gesetz – und ihre Aussage zu Alkohol angeht, sind sich die Gelehrten einig: Er ist verboten. Um zu diesem Ergebnis zu kommen, berufen sie sich auf den Koran und die *Hadithe* – also die Aussprüche und Überlieferungen von Mohammed, dem Propheten des Islam. Ironischerweise stammt das Wort Alkohol von dem arabischen Begriff *al-kuhl*, der ursprünglich Pulver zum Schwarzfärben der Augen bezeichnete, heute aber für Getreide und Früchte beziehungsweise für Zucker verwendet wird, der zu einem Rauschmittel wird, wenn er vergärt.

Mohammed hörte die Offenbarungen des Koran und sprach von *sakar*, einem „Rauschtrank", der aus „den Früchten der Dattelpalmen und der Beeren" gewonnen wird, aber der Vers beinhaltet eine sanfte Warnung: „Wahrlich, darin liegt ein Zeichen für die, die Verstand haben." Es gibt sogar Behauptungen, dass die Propheten Wein getrunken haben.

Meiner Ansicht nach wird Alkohol im Koran nicht von Grund auf verboten. Er wird darin *al-khamr* genannt, was das arabische Wort für „vergorener Traubensaft" ist. Die Schriften sind nicht immer eindeutig. Ist Alkohol ein „großes Übel", wie ein Vers (2:219) besagt? Ein Verbrechen? Einfach etwas, das uns im Gebet behindert, wie der Koran uns warnt: „Nahet nicht dem Gebet, wenn ihr betrunken seid" (4:43)? Oder ist er „ein Gräuel, das Werk Satans" (5:90)?

Asgar Ali Engineer, ein indischer Islamgelehrter, ist der Meinung, dass der Koran nicht den Begriff *haram* für *khamr* verwendet. Aber wo die Schriften Raum für Interpretation lassen, setzt sich oft der Volksglaube durch und ist sehr viel konkreter.

Ein *Hadith* besagt, dass Mohammed aus seiner Moschee trat und seinen Schwiegersohn Ali in großem Aufruhr sah. Ali deutete auf den Leichnam eines geliebten Kampfkamels. Ali war auch der Cousin des

Propheten und sagte, dass einer seiner Onkel das Kamel getötet habe. Mohammed ging der Sache nach und fand den Onkel, der betrunken war. Der Onkel schrie den Propheten an: „Du und dein Vater, ihr seid meine Sklaven!" Der Geschichte nach antwortete der Prophet: „Wahrlich, Alkohol ist die Mutter alles Bösen!"

Eine andere Geschichte überliefert, dass Mohammed sagte: „Wenn eine große Menge einer Substanz einen Rausch hervorruft, dann ist auch eine kleine Menge davon verboten." Deswegen meiden viele Muslime auch kleine Mengen Alkohol, zum Beispiel in Kochrezepten, in Zahnpasta oder Parfüm. Ironischerweise starb der Koranübersetzer Abdullah Yusuf Ali an seinem Alkoholkonsum auf den Straßen Englands.

Bäche mit Wein

Würde ich mit meinem Verhältnis zu Alkohol je ins Reine kommen? Weil ich in Bezug auf andere Aspekte, von der Sexualität bis zur Identität, ganz offen lebte, war ich in der Lage, mich von den Zwiespälten, den Widersprüchen und der Scham zu befreien, die uns Muslime so oft belasten. Angesichts der Ereignisse der letzten Jahre wuchs meine Wut darüber, wie wir immer mehr einen Weg der Selbstgefälligkeit einschlugen und einen Weg der Entrüstung über die vermeintlichen Fehler der anderen.

Die Männer, die die Entführung meines Freundes planten, beteten fünfmal am Tag – die fünf Säulen meiner Religion – und sie verurteilten das Trinken von Alkohol als Akt der Unfrömmigkeit. Die Männer, die meinen Freund töteten, taten das im Namen meiner Religion, gleichzeitig verfluchten sie jeden, der Alkohol trinkt. Der Mann, der der Vater meines Kindes ist, ging regelmäßig zum Freitagsgebet in die Moschee und hatte die Telefonnummer eines Schwarzhändlers in seinem Handy gespeichert, aber er war nicht an meiner Seite, als ich mein Baby auf die Welt brachte. Er betrachtete mich als unrechtmäßig im Sinne meiner Religion, weil wir – bis über beide Ohren verliebt – nicht verheiratet waren, als unser Kind geboren wurde. Andere nannten mich eine Verbrecherin im Namen des Islam, weil ich ein uneheliches Kind habe.

Ich rieb mich wund an dem Zaumzeug, das einen freien Willen und kritische Gedanken in der muslimischen Gesellschaft zügelt. Ich war wütend, und die Widersprüchlichkeit, mit der beurteilt wurde, was *haram* war und was *halal*, trieb mich um. Als ich 2003 nach Mekka pilgerte, wusste ich, dass Abstinenz und Mäßigung ein Teil der Kultur waren, in der ich lebte. Ich wusste aber auch, dass in dem Geburtsland des Islam, in Saudi-Arabien, Frauen und Männer in ihren Luxusautos von BMW und Mercedes-Benz sitzen und damit über die Grenze nach Bahrain fahren, um in den Genuss von Alkohol, Prostituierten und Drogen zu kommen. Mir war klar, dass viele Muslime verborgen vor den Augen der Öffentlichkeit ein gänzlich anderes Privatleben führten.

Die besonders puritanischen Gesellschaften, Saudi-Arabien eingeschlossen, scheinen sich über diese Widersprüchlichkeit zu definieren, indem sie eine extrem strenge und dogmatische Gesetzgebung haben, gegen deren Verordnungen die Menschen in der Praxis aber oft verstoßen. Besonders – wenn auch nicht ausschließlich – bei Frauen führen diese Einschränkungen und Unterdrückungen nicht immer zu Folgsamkeit, sondern zu Konflikten und innerer Zerrissenheit. Ich habe selbst von meiner späten Teenagerzeit bis weit in die Zwanziger hinein ein solches Leben geführt – ein Doppelleben, bei dem ich heimlich meine Neugier für das andere Geschlecht auslebte, aber meine Eltern belog, weil ich wusste, dass ich Grenzen übertrat, die nicht übertreten werden durften. Nachdem meine Ehe gescheitert war, konnte ich mit diesen Lügen, mit der Täuschung und der Heuchelei nicht mehr leben, weil ich erkannte, dass es nicht unser Schicksal ist, so sehr zu leiden, nur damit wir unser wahres Ich verleugnen und uns den gesellschaftlichen, elterlichen oder äußeren Erwartungen unterwerfen. Damals beschloss ich, dass ich mein Leben nicht mit solchen Widersprüchen leben wollte.

Jede Gesellschaft, die mithilfe von Unterdrückung regiert wird und

mithilfe von Regeln, die keinen Sinn ergeben, wird Rebellion hervor-
rufen, und wenn sie nur im Privaten zum Ausdruck kommt. Eine solche Rebellion öffentlich zum Ausdruck zu bringen ist für mich ein
Zeichen einer reifen Persönlichkeit und einer reifen Gesellschaft.
Nach meiner Erfahrung ermöglicht eine öffentliche Auseinanderset-
zung gesündere Ausdrucksformen und Lösungen. Meine Erlebnisse
mit den Eliten in Karatschi, mein Einblick in den heimlichen Konsum
von Alkohol bei den Saudis und meine Selbstversuche machten mir
die immanenten Widersprüche in der muslimischen Gesellschaft deutlich.

Alkoholkonsum ist unser kleines dunkles Geheimnis. Wie können
Männer und Frauen überall in der muslimischen Welt Alkohol trinken und diese Handlung gleichzeitig mit der Bürde von Sündhaftig-
keit belegen, die so furchtbar ist, dass man sie als „Mutter aller Sünden" bezeichnet, „die alle anderen Sünden hervorbringt"? Diese Frage
hatte eine massive Wirkung auf mich, weil sie ein Sinnbild so vieler
Widersprüche in unserer Gesellschaft ist. Länder wie Saudi-Arabien
verlangen eine strikte Trennung von Männern und Frauen, aber in
der westlichen Welt agieren saudische Männer und Frauen auch in
gemischtgeschlechtlichen Situationen ganz frei miteinander. Wir be-
haupten, dass der Islam eine Religion der sozialen Gerechtigkeit ist,
aber wir behandeln die Hälfte unserer Mitglieder als Menschen zweiter Klasse. Selbst da, wo Musliminnen in westlichen Ländern arbeiten
dürfen, bleibt die Einstellung bezüglich der Segregation in den traditionellen Gemeinden erhalten. Sogar bei Dinnerpartys in Morgantown, bei Veranstaltungen der Studentenvereinigung der WVU, der
Mountainlair, akzeptieren es die Frauen, getrennt von den Männern
in Räumen zu sitzen, an deren Türen „Nur Studentinnen" steht.

Religiöses Dogma reicht bis in die persönlichsten Winkel unseres
Lebens. Innerhalb des Islams interpretierten muslimische Führer,
Geistliche und Gelehrte den Koran dahingehend, dass Alkohol ver-
boten ist. Weil sie Alkohol mit Sünde assoziieren, empfinden viele
Muslime Scham, wenn sie es wagen, Alkohol zu trinken.

Ich glaube inzwischen, dass wir Alkohol nicht verbieten müssen, um „Verstand zu haben". Einige Kirchen berufen sich auf Verse aus der Bibel, um Alkohol zu untersagen. Andere – von den Katholiken bis zu den Methodisten – akzeptieren Alkohol, solange man nicht betrunken wird. Wir Muslime könnten einen ähnlich pragmatischen Ansatz annehmen. Oder zumindest aufhören, die, die Alkohol trinken, zu verurteilen.

Ironischerweise versprechen die Koranverse denen, die es in den Himmel schaffen, *kautar*, was im Arabischen „Überfluss" oder auch „Fluss im Paradies" bedeutet, und beziehen sich auf „Bäche mit Wein, der köstlich ist für diejenigen, die davon trinken". So sagte einmal eine muslimische Frau: „Wenn wir im Paradies Bäche mit Wein bekommen, warum dann nicht ein paar Gläser Wein hier auf Erden?"

Um eins klarzustellen: Ich propagiere nicht die Sauferei. Wir sollten maßvoll leben. Im Januar 2010 ging ich zu Treffen der Anonymen Alkoholiker in Reston in Virginia, um Suchtverhalten besser verstehen zu lernen. In einem Obdachlosenasyl, in einem mit etwa fünfzig AA-Mitgliedern vollgestopften Raum, alten und jungen, hörte ich mir deren bewegende Geschichten an. Ich konnte ihr Leid spüren in ihrem Kampf gegen die Sucht nach diesem Getränk, das in meiner Religion verboten ist. Und ich verstand, warum manche Leute glauben, dass das Verbot von Alkohol ein guter Weg ist, soziale Kontrolle zu erlangen. Aber ein Verbot ist eben auch eine Beschränkung der freien Wahl jedes Individuums.

Machttrunken

Ich behaupte, dass wir bei dem Versuch, Alkohol zu verbieten, in Wirklichkeit dem Rausch der Macht und der Kontrolle verfallen sind, die die Religiosität mit sich bringt. Meiner Ansicht nach gibt es viele Formen von Sucht. Die einfachste Form ist der Missbrauch bestimmter Substanzen. Aber auf einer tieferen Ebene können wir auch süchtig werden nach der puristischen Auslegung eines Glaubens, und diese Sucht kann so stark werden, dass wir anderen das Recht absprechen, in Würde, selbstbestimmt und in persönlicher Sicherheit zu leben.

Asghar Ali Engineer erzählt von einer apokryphen Begebenheit aus dem Leben des Sufi-Dichters Rumi. Die Geschichte besagt, dass Rumi eines Tages vor Tausenden Schülern eine Rede hielt. Ein Betrunkener torkelte in die Versammlung und fiel zwischen die Schüler, die begannen, ihn zu beschimpfen und zu schlagen.

„Wie kannst du es wagen, in betrunkenem Zustand in diese religiöse Versammlung einzudringen?", riefen sie. Rumi aber, so geht die Geschichte weiter, hielt seine Schüler zurück und sagte: „Nicht dieser Mann – ihr alle seid betrunken. Dieser vom Wein betrunkene Mann ist im Augenblick eine hilflose Person, und ihr prügelt ihn, aber in Wahrheit seid ihr alle betrunken, berauscht von der Macht. Helft ihm, anstatt ihn zu schlagen."

Auf eine solche Weise sind viele Muslime berauscht von ihrer Vorstellung von Frömmigkeit. Sie berufen sich auf das siebte Jahrhundert, um andere zu bestrafen, weil sie Alkohol trinken. Sie führen ein *Hadith* an, das von Abu Huraira, einem Gefährten des Propheten, stammt: „Ein Mann, der Wein trank, wurde zum Propheten gebracht. Der Prophet sagte: ‚Schlagt ihn!'"

Dann fährt Abu Huraira fort: „Also schlugen ihn einige von uns mit ihren Händen, einige mit ihren Schuhen und wieder einige mit ihren Tüchern, die sie zu einer Art Peitsche (zusammendrehten). Und als wir aufhörten, sagte einer zu ihm: ‚Möge Allah dich verdammen.'"

In den vergangenen Jahren haben wir gesehen, wie dieser *Hadith* über Alkohol als Berechtigung herangezogen wurde, die, die Alkohol trinken, zu misshandeln, zu schlagen und sogar zu töten. Im Januar 2011 stürmten militante Muslime ein Hotel in der südjemenitischen Stadt Sanaa, weil dort Alkohol ausgeschenkt wurde. Sie töteten zwei Menschen, zwanzig wurden verletzt.

Im selben Jahr, gegen acht Uhr an einem Abend im September, wurde ein „Biersalon" in der Stadt Maiduguri im Nordosten Nigerias von bewaffneten Anhängern der radikalislamischen Terrorgruppe Boko Haram gestürmt. Der Name bedeutet in der dort gesprochenen Sprache Hausa „Westliche Bildung ist Sünde". Die Milizen erschossen in dem „Biersalon" vier Menschen.

Von Nigeria bis Malaysia ist dieser gewalttätige Widerstand gegen den Konsum von Alkohol Teil einer umfassenden Ideologie, die gefährlich und besorgniserregend ist. Ein Ausspruch des Propheten berechtigt militante Kämpfer, Recht und Bestrafung in ihre eigenen Hände zu nehmen. Das geht bis zu der Behauptung, dass Gott diejenigen verdammt, die Alkohol trinken:

Allah verdammt alle Rauschmittel (alkoholischen Getränke); (er verdammt außerdem) denjenigen, der ihn trinkt, und den, der ihn ausschenkt, den, der ihn verkauft, und den, der ihn kauft, den, der ihn herstellt, und den, der den Auftrag erteilt, ihn herzustellen, den, der ihn bringt, und den, dem er gebracht wird.

Es wird gesagt, dass im Jenseits – nach Aussage des Propheten Mohammed – „jedes Rauschmittel verboten ist. Gott hat bestimmt, dass denjenigen, die Rauschmittel konsumieren, die Abwässer (der Höllenbewohner) zu trinken gegeben werden sollen!"

Die Volksweisheiten über Alkohol sind beängstigend. Auf einer muslimischen Webseite ist folgende Geschichte zu lesen: *Eine schlechte Frau lud einen guten Mann zu sich ein, um schlechte Dinge zu tun. Aus Angst vor der Strafe Gottes weigerte sich der Mann. Die Frau aber war fest entschlossen, ihre Beute nicht davonkommen zu lassen, und bot ihm an, aus drei Angeboten auszuwählen, eines niederträchtiger als das andere: Alkohol zu trinken, Ehebruch zu begehen oder ihr Kind aus einer früheren Ehe zu töten. Wenn der Mann sich weigerte, würde sie laut rufen, dass sie vergewaltigt würde. Nachdem der fromme Mann über sein Dilemma nachgegrübelt hatte, entschied er sich für das, was er für das geringste der drei Übel hielt. Doch von dem Alkohol wurde der Mann betrunken, und unter dem Einfluss dieses gehirnzerstörenden Getränks tötete er dann das Kind und beging Ehebruch mit der bösartigen Frau.*
In Malaysia, einem gemäßigten, multikulturellen Land mit einer muslimischen Bevölkerungsmehrheit, in dem Alkohol für Nicht-Muslime – das heißt etwa 40 Prozent der Einwohner – problemlos zu-

153

gänglich ist, kann man für den Konsum von Alkohol zu einer Geldstrafe, zu Schlägen oder zu bis zu drei Jahren Haft verklagt werden, ausgesprochen von dem Scharia-Gericht, das Muslime für religiöse oder moralische Verbrechen verurteilen soll. Obwohl Strafverfolgungen selten sind, griff die religiöse Obrigkeit bei einer Razzia 2008 die zweiunddreißigjährige zweifache Mutter Kartika Sari Dewi Shukarno auf, als sie am 11. Dezember in einem Hotel in der Stadt Kuantan Bier trank. Ein religiöses Gericht verurteilte Kartika – eine Staatsangehörige Singapurs – zu einer Strafe von sechs Stockschlägen. Damit war sie die erste Frau, die nach islamischem Recht in Malaysia zu Schlägen verurteilt wurde. Kartika sagte der Nachrichtenagentur Reuters, dass sie eine Anfechtung ihres Urteils abgelehnt und angeboten habe, nach Malaysia zu kommen, um die Schläge zu empfangen. Sie verlor ihren Job in einem Krankenhaus und begann als Teilzeit-Model zu arbeiten, um ihre Rechnungen zu bezahlen.

Religiöse Amtsträger brachten sie zu einem Gefängnis außerhalb von Kuala Lumpur, wo die Strafe vollzogen werden sollte. Aber nach einer kurzen Strecke machte der Wagen kehrt, und man ließ sie frei. „Ich bin sprachlos", sagte Kartika zu Reportern, und dass sie nicht wisse, ob sie die Stockschläge noch bekommen würde oder nicht. „Ich will wissen, was mein Status ist. Ich will eine Schwarz-oder-Weiß-Aussage von denen." Trotzig fügte sie hinzu, dass sie darauf vorbereitet sei, die Schläge zu bekommen, und dass sie die Obrigkeit auffordere, sie öffentlich zu züchtigen.

Das Schamgefühl der Menschen auszunutzen, um soziale Kontrolle auszuüben, ist typisch für die muslimische Gesellschaft und wird gegen Menschen eingesetzt, die Alkohol trinken. Zum Abschluss noch ein Fall, der mich schockiert hat: In Sydney brachen vier Muslime in das Haus eines konvertierten Muslims ein, hielten ihn auf seinem Bett fest und schlugen ihn vierzig Mal mit einem Elektrokabel, weil er Alkohol getrunken hatte. Und der ideologische Kampf wird nur noch schlimmer, wenn Reformer die Glaubenslehre infrage stellen. Ich rebellierte in entsprechender Form: Ich goss mir ein Glas (okay, zwei) Jacobs Creek Shiraz Cabernet ein.

Na und?

Als ich den Auftrag bekam, diesen Essay zu schreiben, war ich dazu anfangs nicht in der Lage, weil ich, eine sechsundvierzig Jahre alte Frau, eine Sache immer noch nicht getan hatte: Meinen Eltern reinen Wein einzuschenken.

Im Sommer 2011 ergab sich unerwartet eine Gelegenheit dazu: Ich war im Mai in ein neues Haus im Norden Virginias gezogen und hatte aufgehört, meine Wein- und Schnapsflaschen zu verstecken. Als meine Mutter im August in meiner Küche für uns kochte, tat ich etwas, das ich mir nie hätte vorstellen können: Ich balancierte einen kristallenen Rotweinkelch in meiner rechten Hand und trank direkt vor den Augen meiner Mutter einen kleinen Schluck Rotwein. Ich sah sie an.

Meine Mutter hob nicht einmal eine Augenbraue. Und noch viel weniger begann sie zu weinen oder „Stopp!" zu schreien, wie sie es getan hatte, als ich ihr mit sechzehn gesagt hatte, dass ich Sex hätte.

Stattdessen reagierte meine Mutter mit dem ihr eigenen Gespür für die passende Dramatik, das ich so an ihr zu lieben und schätzen gelernt hatte. Sie sagte einfach: „Na und?"

Ich trank mein Glas nicht einmal mehr aus. In den folgenden Monaten trank ich kaum in Gegenwart meiner Eltern, aus Respekt vor ihrer Entscheidung. Aber ich hatte ihnen die Wahrheit gesagt. Nichtsdestotrotz dauerte es noch einige Monate, bis ich mit diesem Artikel anfangen und ihn auch fertig schreiben konnte. Ich ließ mir Zeit, weil ich, wenn ich meine Entscheidung, Alkohol als *halal* statt als *haram* zu empfinden, öffentlich machen würde, auf Angriffe von Glaubensgenossen – gemäßigten und extremistischen – vorbereitet sein musste.

Ganz und gar authentisch zu leben ist eine Herausforderung für jeden von uns. Im Angesicht von Verurteilung oder Kritik oder sogar der Androhung von Zensur oder Gewalt ist es schwierig, bezüglich seiner Überzeugungen und seines Handelns in vollkommener Offenheit zu leben.

Um den Artikel zu Ende zu bringen, überarbeitete ich meinen Text im *Chics 'n' Wings*, einer Sports Bar in McLean in Virginia, bei einem

Stella Beer. Danach schrieb ich im *Old Brogue,* einem Irish Pub in Great Falls, mit einem Guinness vor mir weiter. Und dann ging ich zu meinen Eltern nach Hause, wo ich ehrlich erzählen konnte, wo ich gewesen war.

Ich habe mich bemüht, die Widersprüche in meinem Leben aufzulösen, und auch wenn eine solche Reise riskant ist, weiß ich, dass ich das Richtige tue. Aber ich habe auch Angst, weil die Dogmahüter bekanntermaßen aggressiv sind und wissen, wie man Druck ausübt. Trotz dieses Risikos fühlt es sich gut an, darüber zu schreiben, wie ich meine eigene Wahrheit gefunden habe. Ein Weg, Widersprüche aufzulösen, ist es, die richtige Balance zwischen Sicherheit und Risikobereitschaft zu finden.

Zu Hause traf ich meine Mutter wie so oft an der Spüle an. Wir verwendeten dort immer noch die blau-weiß gestreiften Wischlappen. Unser Roti hatten wir inzwischen durch mexikanische Tortillas ersetzt. Cola gab es unter der Spüle längst keine mehr. Ich hatte begriffen, dass es nicht gerade gesund ist, sie zu trinken. Auf der Küchentheke standen eine Flasche Rotwein und Godiva-Schokoladenlikör neben der Mikrowelle. Meine Mutter wusste, dass ich im Irish Pub Bier getrunken hatte. Mit einem zärtlichen Lächeln tat sie mir die Weisheit kund, die wir uns alle zu Herzen nehmen sollten. „Es ist deine Entscheidung", sagte sie und hielt inne, um einen Schluck von ihrem Lipton-Tee zu trinken.

Teil 4 Familie

Im Zugzwang

„Lasst einen Trunk uns tun und uns umarmen,
Dass aller Augen heim die Zeichen tragen
Von hergestellter Lieb' und Einigkeit."
– William Shakespeare, *Heinrich IV.*, Zweiter Teil –

Mein Vater, mein Trinkkumpan
Ann Hood

Mein Vater trank Bier. Bei uns im Garten, in Eckkneipen irgendwo in unserer traurigen kleinen Stadt; an heißen Nachmittagen und jeden Freitagabend, das ganze Jahr über. Bier trinken war eine seiner größten Freuden im Leben. Ich – seine einzige Tochter und sein jüngstes Kind – war eine weitere. Wo immer mein Vater hinging, lief ich hinterher. Eine meiner ersten Erinnerungen ist die an einen Sommertag, die Luft ist voll vom Geruch nach gemähtem Rasen und nach den reifen Früchten an unseren Obstbäumen. Mein Vater und mein Großonkel Rum sitzen draußen auf geflochtenen Plastikstühlen, eine Kühltasche mit Bier zwischen sich. Sie erzählen einander Geschichten über Dinge, die ich nicht verstehe oder die mich nicht interessieren. Alles, was ich will, ist, bei meinem Vater auf dem Schoß zu sitzen, und ohne dass ich etwas sagen muss, *weiß* er es einfach. Mit einem kräftigen Griff hebt er mich hoch. Ein Arm hält mich weiter fest. Der andere führt sein Bier zum Mund, und er nimmt einen großen, dankbaren Schluck.

Damals, an diesem faulen Nachmittag, konnte ich noch nicht wissen, dass dieser einfache Augenblick zum Sinnbild für unsere Beziehung zueinander werden würde: Für den Rest unseres gemeinsamen Lebens wusste mein Vater immer, was in mir vorging, und nahm mich mit kräftigem Griff in seine warmen Arme. Und Bier war unser ständiger Begleiter. Wir stießen damit an, wir trauerten damit und probierten es überall auf unseren gemeinsamen Reisen in die Welt. Die letzten fünf Jahre seines Lebens schenkte ich ihm jedes Jahr zu Weihnachten die Club-Mitgliedschaft für „Bier-des-Monats". Mit der Verkostung der neuesten Sendung wartete er immer, bis ich ihn besuchen kam. Es ist eine seltsame Sache, wie die Erinnerung Ereignisse verschwimmen lässt und miteinander vermischt. Vielleicht bot er mir an diesem lang vergangenen Tag, als ich auf seinem Schoß saß und der Sommer faul um uns herumwaberte, gar keinen Schluck von seinem Bier an. Aber ich möchte glauben, dass er es tat, dass er die kalte braune Flasche an meine Lippen hielt und ich vorsichtig daran nippte. Ich erinnere mich daran, wie er lachte, als er mein angeekeltes Gesicht sah, und wie ich mir wünschte, ganz schnell groß zu werden und mich an den malzigen Geschmack zu gewöhnen, damit ich die Liebe zum Bier mit ihm teilen könnte. Und natürlich sehe ich die Jahre viel zu schnell vergehen, alles Bier getrunken, alle Geschichten und alle Stunden, die wir miteinander teilten, vorbei, mein Vater seit einem Jahrzehnt tot und ich noch hier, der einst bittere Geschmack jetzt so köstlich für mich.

Wenn ich meine Augen schließe und mir meinen Vater ins Gedächtnis rufe, sehe ich zuerst seine Augen, so blau, dass ich früher glaubte, ich würde das Meer darin finden, wenn ich nur hineinklettern könnte. Sein Geruch: Old Spice, Vitalis Haar-Tonic, Gleem-Zahnpasta. Seine Zähne so schief wie ein kaputter Reißverschluss. Er pfiff und summte und lächelte und zeigte diese Zähne. Wegen einer Schuppenflechte waren seine Arme und Beine rot und schuppig. Am Strand fragten ihn die Kinder, was das sei auf seiner Haut. Er antwortete: „Das ist Syphilis, Herzchen."

Die erste Hälfte meiner Kindheit war er bei der Marine, ein fast zwei Meter großer Seebär in weißer Uniform, sein blondes Haar lugte unter der schräg sitzenden Kappe hervor. Die zweite Hälfte arbeitete er bei der Steuerbehörde und fuhr jeden Tag mit dem Zug von unserer Kleinstadt in Rhode Island zu seinem Büro in der Innenstadt von Boston. Er trug gemusterte Anzüge: Harris Tweed, Glen Plaid, kariert. Sonntags abends breitete er die Wochenendzeitung auf dem Küchenfußboden aus, holte sein Schuhputzzeug aus dem Flurschrank und reihte seine guten Schuhe auf: schwarze Schnürer mit Flügelspitze, braune Slipper, italienische Lackschuhe. Ich sah ihm zu, wie er die verschiedenen Cremes, Bürsten und Lederlappen zurechtlegte. Dann gingen wir gemeinsam ans Werk und polierten die Schuhe, bis sie glänzten.

In dieser Zeit, als mein Vater in schicken Restaurants in Boston zu Mittag aß, hatte er eine kurze Martini-Liaison. An einem Wochenende, als ich ungefähr zwölf war, verbrachten wir einen Nachmittag damit, dass er mir beibrachte, wie man einen guten Martini serviert. Er war ein Mann, der seinen Saft aus Saftgläsern trank, seine Krawatten auf Krawattenbügel und Händehandtücher neben das Waschbecken hängte. Deshalb verlangten Martinis natürlich ein silbernes Bar-Set: Doppelmessbecher, Shaker, langer Barlöffel und Barsieb. Sie verlangten perfekte Martinigläser: schwere, dreieckig nach innen zulaufende Kelche auf zarten Stielen. Und Tanqueray Gin.

Meine Mutter trank wenig. Es machte sie weinerlich und sentimental. Deshalb war ich es, die jeden Nachmittag um halb sechs den Gin aus dem Barschränkchen holte, in dem er neben den verstaubten Flaschen Kahlúa, Heering Cherryliqueur und Crème de Menthe von meiner Mutter stand. Die das Bar-Set aus dem Schrank darunter nahm und meinem Vater einen Shaker mit perfekt gemixtem und gekühltem Martini zubereitete. In dem Moment, in dem er zur Tür hereinkam und seine Krawatte lockerte, drückte ich ihm seinen Drink in die ausgestreckte Hand.

Aber trotz dieser Martini-Phase denke ich an Bier, wenn ich an meinen Vater denke.

Mein Vater, Lloyd Hood, war das achte von neun Kindern. Er wuchs auf einer Farm im südlichen Indiana auf, genau in der Mitte zwischen Cincinnati und Kentucky, und behielt zeit seines Lebens einen leichten Südstaatenakzent. Er konnte keine Pfirsiche essen, weil er von ihrer pelzigen Schale Gänsehaut bekam. Er mochte keine Maronen. Er tat Salz auf seine Wassermelone und eine Scheibe Cheddar auf seinen Apfelkuchen. Wenn er sonntagsmorgens Rührei für uns machte, tat er Zucker hinein. Und Maiskolben kochte er in Milch.

Ich weiß das alles, weil ich alles, was er tat, genauestens studierte. Vielleicht erschien mir mein Vater so geheimnisvoll und spannend, weil er, als ich klein war, so weit weg war von zu Hause, als Soldat in der Bucht von Guantanamo auf Kuba. Fast drei Jahre lang war er für mich ein Mann auf einem Schwarz-Weiß-Foto, das auf dem Fernseher stand. Während ich meine Lieblingssendungen sah, behielt ich ihn im Auge. Jede Woche schrieb er uns Briefe in seiner ausschweifenden, schwer zu entziffernden Handschrift. Meine Mutter las sie nach dem Abendessen laut vor, brach hin und wieder ab und lächelte in sich hinein. „Was hat er geschrieben?", fragte ich, gierig nach jeder Silbe, jedem Vokal und jedem Konsonanten, die er uns schickte. Und wenn sie mir diese geheimen Botschaften nicht verriet, heulte ich vor Eifersucht.

Eines Morgens trug meine Mutter mir auf, mein gutes Kleid anzuziehen, schwarz mit gelben Sonnenblumen drauf. Mein Bruder hatte karierte Shorts an und ein rosa Hemd. Sie setzte uns Matrosenhüte auf und fuhr mit uns nach Newport, über eine Brücke und dann mit einer Fähre zu einem Kai, wo wir winzige Stars-and-Stripes-Flaggen schwenkten, als ein Zerstörer mit lautem Tuten anlegte. Mann für Mann kam die Besatzung in weißer Uniform die Gangway herunter. Erst als ich ihn sah, verstand ich, warum wir gekommen waren: Mein Vater war endlich wieder zu Hause.

Mittwochs machte meine Mutter Aufsicht bei der wöchentlichen Disco an der Schule meines Bruders. Ich konnte es kaum erwarten, dass das Abendessen vorbei war und mein Bruder in seinem zu engen blauen Blazer und seiner Clip-Krawatte die Treppe herunterkam. Meine Mutter trug eine Kombination aus Rock und passendem Pullover, roten Lippenstift und einen ordentlichen Spritzer Shalimar-Parfüm. Ich stand mit meinem Vater an der Tür und winkte, wenn sie in unserem grünen Chevy Caprice davonfuhren. Dann öffnete mein Vater eine Flasche Miller-Bier und seufzte glücklich, während ich meinen elektrischen Spielzeugofen vorheizte. Jede Woche backten wir winzige Maismuffins, kleine Schokotörtchen oder eine Sechserpackung kleine gelbe Cupcakes in dem mit heißen Glühlampen beheizten Ofen. Wir bestrichen sie dick mit Zuckerguss und aßen alles bis auf den letzten Krümel auf.

Während des Essens arbeitete sich mein Vater durch ein weiteres Sixpack und erzählte mir Geschichten von seinen Reisen. Wie er in Marokko mit Reis gefüllten Hund, in Peking eklige hundert Jahre alte Eier und in Griechenland Weinblätter gegessen hatte. Er erzählte mir von einem Volksstamm in Afrika, den Ganji, die schwarze Haut hatten, aber weiße Hintern. Er hatte einmal gesehen, wie es auf der einen Straßenseite geregnet hatte, während auf der anderen die Sonne schien.

Beim Tauchen hatte er einer Muräne in die Augen geblickt. In China waren Menschen direkt vor seinen Füßen vor Hunger tot umgefallen, aber wenn er angehalten hätte, hätte er deren Beerdigung bezahlen müssen, deshalb war er einfach weitergegangen. Er war verlobt gewesen mit einem Mädchen aus San Francisco, wo der Nebel so dicht war, dass er Gebäude und Boote verschwinden ließ. Er war mit vierzehn von zu Hause weggelaufen und hatte sich eine Tätowierung stechen lassen: einen Adler vor einer roten Sonne. Die Tätowierung war auf seinem linken Unterarm, und ich fuhr sie immer nach, wenn ich auf seinem Schoß saß und ihm zuhörte.

Diese Mittwochabende prägten mich. Mich packte die Lust zu reisen, merkwürdige Dinge zu essen und seltsame Orte zu besuchen. Jahre später, nachdem ich meinen Collegeabschluss gemacht hatte, begann ich als Flugbegleiterin bei TWA zu arbeiten, flog im Laufe der Zeit über eine Million Meilen und sammelte meine eigenen Geschichten, die ich dann meinem Vater bei einem Bier erzählen konnte. Inzwischen war ich auch alt genug, um Alkohol trinken zu dürfen, und so wartete mein Vater an der Küchentür auf mich, wenn ich auf einen Besuch nach Hause kam, bereit, meine Geschichten zu hören, das Bier im Kühlschrank kaltgestellt. Meine Mutter langweilte sich relativ schnell, hörte höflicherweise eine Weile zu und nahm dann den Staubwedel zur Hand oder verschwand in der Küche. Aber mein Vater und ich blieben sitzen und redeten, unterbrachen nur kurz, um neues Bier zu holen. Er unterstützte meinen neu erworbenen exquisiten Geschmack und kaufte St. Pauli Girl oder Guinness. Das Einzige, was sich wirklich veränderte, als ich älter wurde, war, dass ich die Rolle der Geschichtenerzählerin übernahm. Aber diese Kunst hatte ich von ihm gelernt. Er öffnete zwei Flaschen Bier, reichte mir eine davon und lehnte sich in seinem Stuhl zurück. „Wie ging es weiter?", fragte er dann, und ich erzählte ihm den Rest der Geschichte.

Meine gesamte Kindheit über spielte meine Mutter jede Woche mit einer Gruppe von dreizehn Frauen, die sich „The Dirty Dozen" nannten, Karten. Nach dem Abendessen zog sie sich eine ihrer Rock-und-Pullover-Kombinationen an, packte ihre Kaffeebüchse voller Pennys und zwei Packungen Pall Mall ein und machte sich auf den Weg zu einer ihrer Mitspielerinnen. Alle dreizehn Wochen kamen sie zu uns. Dann musste ich in meinem Zimmer bleiben. Ich durfte nichts von dem besonderen Essen naschen, das meine Mutter für „Das dreckige Dutzend" vorbereitet hatte: Blätterteigdreiecke mit Hackfleisch und chinesischer Wasserkastanie gefüllt, gebackenes Huhn mit Aprikosenmarmelade und russischem Dressing, Zitronenbaiserkuchen und cremige Schokoladentarte.

Mein Vater ging freitagabends mit Onkel Rum weg. Onkel Rum war der Cousin meiner Großmutter und wohnte mit seiner Schwester und seinem Bruder – alle unverheiratet – in einer Wohnung hinter unserem Haus. Er rauchte Zigarre und ging jeden Samstag in ein öffentliches Badehaus in Providence, um zu baden. Freitagabends tranken er und mein Vater Bier in einer Bar namens *Vic's* oder den Berg runter im *German Club*, wo es nach verschüttetem Bier und Sägemehl roch und wohin mein Vater mich und meinen Bruder manchmal samstagnachmittags mitnahm. Dann saß er an der Theke und trank Bier mit Onkel Rum und anderen Männern aus der Nachbarschaft, die Two-Tumbler oder Brownie hießen, während mein Bruder und ich Cola tranken und an den Daddelmaschinen Bowling oder Flipper spielten.

Das meiste Bier trank mein Vater am 4. Juli, seinem Geburtstag. Er stand bei Sonnenaufgang auf und drehte die Märsche von Philip Sousa auf die höchste Lautstärke, die die Stereoanlage hergab. Das Bier, das er am Abend zuvor auf Eis gelegt hatte, war dann perfekt gekühlt, und sobald er aufgestanden war, begann er zu trinken. Er legte Schisch Kebab in Marinade ein, formte Fleischküchlein aus Hack für die Hamburger, schnitt Brötchen auf und rührte den Topf mit Baked Beans um. Drinnen im Haus schimpfte und grummelte meine Mutter im Bademantel vor sich hin. Sie mochte keine Partys und keine größeren Menschenansammlungen. Sie mochte kein Bier. Ab etwa zwölf Uhr passten keine weiteren Autos in unsere Straße, und die Gäste blockierten die Auffahrten unserer Nachbarn oder parkten auf dem Rasen in deren Vorgärten. „The Stars and Stripes Forever" wurde gespielt. Bierfässer wurden geleert, und betrunkene Männer setzten sich Töpfe und Küchensiebe auf den Kopf, hielten sich Besen an die Schultern und marschierten um den Block. Abends rannten wir Kinder barfuß mit Wunderkerzen herum, und meine Mutter war mittlerweile so sauer, dass sie sich weigerte, nach draußen zu kommen. Römische Lichter und Feuerwerksraketen schickten rauchige Streifen in Blau und Pink und Grün in den tintenschwarzen Himmel. Irgendwann rief jemand die Polizei. Manchmal nahmen die Polizisten das Bier, das mein Vater ihnen anbot, standen mit ihm auf dem Fußweg und sahen den gelben Lichtblitzen hinterher.

Nach Onkel Rums Tod wurde ich freitagabends zum Sparringspartner meines Vaters. Anfangs war ich noch zu jung, um Bier mit ihm zu trinken. Stattdessen aßen wir Hotdogs im *Lum's*, gingen zu *Freddie's Pizza* oder zum *Ground Round*, wo wir die Erdnussschalen einfach auf den Boden warfen und Cheeseburger auf Roggenbrötchen aßen. Ich bekam immer ein paar Schlucke von seinem Bier. Inzwischen mochte ich den Geschmack, den Schaum und dann das kalte bittere Bier. Als ich achtzehn war, bestellten wir Bier in Krügen zum Essen. Immer noch bat ich ihn, mir seine Geschichten zu erzählen, und immer noch liebte ich seine blasser werdende Tätowierung, die unter seinem Flanellhemd hervorlugte.

Er war der einzige Vater, der am Freitagabend die dreißig Meilen bis zu unserem College-Pub fuhr. Vielleicht war ich auch die einzige Tochter, die ihren Vater da haben wollte. Er bestellte krügeweise Bier für mich und meine Freundinnen, hörte sich unsere Beziehungsprobleme an und gab uns Ratschläge. „Ein harter Schwanz hat kein Gewissen", sagte er, und wir wurden rot. Aber nur zu bald stellten wir fest, dass er recht hatte. Mehr als einmal versackte ich am Wochenende betrunken im *Twin Willows* oder in der *Bonnet Lounge*. *Niemals betrunken Auto fahren*, hatte mein Vater mir beigebracht. Also ging ich zur Telefonzelle, warf eine Münze ein und sagte ihm, dass ich zu viel Bier getrunken hatte. Dann setzte ich mich draußen in die kühle, salzige Luft und wartete darauf, dass er auf den Parkplatz bog. Er schimpfte nie. Er bedankte sich vielmehr bei mir, dass ich ihn angerufen hatte, statt mich selbst hinter das Steuer zu setzen.

Als Erwachsene wurde es zu einer meiner liebsten Gewohnheiten, meinem Vater die Biertempel Europas zu zeigen. Weil ich bei der TWA arbeitete, bekamen meine Eltern Freiflüge zu allen Orten, die TWA anflog. Wir reisten oft zusammen nach Europa, und meine Mutter begleitete uns zu den klassischen Sehenswürdigkeiten. Die Geometrie in unserer Familie funktionierte so, dass mein Vater und ich gemeinsam Bier tranken, während meine Mutter und ich zusammen shoppen gingen. Alles dazwischen machten wir zu dritt. Zu dritt stiegen wir die engen Treppen im Anne-Frank-Haus hinauf oder riefen *Ohhh* und *Ahhh*, als die Lichter den Grote Markt in Gold tauchten. Aber am frühen Abend machten mein Vater und ich uns zu den Bierhallen auf. Manchmal kam meine Mutter mit und bestellte bei den verwirrten Kellnern einen Kaffee. Oder sie ging zurück ins Hotel und machte ein Nickerchen – ihre Lieblingsbeschäftigung. In Amsterdam verbrachten mein Vater und ich einen ganzen Tag in der Heineken-Brauerei. In München tranken wir Bier aus Krügen und sangen laut mit, wenn die Kapelle spielte. In Brüssel tranken wir Bier und aßen *moule frites* dazu. Bei diesen Ausflügen kam das zusammen, was mich und meinen Vater verband: Bier und die Liebe zum Reisen. In dieser Zeit erzählten wir uns keine Geschichten, sondern schufen neue: Abenteuer, die wir gemeinsam erlebten. Später, als ich nicht mehr bei TWA arbeitete und gesundheitliche Beschwerden meinem Vater das Reisen schwer machten, gaben uns unsere gemeinsamen Bier-Abende die Möglichkeit, uns daran zu erinnern, wie wir in fremden Städten Bier getrunken hatten.

Mein Vater ging vor meiner Mutter in Rente, und in der freien Zeit begann er, mit dem Auto nach New York City zu fahren, wo ich inzwischen lebte, und dort ein paar Tage mit mir zu verbringen. Wie früher als kleines Mädchen wartete ich dann an der Tür auf ihn. Wenn ich hörte, wie der Fahrstuhl auf meinem Stockwerk plingte, wie die Türen aufgingen und meinen Vater mit seiner ledernen Umhängetasche herausließen und wie er durch seine schiefen Zähne pfiff, ging mir das Herz über – wie immer, wenn ich ihn sah.

Jetzt zeigte ich ihm neue Dinge. Ich ging mit ihm an der East Sixth Street zum Inder essen oder zum *Szechuan Gourmet*. Ich brachte ihm bei, wie man Sushi aß, wie man Wasabi und Sojasoße mischte, wie man mit den Stäbchen die Rolle anhob und dort hineintunkte. Als ich an der East Seventh Street *McSorley's Old Ale House* entdeckte, konnte ich es kaum erwarten, es meinem Vater zu zeigen. Er kam an einem Winterabend in New York an, der Wind blies kalt und scharf. Das war noch, bevor ein Lungenemphysem es ihm unmöglich machte, lange Strecken zu laufen. Von meiner Wohnung in der Bleecker Street aus machten wir uns auf den Weg. „Dieser Ort wird dir so gut gefallen", sagte ich, meine Hand fest in seiner großen, lederbehandschuhten. *McSorley's* ist der älteste Irish Pub in New York, einer der letzten, die noch „men only" waren, und damals erst seit zwölf Jahren Frauen hineinließ, nachdem das 1970 gesetzlich vorgeschrieben worden war.

Mein Vater verliebte sich sofort in diesen Ort, das Sägemehl auf dem Fußboden, die nörgeligen Barkeeper und das Bier, das der Kneipe ihren Namen gegeben hatte. „Oh, Poops", benutzte er seinen alten Kosenamen für mich, „hier gehören wir hin, oder?" Wir stießen an, und ich zeigte ihm aufgeregt all die kleinen geheimen Schätze der Kneipe: Houdinis Handschellen am Tresengeländer, die über der Theke aufgehängten *Wishbones* – Wünschelknochen vom Truthahn – von den jungen Männern, die in den Ersten Weltkrieg gezogen waren. „Eine gute Kneipe hat viele Geschichten zu erzählen", sagte mein Vater anerkennend.

„Wie wir!", erwiderte ich.

„Wie wir!", sagte er und hielt mir sein Glas hin.

Ohne dass ich es merkte, verging die Zeit. Mein Vater war den größten Teil seines Lebens ein starker Raucher gewesen, aber 1989 hörte er von heute auf morgen auf und zündete sich nie wieder eine Zigarette an. Ein paar Jahre darauf ging es los, dass er jeden Herbst eine Lungenentzündung bekam, manchmal auch noch eine zweite Attacke im Winter. Mit der Zeit fiel ihm das Atmen immer schwerer. Sein Arzt diagnostizierte Asthma, und er hatte fortan stets sein Asthmaspray dabei, von dem er sich mehrmals täglich eine Dosis in den Rachen sprühte. Bei einem Ausflug nach San Francisco mit mir und meiner Mutter konnte er eines Nachmittags plötzlich nicht mehr weiterlaufen, als wir uns beeilen mussten, einen Bus zu kriegen. Stattdessen setzte er sich auf ein kleines Mäuerchen und rang nach Luft. Diesmal diagnostizierte der Arzt ein Lungenemphysem. Wenn wir nun am Freitagabend unser Bier trinken gingen, ertappte ich mich dabei, wie ich ihn heimlich beobachtete, als ob ich jedwedes Schlimme, das ihm zu nahe kommen könnte, bemerken und von ihm fernhalten könnte.

Am *Labor Day*-Wochenende 1996 besuchten mein Vater und ich das jährliche Griechenland-Festival. Ich wohnte mittlerweile wieder in Rhode Island und war mit meinem zweiten Kind im neunten Monat schwanger. Weil ich keinen Parkplatz finden konnte, ließ ich meinen Vater am Festival-Eingang aussteigen. Es war ihm peinlich, und er sagte, dass er es nicht aushalten könne, dass ich weit laufen müsste, wo ich doch schwanger war. „Vielleicht sollten wir einfach wieder nach Hause fahren", sagte er und schüttelte traurig den Kopf. Aber ich bestand darauf, dass wir hineingehen, Souflaki und Baklava essen und er genug Bier trinken würde, dass es für uns beide reichte – so wie immer. Heute weiß ich, dass ich damals nicht wahrhaben wollte, was eigentlich los war. Aber als er nach kaum einer Stunde seinen Kopf auf einen Picknicktisch legte und sagte, dass ich ihn vielleicht lieber in die Notaufnahme bringen sollte, fühlte ich seine Stirn mit der münzgroßen Delle von einem viele Jahre zurückliegenden Missgeschick beim Dosenkicken, und seine Haut unter meiner Hand glühte. Ich wusste, dass die nächste Lungenentzündung anstand.

Irgendetwas verschob sich in mir in dieser Nacht, als ich neben ihm saß und wir darauf warteten, dass der Arzt kam und uns erzählte, was wir längst wussten. Ich kann nicht sagen, dass mir da schon klar war, was kommen würde. Ich kann nur sagen, dass ich in dieser Nacht damit begann, mich auf schlechte Nachrichten einzustellen. Die kamen zwei Tage später. Der Arzt meines Vaters sah sich die Röntgenaufnahmen der Lunge an, die in der Notaufnahme gemacht worden waren, und entdeckte einen dunklen Fleck. Der Fleck war unbehandelbarer Lungenkrebs. Der Krebs tötete meinen Vater genau sechs Monate später.

Mein Vater wollte leben. Er willigte in eine aggressive Chemotherapie in Kombination mit Bestrahlung ein, in der Hoffnung, dieses Ding zu besiegen. Ich studierte Statistiken, sprach mit Ärzten in meinem Freundeskreis – und verstand, dass er den Kampf nicht gewinnen würde.

An dem Freitagabend bevor die Therapie begann, die sein Sterben beschleunigte, anstatt sein Leben zu verlängern, gingen wir zu unserem Lieblingsgrillhaus. Wir bestellten Bier in Krügen und ganze Ladungen von St.-Louis-Spareribs. Es war ein warmer Oktoberabend, aber mein Vater trug wie immer lange Ärmel, um die Schuppenflechte an seinem Ellbogen zu verbergen. Dennoch konnte ich seine Tätowierung sehen, so verblasst, dass das Bild verschwamm, der Adler nur noch entfernt blau, die Sonne ein dumpfes rosa. Ich bat ihn, mir zu erzählen, wie der mit Reis gefüllte Hund in Marokko geschmeckt hatte. Ich fragte ihn, wie eine Muräne von Nahem aussah. Er erzählte mir die Geschichten, die ich schon kannte, und ich hörte zu, prägte sie mir ein, prägte mir den Klang seiner Stimme ein und das Blau seiner Augen.

Jeden Tag, seit mein Vater am 14. April 1997 starb, habe ich ihn vermisst. Er brachte mir bei, wie man eine gute Geschichte erzählt. Er schenkte mir die Liebe fürs Reisen und für die große weite Welt. Er zeigte mir, was es heißt, geliebt – wirklich geliebt – zu werden. Und er brachte mir das Biertrinken bei. „Trink nur das gute Zeug", sagte er zu mir. „Das macht nicht nur einen guten Eindruck, es schmeckt auch besser." Er sang oft ein Lied, in dem es heißt, *im Himmel gibt's kein Bier, deshalb trinken wir es hier.* Aber ich hoffe, dass es doch Bier da oben gibt, denn mein Vater ist ganz bestimmt im Himmel, und ich möchte, dass er dort Krüge voll von dem guten Zeug bekommt, Mengen davon, jederzeit. Wann immer ich ein kaltes Bier vor mir habe, stelle ich mir vor, wie er mir lächelnd gegenübersitzt. Ich halte kurz inne, um mein Glas zum Anstoßen zu heben, in der Hoffnung, dass er mich sieht.

Danke, dass ihr kifft, Kinder!
Jacquelyn Mitchard

Könnte ich mir eine Alltagsdroge für meine drei Teenagertöchter und meine gerade erwachsenen Söhne aussuchen, wäre es natürlich gar keine.

Gar keine wäre eine gute Wahl im Hinblick auf ihre körperliche und geistige Gesundheit. Und auf *meine*. Meine Bedürfnisse sollen schließlich nicht außen vor bleiben.

Leider deutet alles darauf hin, dass ich mich im Reich der Fantasie befinde. Alles deutet darauf hin, dass sie Alkohol trinken werden, und nicht nur ein Schlückchen Prosecco zu besonderen Feiertagen. Alles deutet darauf hin, dass sie einen Eimer Bier wegkippen werden, wenn nicht bei der ersten Gelegenheit, die sich ihnen bietet, dann kurz danach. Und weil das so ist – jetzt halten Sie sich fest –, wäre, nach gar keiner Droge, meine zweite Wahl: Marihuana.

Verstehen Sie mich nicht falsch. Ich ermuntere meine Kinder nicht dazu, Hasch zu rauchen. Ich rede es ihnen sogar aktiv aus. Aber trotzdem: Wenn es meine Entscheidung wäre, wäre es mir lieber, sie würden Hasch rauchen als Alkohol trinken. Egal welchen.

Egal wann.

Bin ich verrückt?

Ja, bin ich. Wenn es um das Thema Alkohol geht.

Ich bin der trockene Ast an einem blühenden Stammbaum von Alkoholikern. Wenn meine intelligente, künstlerisch begabte und bildhübsche Mutter auf Hochzeiten betrunken und kokett wurde, nannte die Kapelle sie Mrs Robinson. Danach, wenn ihre Mascara verlief, wurde sie zum traurigen Clown, und es war gefährlich, in ihrer Nähe zu sein, vor allem für jemanden, der sie liebte und der glaubte, was sie sagte. Als ich neunzehn war und sie einundfünfzig, verlangten der viele Ouzo und die drei Päckchen Salem-Zigaretten täglich ihren Tribut, und sie starb.

Auch mein Vater war kein Aushängeschild für die Vorzüge von Nüchternheit. Es war bekannt, dass er seinen besten Freund für einen

Kontrahenten hielt, und ausgestattet mit der Kraft und der Persönlichkeit eines Boxers wie Jake LaMotta, warf er besagten Freund mal in einen Fernseher. Ein anderes Mal verprügelte mein Vater meine Mutter so heftig, dass er ihr Augenhöhle, Nase und Kiefer brach. Einmal verfolgte er sie sogar mit seiner Polizei-Spezialpistole.

Als ich klein war, vermutete ich – war mir aber nicht sicher –, dass die meisten Familien den Weihnachtsabend nicht zuerst mit Trinken und Tanzen, dann mit Trinken und Flirten und dann mit Trinken und Streiten verbrachten. Einmal bat ich meine Mutter: „Könnt ihr euch heute bitte mal nicht betrinken?"

Entsetzt machte sie in ihrem schwarzen Seidenkleid und den Stilettos im wörtlichen – leider nicht im übertragenen – Sinne auf dem Absatz kehrt. „Aber das macht man so", sagte sie. „Was sollten wir denn sonst tun? Das würde doch den ganzen Spaß verderben." Sie machte eine Fernsehsendung an, in der vor der Kulisse eines mit Weihnachtssocken behängten Kamins Weihnachtslieder gespielt wurden. „Hier", sagte sie, „guck das."

Am Weihnachtsmorgen kam mein kleiner Bruder zu mir ins Bett, wo wir darauf warteten, dass meine Eltern aufstanden, damit wir sehen konnten, was Santa Claus uns gebracht hatte. Die Lichter funkelten, alles war so festlich geschmückt wie in einem Blumenladen, aber mein Dad brauchte erst mal einen Kaffee, schwarz, und eine Bloody Mary, bevor wir unsere Geschenke auspacken durften. Oft war es schon spät, fast nachmittags.

An einem Neujahrsmorgen – ich war elf, mein Bruder fünf – setzten uns unsere Großeltern zu Hause ab. Wir hatten bei ihnen übernachtet, weil meine Eltern zu einer Party auf dem Anwesen ihrer sehr wohlhabenden Freunde eingeladen waren. Es stellte sich jedoch heraus, dass die Party gerade erst angefangen hatte. Meine Eltern blieben noch zwei volle Tage weg, und irgendetwas sagte mir, dass ich das weder meine Großeltern (die trotzdem nach Florida weitergefahren waren) noch die Nachbarn, die in der Nähe unserer Wohnung lebten, wissen lassen sollte. Wir waren in Sicherheit. Wir sahen fern. Wir aßen Campbell's Tomatensuppe aus der Dose und Schokoriegel. Als meine

Eltern zurückkamen, erschöpft und versifft, als ob sie die zwei Tage obdachlos in einer Bahnhofshalle verbracht hatten, warnte mich meine Mutter mit ihrem Blick, dass ihr verspätetes Heimkommen – wie so vieles andere – etwas war, über das niemals wieder gesprochen werden durfte.

Was den Alkohol anging, galt jeder Tag als Feiertag. Als ich älter wurde, machte es mir immer noch Angst und verletzte mich, aber jetzt schämte ich mich auch noch, wenn meine Mutter mit zunehmender Wut und Verzweiflung wieder und wieder meinen Vater bei der Arbeit anrief und ihn anflehte, nach Hause zu kommen. Weil er der Einzige war, der wusste, wie man Martinis mixte.

Auch wenn er nach ihrem Tod um meine Mutter trauerte, umgarnte mein Vater die Frauen. Wenn er trank, lud er sie zu uns ein und sperrte meinen vierzehnjährigen Bruder im wahrsten Sinne des Wortes aus der Wohnung. (Dad hatte unsere Tür mit einem Riegel versehen, mit dem man Bullen in einem Schuppen gefangen halten konnte.) Es gab Nächte, da vergaß mein Vater komplett, dass er einen Sohn hatte, und mein kleiner Bruder schlief auf den Treppenstufen, nachdem er mit seinen Mathehausaufgaben fertig war.

Mein Bruder heiratete sehr früh.

Meine Großeltern mütterlicherseits, ebenso wie meine Tanten und Onkel, tranken auch gern den einen oder anderen Cocktail. Es gab eine ganze Reihe von Affären zwischen Müttern und den Ehemännern ihrer Töchter – und andersrum. Zu diesen Dramen kam noch hinzu, dass Kartenspielrunden nicht selten in Prügeleien zwischen Vater und Sohn oder zwischen Brüdern endeten.

Und wir waren nicht mal Iren.

Obwohl ich mich wirklich bemühte, ein Partygirl zu sein, ging ich aufs College und wurde, nach Meinung meiner besten Freundin (die das immer noch sagt), zum langweiligsten Mädel auf der Welt. Da ich keinen Alkohol trank und auch nie wirklich mit dem Rauchen anfing, verzog ich mich auf Partys oft ins Schlafzimmer und las Bücher oder machte es mir allein auf den Jacken und Mänteln für ein Nickerchen gemütlich.

Daran änderte sich im Laufe der Zeit nicht viel. Eins meiner älteren Kinder sagte mal, dass ich nie gelernt hatte, ein Bierglas zu halten – außer auf eine Armlänge Abstand. Was auf jeden Fall stimmt, ist, dass mir nie etwas Gutes begegnet ist, das Alkohol hervorgebracht hätte. Damals nicht. Später nicht. Heute nicht.

Als ich noch ein Kind war, arbeitete ein junger Mann für meinen Vater, der bei der freiwilligen Feuerwehr war und für gewöhnlich Steak, Eier und ein bis fünf Gläser Bier zu sich nahm, bevor er morgens zur Frühschicht aufbrach. Einmal rammte er den Bordstein und zertrümmerte sein Knie. Einmal rammte er ein Kind und zertrümmerte sein Leben. Der kleine Junge starb nicht, musste aber mehrmals operiert werden, damit er wieder laufen konnte. Der Feuerwehrmann verlor seinen Job, seine Familie, sein Zuhause und wurde – Alkoholiker. Alles, was er hatte, ging dafür drauf, das Leben dieses Jungen und seiner großen Familie zu heilen, das doch niemals geheilt werden konnte.

Ein Freund meines ältesten Sohnes hatte nicht nur einen, sondern zwei große Brüder auf Entzug. Als die drei Jungen noch klein gewesen waren, hatte ihr Vater durch Trunkenheit einen Autounfall verursacht und war seitdem nicht nur arbeitsunfähig, sondern auch Vollzeit-Trinker.

Aber es sind und waren nie nur die Jungs.

Vor ein paar Jahren wurde die Tochter eines Nachbarn von einem Typen am Straßenrand zurückgelassen, betrunken, aber unversehrt, ohne Jacke, nicht weit von zu Hause entfernt. Sie wurde ohnmächtig und wachte nie wieder auf. Der Typ musste für eine Weile ins Gefängnis. Die Familie des Mädchens erhielt lebenslänglich.

Terry McGovern, die Tochter des Senators George McGovern, war eine hingebungsvolle Mutter und eine integre Person. An einem Dezemberabend ging sie nach einem Kneipenbesuch zu Fuß nach Hause und erfror in einer Schneewehe.

Ich könnte ewig so weitererzählen.

Ich bin unmöglich, wenn es ums Trinken geht. Der Typ Mensch, der ständig Leserbriefe schreibt. Aber ich kann nicht anders. Ich lebe in einem Umfeld, in dem die Leute die Trinkerei vehement verharmlosen, obwohl sie mittendrin stecken.

Vielleicht stimmt es, dass ein Glas Champagner einen gewissen sprühenden Charme hervorbringen kann, wie der Autor James Cain einmal schrieb. Und dann gibt es da diese gewisse widerliche, torkelnde, weinerliche Aggressivität, die vier bis zwölf Gläser Champagner hervorbringen. Das Gekotze, den Gestank und schlimmstenfalls den Baum, der aus dem Nichts vor einem auftaucht, den Faustschlag oder das Gewehr, die einem Streit, einer Beziehung, einem Job oder einem Leben das Ende bereiten. Jugendliche trinken nicht, um zu sein wie James Bond. Sie trinken, um zu sein wie James Dean.

Und ich verstehe das.

Was ich nicht verstehe, ist die Einstellung vieler Erwachsener gegenüber Alkoholkonsum bei Jugendlichen … oder gegenüber Alkohol im Allgemeinen.

Als Reporterin einer Tageszeitung schrieb ich unweigerlich auch eine Story über einen jungen, cleveren Burschen vom Land, einen angehenden Basketballer, der nicht auf der Indiana University landete, sondern auf dem Friedhof, neben zwei seiner Teamkameraden. Ein vierter wird den Rest seines Lebens in einem vom Kopf aus gesteuerten Rollstuhl verbringen.

Als ich die Familie für den Artikel interviewte, musste ich mein Mitgefühl nicht heucheln. Als Mutter eines jungen Teenagers war es mir kaum möglich, überhaupt etwas zu sagen. Aber die Großmutter des toten Jungen, eine dieser Landfrauen, die einem Huhn den Kopf abdrehen und dabei Bibelverse rezitieren, sagte zu mir: „Na ja, man kann ihm keinen Vorwurf machen. Wir waren doch genauso. Mein Mann und ich sind früher mit unseren Freunden und einer großen Kiste eisgekühltem Bier im Kofferraum durch die Gegend gefahren. Er hat einfach Pech gehabt."

Der Sechzehnjährige war seit sieben Stunden tot. Es war so eine Geschichte, bei der ich den besten O-Ton wegließ – um all die anderen Dummköpfe zu beschützen.

Viele der Menschen in meinem Alter haben wie ich heranwachsende Kinder. Sie sagen zwar nicht solche Sachen wie die Großmutter dieses Jungen, aber ihre Einstellung unterscheidet sich nicht wesentlich von ihrer. Nicht alle, aber viele meiner Freunde erlauben ihren minderjährigen Kindern, zusammen mit ihnen Alkohol zu trinken: beim Abendessen zu Hause, in Restaurants, an Feiertagen. Sie möchten ihnen beibringen, mit Alkohol „umgehen" zu können. Sie möchten, dass sie lernen, „vernünftig" zu trinken, so als ob Alkohol zu trinken ein notwendiger Teil des Erwachsenseins ist, wie Auto fahren oder die Aufnahmeprüfung fürs College.

Diese Freunde sind der Meinung, dass bei mir eine Schraube locker ist. Ein Cocktail „macht doch Spaß", sagen sie. Wäre es nicht scheinheilig, fragen sie mich, wenn sie ihren Kindern das Vergnügen vorenthalten, das sie selbst genießen?

Nun, wahrscheinlich bereitet ihnen auch eine flotte Nummer im Heu Vergnügen. Vermutlich erwarten sie trotzdem nicht sehnsüchtig den Tag, an dem ihre Kinder anfangen, die Sexpartner wie verschiedene Biersorten auszuprobieren. Und sie wollen ihnen auch nicht zu Hause *beibringen,* Sex zu haben (wenn doch, sagen sie es mir zumindest nicht).

Bei diesem Thema bin ich der Freak. Vielleicht ist es besonders im Mittleren Westen der USA, wo ich herkomme, so, dass kein Ereignis ohne ein Gläschen hier und ein Gläschen da auskommt – vom Fußballspiel bis zur Taufe. Eine Verwandte von mir und ihr Mann hatten für ihre Hochzeit einen Bus gemietet, der sie und ihre Freunde von der Kirche zum Festsaal brachte, damit sie sich schon auf dem Weg sicher und ungestört betrinken konnten. Die Idee kam von ihrer Hochzeitsplanerin.

Außerdem, fügen meine Freunde dann hinzu, sei Haschisch illegal – als ob die Plakate der Kampagne „Parents who host, lose the most" („Eltern, die ihre Kinder zu Hause Alkohol trinken lassen, riskieren deren Gesundheit") davon sprechen, Rührei zum Frühstück zu servieren.

Ach, verdammt. Sie haben ja recht. Haschisch ist illegal. Und es ist teuer. Es sollte auch illegal und teuer sein. Bekifft zu sein ist keine gute

Idee. Bekifft Auto zu fahren ist eine total bescheuerte Idee, und das werde ich auch nie im Leben billigen. Es ist einfach nur die ungefährlichere Alternative. Der Sohn eines guten Freundes musste für ein Jahr seinen Führerschein abgeben, weil er unter Einfluss von Marihuana Auto gefahren ist. Gut für ihn. Er wird's nicht wieder tun.

Klar, manche Leute übertreiben es und kiffen zu viel. Aber der Anti-Haschisch-Film *Reefer Madness*, den ich in der Schule gesehen habe (ja, so alt bin ich schon, oder meine Schule war furchtbar rückständig), war eine einzige Lüge. Kiffer pflastern die Straßen nicht mit Fahrerflucht-Leichen. Wenn doch, dann wissen zumindest die Zentren für gesundheitliche Aufklärung und die Initiative „Mütter gegen Alkohol am Steuer" nichts davon.

Medizinische und psychologische Studien haben wiederholt gezeigt, dass Marihuana weniger drastische Auswirkungen auf die Fahrtauglichkeit hat als Alkohol. Vielleicht liegt es auch daran, dass sich Kiffer diese Beeinträchtigungen eher bewusst machen, weil Hasch immer noch illegal ist und Polizisten dem Konsum weniger verständnisvoll gegenüberstehen. Und einem Artikel zufolge, der 2010 im *Journal of Psychoactive Drugs* erschienen ist, werden Autofahrer, die bekifft sind, langsamer, während betrunkene Fahrer Gas geben. Sogar die Broschüren der „Students Against Destructive Decisions" („Studenten gegen destruktive Entscheidungen"), die eine Kampagne gegen das Fahren unter Cannabis-Einfluss sponsern, geben an, dass die Wirkung von Cannabis kürzer und weniger tiefgreifend ist.

In einem Artikel in der *Psychology Today* von 2010 schreibt Dr. Jann Gumbiner, die zu den Einstellungen Jugendlicher forscht: „Die große Mehrheit … probiert Marihuana, wird aber nicht süchtig danach … Man kann relativ leicht wieder damit aufhören." Und sie fügt hinzu: „Es ist viel schwieriger, mit dem Zigaretten-Rauchen aufzuhören als mit dem Cannabis-Rauchen."

Ich halte das nicht automatisch alles für unumstößliche Wahrheiten. Aber die Zahl der tödlichen Unfälle, die auf das Konto bekiffter Fahrer gehen, ist einfach klein. Dennoch weiß ich, dass Hasch rauchen blöd im Hirn macht, wenn eine Begebenheit, die ich miterleben durfte und an der mein Sohn, sein bester Freund und ein Golfcart beteiligt waren, dafür als Beweis herhalten kann.

Trotzdem ist Kiffen kein feststehender Teil unserer Gesellschaft. Alkohol trinken schon. Ganze Reisen werden zu diesem Zweck unternommen (Weindörfer, Oktoberfest): Bier ist das Getränk, das Milwaukee bekannt gemacht hat. Das ist es nämlich, was die schönen Brauereipferde, umgeben von Schnee und Ilex-Kränzen, in zahlreichen Weihnachtswerbespots auf den Wagen hinter sich herziehen. Die Werbung für Disaronno-Likör suggeriert, dass der Drink sowohl die Frau an der Bar als auch den Barkeeper unglaublich sexy macht – und das stimmt wahrscheinlich auch, besonders zu später Stunde und nach einer gewissen Menge Disaronno. Colt-45-Malzlikör ist sogar noch direkter, und hey, wenn du Rum trinkst, wird eine magische Insel mit Lampions, Luftballons und wunderschönen exotischen Frauen, die tanzen wie Beyoncé, im Ozean auftauchen, oder im See ... oder sogar in der Pfütze. All das Rumgeflirte und die erotische Glückseligkeit, gar nicht zu sprechen von dem guten alten amerikanischen „Spaß" und der hippen Yuppie-Kultur sind nicht einfach nur normal, sondern hochgradig verführerisch.

Bei Haschisch ist das nicht so. Hasch kauft man in schmuddeligen Ecken von zwielichtigen Gestalten.

Obwohl ich in einem Marihuana-Konsum-Paradies lebe – vergleichbar mit Boulder in Colorado, wo sich grauhaarige Herren mit Doktortitel ihre riesigen Tüten anzünden –, ist Kiffen kein verbreitetes Hobby unter den reiferen Menschen. Es gibt keine Haschverkostungen in den örtlichen Restaurants oder Hanfburger-Grillevents mit Frei-Joints. Obwohl, wie meine Hippie-Freunde richtigerweise betonen, Cannabis aus der Erde wächst (so wie Malz, Hopfen, Trauben, Wacholderbeeren, Kartoffeln und so gut wie alles andere, das man zu irgendeiner Form von Alkohol vergären kann), gehört es nach wie vor irgendwie zur „Unterwelt". Und letztendlich ist das ein ganz wesentlicher Aspekt, warum ich Hasch favorisiere.

Normalerweise – es sei denn, man ist ihm wirklich sehr treu ergeben – entwächst man dem Kiffen irgendwann. Nur sehr wenige vierzigjährige Mamas und Papas zünden sich eine Tüte an, es sei denn für eine Gaudi zum Zehnjährigen. Fürs Kiffen ist man irgendwann zu alt. Für Alkohol irgendwann alt genug.

In den USA ist das Alkoholtrinken ab einem Alter von einundzwanzig Jahren erlaubt. Mein Bruder, dessen Keller-Bar der des *Joe Allen's* Konkurrenz macht, schenkte jedem meiner Söhne einen Kasten Spotted-Cow-Bier zum einundzwanzigsten Geburtstag. (Den ich allen dreien zu einem völlig überhöhten Preis abkaufte. Okay, ich weiß, ich weiß, das war übertrieben.) Auf der Vorderseite der Glückwunschkarte stand: „Ein junger Mann geht in eine Bar." Wenn man sie aufklappte, stand innen: „Endlich!" Hurra! Endlich keine Tricks mehr, stattdessen viele, viele Pfefferminzbonbons. Vorab festgelegte Fahrer, zumindest hoffen wir das. Die Kneipentour. Das Gelage nach dem Softballspiel.

Zehn Jahre vorspulen: Man hat sich dran gewöhnt. Das Glas Wein am Abend. Das Sixpack am Freitag. Sonntags beim Fußball. Dienstags beim Tennis. Jeder Tag ist gut für einen Drink.

Noch mal zehn Jahre vorspulen: Du steigst von Bier auf Martinis um. Wenn du ein „Problem mit Alkohol" hast, kommst du jetzt in das Alter, in dem du das abstreitest. Wenn du Alkoholiker bist, sieht man es dir bereits an. Zu viele geplatzte Äderchen unter der Haut. Du hast einen Bauchansatz. Deine Kinder haben sich schon mal für dich geschämt. Und wenn dein Partner nicht gern trinkt, na ja, dann bist du wohl wieder solo.

Das ist alles hochmoralisch und nur eine Theorie, die ich an meinem Schreibtisch entwickelt habe. Trotzdem. Die Freunde meiner Kinder, die früher viel getrunken haben, trinken immer noch viel. Sie trinken sogar noch mehr. Mein ältester Sohn ist jetzt siebenundzwanzig, und das, was er „das Zeug" (also Haschisch) nennt, wird langsam uninteressant für ihn. Es lässt sich nicht gut vereinbaren mit einem echten Job und dem echten Leben, wie er sagt, es sei denn, man ist Schauspieler.

Die anderen zwei, einundzwanzig und vierundzwanzig, kiffen

immer noch mehrmals im Monat. Mehr, als mir lieb ist. Einer von ihnen nennt sein wöchentliches Kiffen „transzendentale Therapie", eine Bezeichnung, die ich eher ärgerlich als witzig finde.

Und trotzdem haben alle drei ihren Collegeabschluss gemacht. Soweit ich weiß – und ich weiß bestimmt nicht alles –, hat das Kiffen keine wirklich negativen Auswirkungen gehabt, jedenfalls bis jetzt. Ich weiß, dass meine Tochter – die im zweiten Jahr auf der Highschool ist –, wenn sie selbst noch kein Haschisch ausprobiert hat, Freunde hat, die es getan haben, und dass auch sie es bald tun wird. Bei dem Gedanken dreht sich mir der Magen um, genauso wie bei dem, dass sie ein Bier in sich hineinkippt. Und noch mehr Sorgen mache ich mir wegen der sexuellen Begleiterscheinungen, die eine gesunkene Hemmschwelle mit sich bringt.

Okay, ich überlasse es Ihnen: Dies ist eine Schimpftirade.

Ich war in meinem Leben genau zwei Mal stockbesoffen, einmal zum Leidwesen der schönen neuen Lederjacke meines Freundes. Das andere Mal alberte ich nach einem Glas Glühwein mit meinem Bruder herum und wir fielen von einer Bank. Beide Male fühlte ich mich danach schlechter, als ich mich jemals bei einer Krankheit gefühlt habe. Für meine Kinder ist „das Mal, als Mama betrunken war" der große Schandfleck. Sie sorgen dafür, dass ich das nicht vergesse.

Wenn Sie mich lange genug triezen, werde ich sagen: Weg mit den Waffen, zusammen mit dem Alkohol. Anarchie! Chaos! Nieder mit den Traditionen. Und ich gebe auch zu: Vielleicht werden meine Kinder dicke, schlunzige, unmotivierte Verlierer, die niemals beim Fernsehen arbeiten und überdurchschnittlich viele der auf der Welt verfügbaren Tortilla-Chips in sich reinstopfen. Mein Bruder hat denselben Familienhintergrund wie ich, aber er braut sein eigenes Bier und seine Kinder sind erfolgreiche Sportler und Wissenschaftler. Ich bin kein normaler Mensch, was diesen Freizeitaspekt angeht, und ich erwarte von anderen nicht, dass sie meinen Standpunkt teilen.

(Aber wenn sie es täten, wäre die Welt ein besserer Ort.)

Mein Familienerbe
Caren Osten Gerszberg

Das Foto steht auf dem Schreibtisch in meinem Büro. Der Himmel darauf ist grau und wolkenverhangen, meine Mutter und ich sitzen auf einer kleinen Decke am sandigen Ufer der Loire. Sie trägt eine transparente weiße Bluse und eine lange Perlenkette, ich habe ein dunkelblaues Top an und geflickte Jeans. Unser Picknick besteht aus einem Baguette, saftigen Pfirsichen, einem stinkenden Käse, den ich nicht esse, und dunkler Schokolade, die ich sehr wohl anrühre. Für sie gibt es eine Flasche Rotwein, für mich Orangensaft. Auf dem Foto – das ein Fischer geknipst hat – bin ich sieben Jahre alt und mache eine Woche Frankreich-Urlaub mit meiner Mutter, in der sie mich durch ihre Heimatstadt Paris führt und mir bei einem Ausflug die Schlösser des Loire-Tals zeigt.

Dreizehn Jahre später: Meine Mutter und ich lassen uns wieder durch Frankreichs Landschaft treiben. Diesmal bin ich zwanzig. Die hohen, leuchtenden Sonnenblumen – gierig nach der Wärme und dem Licht des Sommers – säumen die Straße, die wir in unserem weißen Peugeot-Mietwagen entlangfahren. Jeden Abend auf unserer zehntägigen Reise breiten wir die Karte auf dem Bett aus, um das Ziel für den nächsten Tag festzulegen. Per Telefon buchen wir ein Zimmer in einem *relais* oder einer Pension und machen uns am nächsten Morgen auf den Weg in Richtung unseres endgültigen Ziels: die Stadt Toulouse im Südwesten Frankreichs. Im Zweiten Weltkrieg wurden meine Großeltern in Konzentrationslager deportiert – und haben überlebt. Meine Mutter und ihre Schwester hingegen hatten in Toulouse Unterschlupf gefunden, versteckt von den Nonnen eines Franziskanerklosters in der Nähe der Innenstadt.

Wir machen in malerischen Dörfern halt, um zu Mittag zu essen oder einen *café crème* zu trinken, noch häufiger aber besorgen wir uns auf einem der Wochenmärkte etwas zu essen für unterwegs. Wenn wir Hunger bekommen, fahren wir bei einem der Sonnenblumenfelder rechts ran, breiten unsere Decke aus und verteilen darauf unser Picknick. Egal, was es zu essen gibt – wir spülen es mit großen Schlucken Rotwein hinunter. Wenn wir keine Becher dabeihaben, trinken wir den Wein von den lokalen Winzern direkt aus der Flasche.

Mit meiner Mutter irgendwo auf dem Land in Frankreich auf einer Picknickdecke zu sitzen war herrlich – mit sieben genauso wie mit zwanzig. Auf unserer zweiten Reise führten wir in den Mittagspausen viele Gespräche über ihr Leben und meins, über die wachsenden Anforderungen für mich als junge Erwachsene und ihre Midlife-Probleme, über ihre und meine Zukunft. Ich hatte das Gefühl, dass ich ihr alles erzählen konnte. Wir genossen dort nicht nur das Leben, wir teilten auch ein Stück ihres Familienerbes, das ich sowieso schon mit Begeisterung aufgesogen hatte: die Sprache, die Literatur, die Kultur, die Lebensart und natürlich den Wein.

Als Kind einer französischen Mutter aufzuwachsen war dagegen eine andere Sache. Sie hatte einen Akzent, auf den ich nicht immer stolz war, und sie hatte seltsame Angewohnheiten, wie zum Beispiel Opernmusik in voller Lautstärke durchs Haus schallen zu lassen oder sich oben ohne zu sonnen – nicht nur am Strand von Cannes, sondern auch auf unserer Terrasse hinterm Haus. Im Kühlschrank lag immer eine gekühlte grüne Flasche Chablis, auf dem Regal darunter stand eine Glasplatte mit vier oder fünf Sorten importiertem Käse. Für meinen Bruder und mich gab es einen üppigen Vorrat an winzig kleinen Ecken *La Vache qui rit* (die die meisten als „Die lachende Kuh" kennen). Meine Eltern tranken zum Essen immer Wein, und wenn ich ins Bett ging, sagte ich *bonne nuit* statt gute Nacht.

Mindestens einmal im Monat trafen sich meine Eltern mit ihren hauptsächlich europäischen Freunden zum Abendessen, zum Kartenspielen am Sonntagnachmittag oder zum Grillen. Wir Kinder waren immer dabei, und es wurde immer spät. Wir hörten der Musik und dem Gesang zu (einer der Freunde meines Vaters spielte Akkordeon) und beobachteten die Erwachsenen beim Tanzen und Trinken. Das Essen dauerte Stunden, und wenn es an den Nachtisch ging, stand der Tisch voll mit Wein- und Schnapsflaschen. Die Erwachsenen, von denen ich die meisten mit Tante oder Onkel ansprach, schmetterten Songs in zig verschiedenen Sprachen. Die Feste zogen sich so lange hin, dass ich mich irgendwann auf ein Sofa oder Bett kuschelte und mein Vater mich mitten in der Nacht ins Auto trug und wir nach Hause fuhren.

In einem Umfeld groß zu werden, in dem Alkohol ständig präsent war und mit Genuss, aber nicht im Übermaß getrunken wurde, prägte meinen eigenen Umgang damit. Sobald ich alt genug war, trank ich wie selbstverständlich Alkohol zum Essen, in Kneipen, auf Partys, hatte aber nie das Bedürfnis, mich vollaufen zu lassen. Mir reichte es, ein bisschen beschwipst zu sein, und jedes Mal, wenn ich doch mit einem Kater aufwachte, hatte ich sofort den Gedanken, „dass es das nicht wert war".

Nach ein paar gescheiterten Beziehungen hatte ich das Glück, einen Mann zu finden, der nicht nur den Holocaust-Hintergrund mit mir teilte (und mit meiner verrückten Familie klarkam), sondern auch ebenso gern feierte. Ich erinnere mich an winterliche Sonntagnachmittage zu Beginn unserer Ehe, an denen wir alle drei Teile von *Der Pate* guckten und uns mit einer Flasche Rotwein wärmten. Jedes Jahr am dritten Dienstag im November gingen wir im West Village Burger essen und neuen Beaujolais trinken. Auf einer Reise nach Brasilien verliebten wir uns in das brasilianische „Nationalgetränk", den Caipirinha – immer noch mein Lieblingscocktail. Und in Barcelona gönnten wir unseren Füßen stundenlange Erholung bei zahllosen Tapas und einer Flasche (oder waren es zwei?) spanischem *Rosado*.

Als wir Eltern wurden, veränderte sich unser Leben, aber nicht unsere Freude daran, dem Leben ein bisschen mehr Spaß zu verleihen – mit Alkohol. Auch in der Zeit, als ich keinen Wein trank, weil ich stillte (na ja, vielleicht hin und wieder einen Schluck), lag immer eine gekühlte grüne Flasche in unserem Kühlschrank wie in meiner Kindheit bei uns zu Hause. Etwa zur gleichen Zeit aber begannen sich in meinem Elternhaus die Dinge zu verändern. Für meinen Vater wurde es zunehmend schwierig, immer genug Wein vorrätig zu haben, um den wachsenden Bedarf meiner Mutter zu decken.

1996 – meine Mutter war damals zweiundsechzig – starb ihre Mutter. Es war das erste Mal, dass ich sie wirklich niedergeschlagen erlebte. Die Mutter ein zweites Mal zu verlieren, diesmal für immer, brachte das Kindheitstrauma meiner Mutter wieder zum Vorschein und trug sie an einen dunklen Ort. Alkohol war die effektivste und „akzeptabelste" Möglichkeit, ihren Schmerz zu betäuben.

Das Glas Weißwein war ihr ständiger Begleiter – im ganzen Haus, von der Küche übers Büro bis ins Schlafzimmer, und natürlich in Restaurants. Es war auch mit dabei, wenn sie mit dem Zug nach Boston fuhr, wo mein Bruder damals lebte, oder wenn sie mit dem Auto auf dem Weg zu Freunden war.

Obwohl ich mir wegen der Trinkerei meiner Mutter Sorgen machte, war mein Leben als Schriftstellerin und Mutter von kleinen Kindern anstrengend und hektisch, und ich freute mich auf mein eigenes Glas Wein, besonders, wenn ich kochte. Oft hatte ich dann meine Mutter vor Augen, als sie so alt war wie ich, wie sie in der Küche stand, ein Weinglas in der Hand – der Mittelpunkt meines Zuhauses –, und Gemüse sautierte, Birnen pochierte oder ein Stück Gruyère für ihre selbst gemachte Zwiebelsuppe rieb. Die Angewohnheit, gleichzeitig zu kochen und an einem Glas Wein zu nippen, empfand ich als wohltuend. Und ganz natürlich.

Zu dem Zeitpunkt, als mein Vater 2003 die Diagnose erhielt, dass er an inoperablem Darmkrebs litt, war der Alkoholkonsum meiner Mutter zur Sucht geworden und sorgte dafür, dass wir auch sie Stück für Stück verloren. Während seiner zahllosen Klinikaufenthalte besuchte ich ihn jeden Tag und fand dort oft meine Mutter besinnungslos neben ihm im Bett. Sie hatte überall eine Tragetasche dabei, und darin befand sich immer auch eine Flasche Wein oder später Wodka.

Wenn sie getrunken hatte, wurde meine Mutter aggressiv. Ich bemühte mich sehr, meine Kinder vor ihren Launen zu beschützen, was aber nicht leicht war, weil eins ihrer typischen Muster auch beinhaltete, dass sie Nachrichten auf unserem Anrufbeantworter hinterließ und mal wutentbrannt, mal weinend darum bat, dass ich zurückrief.

Einmal fragte mein fünfjähriger Sohn auf dem Weg zur Schule: „Mom, warum streiten Néné und du so viel?"

„Wir sind nicht immer einer Meinung, wie alle Menschen", erklärte ich, und mir brach es das Herz. „Aber egal, was passiert, sie ist meine Mutter und ich werde sie immer lieb haben."

Nach dem Tod meines Vaters 2006 wurde die Depression meiner Mutter nur noch schlimmer. Wegen ihrer Trinkerei und dem ausfallenden Benehmen, das daraus folgte, warf man sie aus einer Wohnanlage für Senioren wieder hinaus. Auf Feiern bei uns zu Hause leerte sie die Gläser von Freunden, die auf Toilette gegangen waren oder nur mal kurz woanders hingesehen hatten. Wenn man sie darauf ansprach, stritt sie ab, dass sie ein Problem hatte oder auch nur jemals eins gehabt hatte.

Als im Frühling 2011 die Grundschulzeit meines Sohnes zu Ende ging, traf sich die ganze Familie, inklusive meiner Mutter und meiner Schwiegermutter, zur Feier des Tages zum Mittagessen in einem Restaurant in der Stadt. Dort hatte es eine Verwechslung bei der Reservierung gegeben, und es musste ein neuer Tisch für uns eingedeckt werden. Als Wiedergutmachung ließ uns der Oberkellner ein Tablett voller Champagnergläser bringen, bis zum Rand mit Prosecco gefüllt. Schleunigst lehnte ich mich vor, um meiner Mutter die Sicht zu versperren, und gab dem Ober zu verstehen, dass wir das nicht annehmen wollten, uns aber für die Geste bedankten. Im selben Moment aber sprang meine scheinbar so phlegmatische Mutter von ihrem Sitz auf, griff an mir vorbei und schnappte sich ein Glas von dem Tablett. Ich riss es ihr wieder aus der Hand, gab es dem verblüfften Kellner zurück und befahl ihr, sich wieder hinzusetzen. Die eben noch fröhliche Stimmung kippte, wurde bedrückt und angespannt, und alle waren peinlich berührt. Ich brauche nicht zu sagen, dass es ein sehr mühsames Mittagessen wurde.

Ich liebe Wein, wie meine Mutter. Aber traurigerweise schwingt da jetzt immer die Sorge mit, dass ich ihn eines Tages zu sehr lieben und ihn brauchen werde, wie sie. Weil sich dieser bedrohliche Gedanke in meinem Kopf festgesetzt hat, kann ich den Wein nicht mehr so genießen wie früher. Ich achte darauf, wie viel ich trinke, trinke viel seltener und bemühe mich vor allem, mir kein Glas einzuschenken, um Schmerz oder Stress zu betäuben.

Die Alkoholsucht meiner Mutter hat auch die Art und Weise beeinflusst, wie ich meine Kinder erziehe. Obwohl ich inmitten eines europäischen *laissez-faire* „Trinken-wir-doch-noch-was"-Umfelds aufgewachsen bin (ich werde nie vergessen, wie ich mit vierzehn auf dem fünfzigsten Geburtstag meines Vaters von Whiskey Sour betrunken wurde), hatte ich beschlossen, mich zu dem Zeitpunkt, als meine Teenager-Töchter anfingen, auf Highschool-Partys zu gehen, mit ihnen zu einem „Trink-Gespräch" hinzusetzen. Wir saßen zusammen auf dem Sofa, und ich hörte mich Dinge sagen wie: „Trink nichts, was du dir nicht selbst eingeschenkt hast", oder: „Steig niemals zu jemandem ins Auto, der etwas getrunken hat. Wir holen dich ab, egal wo und wann." Gleichzeitig bin ich ein Produkt meiner Erziehung, und ich habe ihnen auch gesagt: „Nimm einfach ein Bier in die Hand, wenn du so aussehen willst, als würdest du trinken – keiner wird es merken."

Allein der Gedanke, Alkoholkonsum einzuschränken oder in Bezug auf Alkohol „vernünftig" zu sein, ist mir fremd. Alkohol trinken war für mich immer einzig und allein etwas Gutes. Nichts, worüber man sich Sorgen machen, vor dem man sich in Acht nehmen oder das man sich speziell genehmigen musste. Es war einfach etwas, woran man Spaß hatte. Aber ich verstehe jetzt, dass Einschränkung sinnvoll sein kann. Wissen ist Macht. Und ich glaube, dass es gut ist, wenn meine Kinder die verschiedenen Schritte, die meine Mutter vom kulturellen Usus zur Alkoholsucht führten, nachvollziehen können.

Meine Töchter – heute sechzehn und achtzehn – haben unglücklicherweise alles hautnah miterlebt. Aber vielleicht gibt ihnen das Wissen, dass jemand, der so lebenstauglich, klug und talentiert war wie ihre Großmutter, auf diesem glitschigen Pfad abrutschen kann, ein Wissen, das ich nie hatte.

Vielleicht werden sie nie völlig sorglos Alkohol trinken können. Als sie noch kleiner waren, schützte ich sie zum größten Teil vor all der Wut und hielt sie, so gut ich konnte, davon fern. Aber das Monster ist zu groß geworden, um es zu verstecken.

Nach dem Mittagessen damals am letzten Grundschultag meines Sohnes kam meine älteste Tochter zu mir und sagte: „Simon hat mir leidgetan. Ich glaube, er hat Néné heute zum ersten Mal so erlebt."

Wieder einmal brach es mir das Herz. Wegen meines Sohnes. Wegen meiner Mutter. Wegen meiner Töchter. Meinetwegen.

Wie der Vater, so die Tochter?

Liza Monroy

Während meines Abschlussjahrs am College besuchte ich meine Mutter, die zu der Zeit als Diplomatin in Griechenland arbeitete. Einmal gingen wir abends zu einem Konzert in einen Nachtclub. Meine Mutter bestellte ein Glas Weißwein und warf Eiswürfel hinein. Ich bestellte mein Lieblingsgetränk, einen furchtbar süßen Mix aus Amaretto und Orangensaft.

Als Folge des Werdegangs meiner Mutter war ich in Mexico City zur Schule gegangen, wo Alkohol erlaubt war, sobald man „groß genug war, um über den Tresen zu gucken". Den ersten Drink bekam ich mit vierzehn bei den After-School-*comidas* – Nachmittagspartys, bei denen es viel zu trinken und wenig zu essen gab.

Meine Mutter wusste, dass meine Freunde und ich Alkohol tranken, aber Eltern konnten nicht viel dagegen tun, es sei denn, sie sperrten ihre heranwachsenden Kinder ein oder schickten sie aufs Internat. Meine Mutter war alles andere als froh darüber, aber sie wollte mich auch nicht wegschicken. Also beschloss sie, mir zu vertrauen und darauf, dass ich, wie es in der Werbung heißt, „verantwortungsvoll trank".

Amaretto mit O-Saft war kein wirklich harter Cocktail, aber als ich den ersten ausgetrunken hatte und versuchte, dem Kellner zu signalisieren, dass ich einen zweiten wollte, sah meine Mutter mich streng an und sagte Nein. Es war nicht das erste Mal, dass sie mich bei Alkohol zurückhielt. Ich gab meine Bestellung daraufhin nicht auf. Ich wusste, dass sie sich Sorgen machen würde, wenn ich es täte, und ich mir das für den Rest des Abends würde anhören müssen.

„Es ist genetisch", sagte sie. Sie hatte Angst, dass ich enden würde wie mein Vater.

Mein Vater war Alkoholiker. Allen Studien zufolge hat man ein erhöhtes Risiko, alkoholabhängig zu werden, wenn ein Elternteil Probleme mit Alkohol hat.

Trotzdem trank ich als Teenager und noch bis Anfang zwanzig völlig sorglos. Ich brachte meine Trinkgewohnheiten in keinerlei Verbindung mit denen meines Vaters. Mein Alkoholkonsum als junge Erwachsene war, glaube ich, ganz normal. Auf dem College betrank ich mich an lauen Sommerabenden mit meinen Freundinnen am Charles River in Boston mit Zinfandel. Ich schmuggelte mich in Kneipen und Clubs und trank den einen oder anderen Wodka Cranberry. Zum Brunch fand ich Mimosas lecker. Ich trank regelmäßig, aber in Maßen. An so etwas wie Sucht dachte ich nicht. Mir ging es gut, wenn ich trank, und auch, wenn ich es nicht tat. Ich lebte mein Leben einfach gern *mit* Alkohol.

Die Warnungen meiner Mutter müssen sich dennoch in meinem Gehirn eingenistet und dort während meiner Zeit als junge Erwachsene geschlummert haben, um dann mit Anfang dreißig wieder zum Vorschein zu kommen und sich nicht wieder abschütteln zu lassen.

Die Lebensgeschichte meines Vaters verfolgt mich. Sie begann so vielversprechend. Niemand hätte vorhersagen können, an welchen dunklen Ort ihn sein Weg führen würde. Und das ist der Kern meiner Angst: Es gab eine Zeit, in der auch er einfach nur den einen oder anderen Drink genoss, um nach der Arbeit zu entspannen.

Mein Vater – ein großer, gut aussehender Italiener – vergötterte mich. Als Kleinkind klammerte ich mich immer wie ein Äffchen an sein Bein, wenn er sich auf den Weg machen musste zu dem Restaurant in Seattle, in dem er als Kellner arbeitete. So ging er dann mit mir durchs Haus, sein Fuß gerade groß genug, um meinen kleinen Po zu tragen. Wenn er sich zur Arbeit fertig machte und dabei wortreich wunderte, warum sich sein Bein so schwer anfühlte, lachte ich so laut, wie ich anschließend weinte, wenn er mich entweder losmachte oder zu spät zur Arbeit kam.

Mein Vater wuchs auf einem Bauernhof in Italien auf und erzählte mir, dass er als Baby an ein Brett gebunden worden war, damit er ein gerades Rückgrat bekäme. Und als hätte dieses Festgebundensein in ihm einen unstillbaren Drang nach Freiheit erzeugt, verbrachte er seine Zeit als junger Erwachsener als Kellner in den Restaurants von Atlantik-Kreuzfahrtschiffen. Meine Mutter lernte ihn auf hoher See auf so einem Schiff kennen, als sie mit dreiundzwanzig auf dem Weg nach Italien war, um dort zu studieren. Er hatte zeit seines Lebens als Kellner gearbeitet – was in seinem Kulturkreis als angesehener Beruf galt. In Amerika war kellnern etwas, was Studenten taten oder Leute, die sich gerade zwischen zwei „echten" Jobs befanden. Diese Einstellung kratzte an seinem Selbstwertgefühl. In einer traditionellen Familie, wie er einer entstammte, hatte der Mann für seine Familie zu sorgen, aber meine Mutter verdiente mit ihrer Arbeit am italienischen Konsulat mehr als er im Restaurant. Der Vater meiner Mutter war Arzt, und mein Vater fand sich plötzlich in seiner Freizeit unter den Country-Club-Leuten wieder, die er eben noch im Restaurant bedient hatte. Er schien sich in dem gehobenen Mittelklasse-Umfeld meiner Mutter nie wirklich wohl zu fühlen. Meine Großmutter sagte immer, das war nicht seine Welt.

Als er anfing, in einem italienischen Restaurant zu arbeiten, wechselte er von Wein zu Wodka. Die Belegschaft ging nach der Arbeit zusammen aus – wie es in Amerika unter Kellnern üblich war –, und er fühlte sich bei seinen Restaurantkollegen wahrscheinlich deutlich wohler als unter den Freunden meiner Mutter. Aber mein Vater war nicht an harte Sachen gewöhnt, schon gar nicht an viel davon. Er kam immer häufiger spät nach Hause, und immer häufiger gab es zwischen ihm und meiner Mutter Streit. Ich war erst drei, aber an zwei Ereignisse kann ich mich erinnern: an den Autounfall und an die Sache mit der Skulptur.

Ich weiß nicht, ob mein Vater gegen einen Baum oder gegen ein anderes Auto fuhr und ob jemand verletzt wurde. Ich weiß nur noch, dass er unsere Auffahrt auf und ab tigerte und meine Mutter danebenstand und zusah. Sein weißer Honda war von einem Abschleppwagen zu uns nach Hause gebracht worden – Totalschaden. Mein Vater beugte sich vor und schob eins der Bremslichter, das an einem Kabel baumelte, an seinen Platz zurück. Es fiel wieder heraus.

Ein paar Monate später brachte ich von einem Malkurs eine abstrakte Skulptur aus Draht, Ton und Treibholz nach Hause. Stolz platzierte ich sie auf meiner Kommode. Spätabends, ein paar Tage nachdem ich sie mitgebracht hatte, schreckte ich aus dem Schlaf hoch und hörte, wie meine Eltern sich lautstark stritten. Dann kam mein Vater in mein Zimmer, nahm meine Skulptur und feuerte sie gegen die Wand. Sie zerbrach in tausend Stücke, und ich verkroch mich unter meiner Bettdecke. Es passte überhaupt nicht zu meinem liebevollen Vater, mit Absicht etwas kaputt zu machen, schon gar nicht etwas, das mir gehörte.

Im Jahr darauf, 1984, fing meine Mutter an, im Auswärtigen Amt zu arbeiten, und nach einer Vorbereitungszeit in Washington, D. C., wurde sie auf ihren ersten Posten nach Guadalajara in Mexiko entsandt. Mein Vater zog mit uns dorthin und blieb, bis meine Mutter sich ein weiteres Jahr später von ihm trennte. Ich war sechs. Er ging zurück nach Seattle, zog in ein Einzimmerapartment und arbeitete wieder in dem italienischen Restaurant. Wenn ich ihn besuchte, kam er mir immer deprimiert vor, obwohl er mir zuliebe versuchte zu lächeln.

Ich sah ihn jeden Sommer, bis ich siebzehn war. Meine Mutter erlaubte nicht, dass ich bei ihm wohnte, weil seine Arbeitszeiten zu unberechenbar seien und die Gegend, in der er lebte, zu gefährlich. Also wohnte ich bei meiner Großmutter, der Mutter meiner Mutter, und besuchte ihn, wenn er frei hatte. An diesen Papa-Tagen gingen wir ins Aquarium, in den Volunteer Park oder in die Klamottenläden in dem In-Viertel, in dem er lebte. Das ganze Jahr über freute ich mich auf den Sommer in Seattle.

Mit dreizehn, vierzehn wurde mir bewusst, wie ähnlich wir uns waren. Ich sah aus wie er, olivfarbene Haut, dunkle Haare, dunkle Augen. Ich fand mich wieder in seinem Bedürfnis nach Alleinsein, liebte es wie er, mich ganz und gar in einem Film zu verlieren, durch die Straßen der Stadt oder die Wege des Volunteer Park zu laufen. Wir waren beide Tagträumer. Wir hörten die gleiche Musik (Sonic Youth, Smashing Pumpkins, Nirvana) und wurden uns immer einig, wenn wir in der Videothek einen Film ausleihen wollten.

Lange Zeit gab ich meiner Mutter die Schuld daran, dass ich von meinem Vater getrennt lebte. Wenn ich Alkohol trank, konnte ich vergessen, dass er nicht da war. Aber der Grund für seine Abwesenheit war nicht, dass meine Mutter verbittert war (das war sie nicht), sondern der, dass mein Vater Alkoholiker war. Es war mir die ganze Zeit über gelungen, diese Tatsache mir selbst gegenüber zu leugnen.

Das erste Mal, dass ich sie realisierte, an das ich mich konkret erinnere, war ein Sonntag während meines Sommeraufenthalts bei meinem Vater, als ich sechzehn war. Wir hatten beschlossen, an den Strand zu gehen. Als ich mich mit ihm vor seinem Haus traf, bemerkte ich, dass er schwankte, als er zur Haustür ging, um in seiner Wohnung ein Picknick für uns zusammenzupacken. Es war elf Uhr morgens und er war betrunken. Ich setzte die Teile des größten Puzzles meines Lebens zusammen: *Was ist los mit meinem Vater? Was hat er für ein Problem?* Sein Problem war der Alkohol.

„Warum siehst du mich so an?", fragte er.

„Mach ich gar nicht", sagte ich, ging zum Kühlschrank und nahm mir eine Cola.

Wir fuhren mit dem Bus nach Madison Park, zu einer Badewiese am Lake Washington. Nach der Sache mit dem weißen Honda fuhr er kein Auto mehr. Auch wenn er es heimlich tat, sah ich bei unserem Picknick, wie er Wodka in eine Thermosflasche goss. Dann schüttete er Saft hinterher. Ich starrte auf den Lake Washington. Mein Vater lag auf dem Rücken und brutzelte in der Sonne.

Als am Abend der blassblaue Toyota meiner Großmutter vor seinem Haus hielt, um mich abzuholen, murmelte mein Vater auf Italienisch: *„Sono finito con queste genti."* Mit diesen Leuten bin ich fertig. Und obwohl er direkt vor mir stand, war er schon weit weg. An diesem Tag, mit sechzehn, wurde mir vollends bewusst, was mein Vater zu verbergen versucht hatte.

Zwei Jahre später – ich ging inzwischen auf die Filmhochschule in Boston – bekam ich eines Tages einen Brief an meinen Vater als unzustellbar zurück. Ich versuchte, ihn anzurufen, aber sein Anschluss war nicht mehr erreichbar. Ich wollte nach Seattle fahren, aber meine Mutter überredete mich, in Boston zu bleiben und mich auf mein Studium zu konzentrieren. Niemand schien sich sonderlich darum zu bemühen, ihn zu finden, ich eingeschlossen. So zu tun, als wäre alles in Ordnung, und mich ins Collegeleben zu stürzen, war viel leichter, als mir freigeben zu lassen und zu versuchen herauszufinden, wo er war. Auf bestimmte Art hatte ich sicher auch Angst vor dem, was ich dabei vielleicht zutage befördern würde, obwohl ich damals behauptet hätte, dass ich nur den Rat meiner Mutter befolgte.

Er tauchte ungefähr zur gleichen Zeit wieder auf, als ich meinen Abschluss machte, in Form einer Postkarte mit einem Bild von Portofino und ein paar hingekritzelten Zeilen. Er war nach Italien zurückgekehrt. Irgendetwas daran klang nicht richtig, aber immerhin war er dort. Sagte der Poststempel. Es dauerte weitere vier Jahre, bis ich herausfand, warum mein Vater verschwunden war. Bis ich hinter das Geheimnis kam, das meine Familie vor mir verbarg.

Zwei Wochen nach meinem fünfundzwanzigsten Geburtstag, beim Thanksgiving-Essen im Haus meiner Großmutter, hatte meine Oma ein Schlückchen zu viel Rotwein getrunken und sagte zu mir, dass es Dinge über meinen Vater gäbe, von denen ich nichts wüsste, von denen ich aber wahrscheinlich wissen sollte. „Es ist sechs Jahre her", sagte sie.

„Was?", fragte ich.

Meine Großmutter legte ihre Gabel hin und erzählte mir die Geschichte, die meinen Verdacht bestätigte, warum mein Vater nach Italien zurückgegangen war.

Meine Großmutter hatte zufällig Roberto, einen Freund unserer Familie, auf der Straße getroffen. Roberto hatte ihr gesagt, dass er sich Sorgen mache. Er war meinem Vater über den Weg gelaufen. Er sagte, mein Vater sei obdachlos, würde auf der Straße leben. Er war aus seiner Wohnung geworfen worden. Er war betrunken zur Arbeit im Restaurant erschienen, und dann gar nicht mehr. Ob er gekündigt hatte oder entlassen worden war, weiß ich nicht, aber Roberto erzählte meiner Großmutter, dass er meinen Vater im Volunteer Park gefunden hatte, wo er jetzt lebte – der Park, in dem wir früher unsere langen Spaziergänge unternommen hatten. Meine Großeltern machten sich auf die Suche. Sie fanden meinen Vater auf einer Wiese im

Gras, mit geschwollenen Knöcheln und langen Zehennägeln, die Kleidung zerschlissen.

Meine Großeltern versuchten, ihn zu überreden, mit ihnen aus dem Park zu kommen, aber er wollte nicht. Irgendwann in dieser Zeit sagte meine Mutter meiner Großmutter, dass sie mir niemals erzählen dürfe, dass mein Vater obdachlos sei. Sie wollte mich schützen. Nach ein paar weiteren Versuchen gelang es ihnen, ihn vom Boden zu hieven und ins Krankenhaus zu bringen, wo er wegen Zirrhose behandelt wurde. Sie kauften ihm ein Flugticket nach Italien. Mein Vater war über sechzig und zog wieder zu seiner Mutter. Seine Erfahrung als Einwanderer in Amerika war in die falsche Richtung verlaufen: Er hatte nicht viel und verlor dann alles.

An diesem Thanksgiving-Abend trank ich mein Glas Rotwein aus und hatte das Gefühl, dass etwas klick gemacht hatte: Ich konnte nicht länger umhin, das Ausmaß der Alkoholsucht meines Vaters zu erfassen und zu erkennen, wie weit es mit ihm gekommen war. Trotzdem war meine Reaktion auf diese Erkenntnis seltsam ruhig: „So ist es eben." Später erfuhr ich, dass das ganz typisch ist für Kinder von Alkoholikern.

Als ich meinen Vater das letzte Mal sah, gab er sich alle Mühe, uns zu beweisen, dass er trocken war. Meine Mutter und ich waren nach Genua gefahren und besuchten ihn für drei Tage. (Die beiden waren über die Jahre freundschaftlich verbunden geblieben.) Mein Vater hatte für uns gekocht und goss einen dunkel-orangefarbenen Drink in drei Cocktailgläser. Ein Mix aus irgendwelchen exotischen Fruchtsäften.

„Kein Alkohol", sagte er. „Hier gibt es keinen Alkohol."

Er erzählte mir nicht, wie es dazu gekommen war, dass er nach Italien zurückgekehrt war, und ich fragte nicht danach. Ich hatte Angst, dass das Thema zu schwer wäre für die kurze Zeit, die wir miteinander hatten, und ich wollte, dass wir jeden Augenblick davon genießen konnten. Und vor allem wollte ich nicht, dass er sich schämte. Er machte einen gesunden Eindruck, und ich war erleichtert.

Am nächsten Tag machten wir einen Spaziergang am Hafen und

gingen in das neue Aquarium der Stadt. Wir schlenderten durch abgedunkelte Räume voller Fische, größtenteils schweigend, sodass man das Wasser gegen den Rand der offenen Behälter schwappen hören konnte. Ich nahm den Arm meines Vaters, und er lächelte, seine Zähne weiß und makellos. Der Besuch war kurz, aber für mich war es der erste Schritt auf einem Weg der Annäherung. Wir machten Pläne und wollten bald eine längere Zeit zusammen verbringen, vielleicht sogar einen ganzen Monat. Wahrscheinlich im August.

Der August kam und ging, wie es mit den meisten unserer Pläne gewesen war. Ich nahm das mit meiner üblichen „Enttäuscht werden ist normal"-Haltung hin. Ich war frustriert, aber nicht überrascht, und versuchte, mich auf Dinge zu konzentrieren, die ich selbst kontrollieren oder auf die ich mich zumindest verlassen konnte: meine Arbeit, meine Freunde, das Schreiben.

Ich hörte nichts mehr von meinem Vater, bis meine Mutter von seinem jüngeren Bruder eine E-Mail erhielt. Mein Vater hatte wieder angefangen zu trinken. Er verließ seine Wohnung nicht mehr und wollte keinen sehen. Ich erwog, zu ihm zu fahren, aber meine Mutter fand, dass das keine gute Idee wäre. Wer wusste schon, was mein Vater tun und in welcher Verfassung ich ihn vorfinden würde. Ich überlegte hin und her, ob ich einfach bei ihm an der Tür klingeln sollte, hatte aber gar nicht mehr die Zeit, eine Entscheidung zu treffen.

Mein Vater starb am 2. Juli 2008. Ich erfuhr es erst eine Woche, nachdem er bewusstlos ins Krankenhaus eingeliefert worden war. Sein jüngerer Bruder rief meine Mutter von Italien aus an. Er war im Urlaub gewesen und hatte bei seiner Rückkehr vom Tod seines Bruders erfahren. Ich schrieb meinem Onkel eine E-Mail und suchte nach Antworten auf meine Fragen. Er schrieb zurück: „Dein Vater ist bei Gott im Himmel. Sei tapfer."

Nun, wo mein Vater tot war, musste ich mich nicht mehr fragen, warum wir keinen Kontakt zueinander hatten. Meine Trinkgewohnheiten änderten sich in dieser Zeit nicht: Cocktails mit Freunden, Wein auf Partys, zur Happy Hour mit Kollegen. Meistens trank ich zwei Gläser. Hin und wieder mehr.

Heute, drei Jahre später, vergehen ganze Wochen, ohne dass ich an den Tod meines Vaters denke. Und dann trifft es mich wie aus dem Nichts, während ich die Spülmaschine ausräume, Essen koche oder ein Buch lese. Wenn ich nach Italien geflogen wäre und bei ihm vor der Tür gestanden hätte – hätte er dann gewusst, dass jemand, seine Tochter, ihn lieb genug hatte, um ihn dazu zu bringen aufzuhören? Ihn zu retten? Was am Alkohol machte es ihm so unmöglich, damit aufzuhören? Ab welchem Zeitpunkt hatte es kein Zurück mehr gegeben? Wenn ich die Gelegenheit gehabt hätte, ihm diese Fragen zu stellen – würde mich mein eigener Umgang mit Alkohol weniger umtreiben?

Ich habe im *New York Times Magazine* einen Artikel von Benoit Denizet-Lewis gelesen: „*The Wet House*: Wo Alkoholiker weiter trinken dürfen". Er berichtet von „chronisch obdachlosen und alkoholkranken Männern", diesen „Glücklosen", die sich zu Tode trinken. Mein Vater war so einer, so ein Glückloser, einer, der nicht aufhören konnte und das mit seinem Leben bezahlte. Der Artikel ließ mich seine Situation in einem neuen Licht sehen: Er war kein Einzelfall. „Mein ganzes Leben hab ich dagegen angekämpft, und es hat mich mein ganzes Leben gekostet", wird ein Bewohner zitiert. Vielleicht hätte mein Vater dasselbe gesagt, wenn wir darüber hätten sprechen können.

Es ist elf Jahre her, dass meine Mutter mich in der Bar in Griechenland ermahnt hat. Ich trinke immer noch, wenn ich mit anderen zusammen bin, aber ich passe jetzt auf, behalte die Menge an Alkohol, die ich zu mir nehme, genauestens im Auge. Ich schätze ab und rechne zusammen. Ich vergleiche die Menge an Flüssigkeit in meinem Glas mit der in den Gläsern der anderen und trinke langsam, achte darauf, dass ich die Letzte bin, deren Glas noch halb voll ist, wenn alle anderen schon die zweite Runde bestellen.

Werde ich alkoholabhängig werden wie mein Vater? Die Antwort auf diese Frage lautet entweder Ja, und ich bin mir dessen nicht bewusst, wie offenbar mein Vater, oder Nein. Und gleichzeitig frage ich mich andauernd, ob mein Problem vielleicht ist, dass er eins hatte. Trinke ich, um vor etwas davonzulaufen? Ist es schlimm, dass ich auch gern ein oder zwei Gläschen trinke, wenn ich allein bin, beim Schreiben oder zum Entspannen? Hat es bei ihm auch so angefangen?

Die Sache mit dem Aufhören ist, dass ich keine Lust dazu habe. Ein Lychee Martini beim Thailänder, ein *Sidecar*, der einen Hauch von Prohibitionszeitatmosphäre durch die Bar wehen lässt, einen ordentlichen Schluck guten Pinot Noir, um die Pasta abzurunden, ein *Magic Hat Nr 9* vom Fass zur Happy Hour: Alkohol trinken gehört zu den schönen Seiten des Lebens dazu, und ich genieße jeden Tropfen. Ich bestehe jeden „Haben Sie ein Problem mit Alkohol?"-Test im Internet. Trinken Sie, um sich zu betrinken? Nein. Filmrisse? Nein. Trinken Sie schon vor dem Frühstück? Nein. Allein bei dem Gedanken wird mir schlecht.

Obwohl ich nicht verstehe und auch nicht ändern kann, was mit meinem Vater passiert ist, habe ich selbst die Kontrolle über mein Handeln und – so hoffe ich – die Fähigkeit, es zu bemerken, wenn ich diese Kontrolle verliere. Ich trinke aus freier Entscheidung, ungeachtet dessen, was vielleicht in meinen Genen schlummert.

Im Blut
Joyce Maynard

Es war einer dieser letzten warmen Sommerabende, an denen man
schon die ersten roten Schimmer an den Blättern sieht und weiß,
dass – wenn man es nicht schon hinter sich hat – das letzte Bad im
See bald bevorsteht. Nachdem es mich sechzehn Jahre zuvor nach
Nordkalifornien verschlagen hatte, war ich gerade für drei Wochen zurück an der Ostküste, um alte Freunde in meinem Heimatstaat New
Hampshire zu besuchen, wo meine inzwischen erwachsene Tochter
immer noch auf dem Hof wohnt, in dem auch ich einst gelebt habe.

Zweiundzwanzig Jahre waren vergangen, seit ich das letzte Mal in
dem Weiher neben unserem Haus geschwommen war und meinen
Kindern auf dem Bett, das ich mit ihrem Vater teilte, Gutenachtge-
schichten vorgelesen hatte. Dieses Kapitel ist abgeschlossen. Aber
manchmal, wenn ich, wie an diesem Tag, dort bin, überkommen mich
völlig unvorbereitet die Erinnerungen. Und ich finde mich in den
Geschichten der beiden Familien wieder, deren Teil ich einmal war:
die Familie, die ich mit dem Mann gründete, mit dem ich einmal verheiratet gewesen bin, und die Familie, in der ich aufwuchs, in einer
anderen kleinen Stadt, nicht weit von hier.

Ich kann mich an gute Zeiten erinnern. Aber auch an die dunklen
Nächte, als unsere Ehe endgültig zerbrach und in denen ich – als alle
anderen längst schliefen – durch die Zimmer unseres kleinen Hauses
wanderte und mich erst neben mein eines, dann neben mein anderes
fest schlummerndes Kind legte und auf den Schlaf hoffte, der nicht
kam.

Obwohl ich damals wenig trank – und schon gar keine harten
Sachen –, begann ich, die Weihnachtsflasche Johnny Walker Red von
meinem Mann auf den Küchentresen zu stellen und mir ein Glas davon
einzuschenken. Als Tochter eines sehr geliebten, aber tragischerweise
alkoholkranken, längst verstorbenen Vaters wurde mir klar, dass ich
diesen bis dahin verborgenen Impuls („Wenn dir das Leben bös mit-
spielt, schenk dir einen ein.") als Teil meines Erbes in mir trug. In die-

sem letzten Winter meiner Ehe – kurz vor meinem fünfunddreißigsten Geburtstag – war er mit besorgniserregender Regelmäßigkeit zutage getreten. Und weil ich wollte, dass mein Mann sah, wie verzweifelt ich war, ließ ich die Flasche auf dem Tresen stehen, damit er sie am nächsten Morgen dort fand. *Siehst du, wie weit du mich gebracht hast?*, sollte sie ihm zu verstehen geben. *Deinetwegen habe ich sogar angefangen zu trinken.*

Die Ehe zerbrach. Meinen Drang nach Johnny Walker legte ich wieder ab, fand allerdings in den Jahren danach Gefallen an Wein – an seinem Geschmack und daran, was er mit mir machte, wie er die Kanten abschliff, die harten Seiten meines Lebens, von denen es nicht wenige gab, weicher werden ließ. Zwei Jahrzehnte später hätte ich von keinem Abend berichten können, an dem ich betrunken gewesen wäre, aber mir am Ende eines Tages zum Abschalten ein Glas Zinfandel einzuschenken war zu einem häufigen und schließlich täglichen Ritual geworden. Und nicht nur ein Glas. Zwei. Drei, wenn mir das Leben besonders anstrengend erschien.

Jetzt war ich also wieder einmal in New Hampshire, meine jährliche Tour im Spätsommer, um meine Tochter und alte Freunde zu besuchen und in natürlichen Seen oder Weihern zu schwimmen statt in den Pools von Marin County. Eine herrliche Zeit.

An diesem Abend – unserem letzten gemeinsamen für eine ganze Weile – waren Audrey und ich bei Freunden eingeladen, die ganz in der Nähe unseres alten Zuhauses ein Haus am See hatten. Am Nachmittag waren wir an der Stelle ins Wasser gesprungen, an der wir immer gewesen waren, als meine Tochter klein war, und sie hatte mir eine Tomate aus ihrem Garten geschenkt. Am nächsten Morgen würde ich mein Mietauto zurückgeben und wieder an die Westküste fliegen. Ich freute mich auf zu Hause, war aber auch traurig darüber, meine Tochter wieder verlassen zu müssen, und wie immer ein bisschen aufgewühlt von den Erinnerungen, die bei meinen Besuchen hier hochkommen.

Aus diesem Grund war mir das Glas Chianti, das mir unsere Gastgeber einschenkten, kaum dass wir ihr Haus betreten hatten, ganz besonders willkommen. Nachdem ich die ersten achtzehn Jahre meines Lebens als Tochter eines Mannes verbracht hatte, der jeden Abend betrunken war – und jeden Morgen aufstand und so tat, als wäre nichts gewesen –, habe ich schon vor langer Zeit bemerkt, dass bei mir, obwohl ich meinen eigenen Alkoholkonsum immer aufmerksam im Auge behalte, sofort der Impuls da ist, nach einem Glas Wein zu greifen, wenn ich traurig bin, mir etwas Sorgen bereitet oder wenn ich einfach nur müde bin. An diesem Abend war ich glücklich – dankbar, dass ich mit Audrey und den Freunden zusammen sein, die Grillen draußen zirpen hören und von der windgeschützten Veranda auf den See hinausschauen konnte –, aber ich befand mich auch in einem sehr emotionalen Zustand. Ein Glas Wein – und dann noch eins – diente mir dazu, meine Freude über die Dinge, die sich gerade gut anfühlten, zu verstärken. Und alles andere in den Hintergrund rücken zu lassen.

Unsere Freunde haben italienische Wurzeln, und sie hatten mit Parmesan überbackene Auberginen gemacht, dazu Spaghetti mit einer selbst gemachten Soße. Es gab Knoblauchbrot und frische Maiskolben, am selben Nachmittag geerntet. Ich aß viel und nahm mir noch nach.

Was den Wein anging, hätte ich nicht sagen können, wie viel ich getrunken habe, weil unser Gastgeber sofort nachschenkte, wenn das Glas auch nur im Ansatz zur Neige ging. Ich fühlte mich nicht beschwipst, ich konnte meinen Freunden eine Geschichte erzählen, problemlos und in allen Einzelheiten das Rezept für die Spaghettisoße aufnehmen und ratterte sogar selbst ein Rezept für meine Freunde herunter. Der Wein schien hauptsächlich den Effekt zu haben, den warmen Glanz dieses wundervollen Abends noch zu verstärken.

Gegen zehn Uhr brachen wir auf. Der Freund meiner Tochter fuhr uns im Auto zu der Hütte zurück, in der die beiden zusammen wohnen – auf demselben Stück Land, auf dem Audrey geboren worden war und auf dem ihr Vater immer noch lebte: mein alter Schreibplatz. Ich verabschiedete mich von ihnen und holte dann die Autoschlüssel für den Mietwagen hervor, um die zwanzig Minuten zu dem Haus eines anderen Freundes ein paar Orte weiter zu fahren, wo ich wohnte.

Audrey hatte mir angeboten, die Nacht bei ihr auf dem Sofa zu verbringen, aber weil ich am nächsten Tag zurückflog, wollte ich in Griffweite meiner Koffer aufwachen, um dann meinen Kram für die Reise fertig zu machen.

Ich war erst ein paar Meilen auf der vertrauten Schotterstraße gefahren, als ich das aufblinkende Blaulicht in meinem Rückspiegel bemerkte.

Dieser Straßenabschnitt war mir mehr als vertraut. Ich war ihn früher jeden Tag gefahren, um meine Kinder zur Schule zu bringen. An einem Abend, der mir im Gedächtnis geblieben ist – im Winter und mindestens fünfundzwanzig Jahre her –, hatte mein Sohn Charlie ein winziges goldenes Playmobilschwert von seinem Piratenschiff an genau dieser Stelle aus dem Fenster unseres Kombis fallen lassen. Und weil ich wusste, wie viel ihm dieses Schwert bedeutete, war ich fast eine Stunde mit eingeschaltetem Fernlicht diesen Straßenabschnitt auf und ab gefahren und hatte versucht, das Schwert zu finden. Das typische Verhalten von Erwachsenen, die mit Alkoholikern in der Familie groß geworden sind: der Zwang, das eigene Kind vor Verlust und Trauer zu bewahren, nicht nur, weil der Schmerz für das Kind, sondern weil er für seine unendlich aufmerksame und aufopferungsvolle Mutter zu schwer zu ertragen wäre.

Ich habe das Schwert damals gefunden. Die Scheinwerfer hatten es auf der dunklen Straße aufblitzen lassen, und ich war rechts ran gefahren. Ich wurde fast von einem Vierzigtonner erwischt, als ich aus dem Auto stieg und über die Straße lief, um das Schwert zu holen. Aber ich hatte zumindest an diesem Abend – wahrscheinlich mehr für mich als für meinen Sohn – ein Drama verhindert.

Jetzt fand ich mich in einer anderen Art von Drama wieder. Der Strafzettel für zu schnelles Fahren war mir sicher. Aber die Frage, die mir der Polizist stellte, als ich das Fenster runterließ und ihm meinen Führerschein gab, lautete: „Wie viel haben Sie heute Abend getrunken?" Die Wahrheit war, dass ich es nicht wusste.

„Ein Glas Wein", antwortete ich.

„Dann muss ich Sie bitten, ins Röhrchen zu pusten", sagte er.

„Muss das sein?", fragte ich. Dies war mein erster Moment der Scham: dass ich bei einem Test von einem mir unbekannten, legalen Apparat abhängig war, weil ich mir selbst nicht sicher sein konnte, ob ich ihn bestehen würde.

Nein, rein rechtlich sei ich nicht dazu verpflichtet, in das Röhrchen zu pusten, sagte der Polizeibeamte. Aber dann müsse er mich bitten, auszusteigen und ein paar einfache Aufgaben zu absolvieren.

Also stand ich am Straßenrand – im Scheinwerferlicht des Polizeiautos, hin und wieder rauschte ein Auto vorbei – und ging eine gerade Linie entlang, immer schön ein Fuß vor dem anderen. Ich stand auf einem Bein und hob das andere ein paar Zentimeter über den Boden. Bei dem abschließenden Test bewegte der Polizist seinen Zeigefinger vor meinem Gesicht hin und her und bat mich, diesem zu folgen, ohne den Kopf zu bewegen. Nur die Augen.

Als ich damit fertig war, schüttelte er den Kopf. „Ich nehme Sie unter Arrest", sagte er. „Weil Sie sich bisher kooperativ gezeigt haben, können Sie die Handschellen vor statt hinter dem Körper tragen."

Ich brauche nicht zu sagen, was für Gedanken und Gefühle in diesem Moment durch mein Gehirn fluteten. Entsetzen auf jeden Fall. Scham. Auch Angst. Reue. Und noch mehr Scham.

Ich erinnerte mich plötzlich an einen Abend vor langer Zeit, als meine Mutter auf Reisen war, meine Schwester auf dem College, und ich allein in der Obhut meines Vaters blieb, der seinerseits auf Sauftour gegangen war. Es muss etwa zehn Uhr gewesen sein, als ich von einem Klopfen an der Tür wach wurde, vor der ein Polizeibeamter stand.

„Weißt du, wer der Fahrer des Wagens sein könnte, der dort mitten auf der Straße steht?", fragte er mich. Es war unser Oldsmobile. Mein Vater musste den größten Teil des Heimwegs damit geschafft haben, bevor er ihn dort stehen gelassen hatte. Der Motor lief noch.

In der Welt von heute wäre mein Vater wegen Trunkenheit am Steuer verurteilt worden. Aber es war 1966. Als der Beamte erfuhr, dass das Auto uns gehörte und dass mein Vater oben schlief, fuhr er den Wagen selbst von der Straße und parkte ihn in unserer Auffahrt, wo mein Vater ihn am nächsten Morgen vorfand, vermutlich ohne irgendeine Erinnerung daran, was am Abend zuvor passiert war. „Sag deinem Vater, er soll besser aufpassen", war alles, was der Polizist zu mir sagte. Ich behielt diese Nachricht für mich. Ich war zwölf Jahre alt.

Und nun stand ich hier, an einem anderen dunklen Straßenrand in New Hampshire, und durfte nicht einmal ansatzweise mit einer solchen Nachsichtigkeit rechnen. Dieses Mal öffnete der Polizist mir die Autotür, weil meine Hände in Handschellen steckten. Dieses Mal fuhren wir zu der Polizeiwache der Stadt, in der ich meine Kinder großgezogen hatte, damals, als sie und ich noch jung gewesen waren.

Der Polizeibeamte hatte veranlasst, dass mein Mietwagen zu der Autowerkstatt vor Ort geschleppt wurde, die ich von Dutzenden Besuchen aus der Zeit kannte, als ich in dieser Stadt gelebt hatte und alte Autos gefahren war, die ständig repariert werden mussten. Zur gleichen Zeit saß ich mit den Handschellen im Schoß auf dem Rücksitz des Streifenwagens, während der Polizist uns durch die vertrauten Straßen Richtung Stadt fuhr. Im Radio lief die Übertragung eines Spiels der Red Sox. Ich fühlte mein Herz in meiner Brust hämmern.

Auf der Polizeiwache setzten sie mich in einen Raum und erläuterten mir, welche Optionen ich hatte. Wenn ich mich weigerte zu pusten, würden sie mich sofort verhaften. Wenn ich pustete und der Röhrchentest negativ ausfiel, käme ich mit einem Strafzettel für überhöhte Geschwindigkeit davon. Wenn er positiv ausfiele, würde ich wegen Trunkenheit am Steuer angeklagt und auf Kaution freigelassen, wenn ich jemanden auftreiben könnte, der mich da rausholte. Das würde meine Tochter sein, die jetzt in ihrer Hütte auf unserer alten Farm mit Sicherheit schon schlief. Es war inzwischen kurz vor Mitternacht.

Noch zur Information: Während die Promillegrenze landesweit bei 0,8 lag, lag es in New Hampshire im Ermessen der Polizei, eine Person bereits ab 0,4 Promille wegen Trunkenheit am Steuer anzuzeigen.

Ich hatte keine andere Wahl, als zu pusten. Zunächst einmal platzierte mich der Polizeibeamte auf einer Bank, wo ich zwanzig Minuten warten musste. Man wollte sichergehen, dass das Testergebnis nicht durch irgendeine unbekannte Substanz verfälscht würde, die ich mir in den Mund gesteckt hatte. Offenbar steckten sich Leute, die im Verdacht standen, betrunken Auto gefahren zu sein, und ins Röhrchen pusten sollten, manchmal heimlich ein Pfefferminzbonbon in den Mund, und das verfälschte das Ergebnis. Wenn ich meinen Mund während der Wartezeit auch nur berührte, würden wir noch einmal zwanzig Minuten warten müssen, bevor wir den Test machten.

„Ich darf Ihren Mund für zwanzig Minuten nicht aus den Augen lassen, um sicherzugehen, dass Sie ihn nicht berühren und einen Bonbon hineinstecken", sagte der Polizist. Er demonstrierte mir, wie ich mich an der Nase kratzen dürfe, wenn ich das müsste, ohne dabei von der Seite die Sicht auf meinen Mund zu versperren. Dazu musste ich meinen Arm über den Kopf heben und meine Hand von vorne oben über mein Gesicht hinunterlassen, damit ich meine Lippen nicht verdeckte.

„Manche Leute berühren ihre Lippen absichtlich, um Zeit zu schinden", sagte der Polizist. „Zwei Mal – und Sie werden automatisch wegen Trunkenheit angezeigt."

Da ich nach wie vor nicht wusste, wie viel Alkohol ich getrunken hatte, und mir alle möglichen Auswirkungen durch den Kopf gingen, die ein Führerscheinentzug für mich haben würde, hatte ich das tatsächlich in Erwägung gezogen. So tief war ich schon gesunken – wie ich mir eingestehen musste –, so verzweifelt war ich angesichts der Vorstellung, was eine Anzeige für mein Leben bedeuten würde. Nicht nur die Unannehmlichkeit, ein paar Monate ohne Führerschein zu sein oder die Erhöhung der Versicherungskosten. Allem voran die Scham: ein Gefühl, das ich so gut aus meiner Kindheit kannte, als meine größte Panik in der Möglichkeit bestand, dass jemand (meine Freunde, meine Lehrer, meine Nachbarn) herausfinden könnte, dass mein Vater trank.

Weitere Zeit verging. Ich dachte an die überbackenen Auberginen, die ich gegessen hatte, und war froh, dass ich noch mal nachgenommen hatte. Ich stellte mir vor, wie die Polizei meine Tochter anrief und sie darüber informierte, dass ihre Mutter festgenommen worden war und auf der Polizeiwache saß. „Meine Tochter hat einen tiefen Schlaf", sagte ich zu dem Polizeibeamten. „Sie wird vielleicht das Telefon nicht hören." Nicht, dass es eine gute Nachricht wäre, wenn sie abheben und seinen Anruf entgegennehmen würde. Und wieder fühlte ich Scham bei dem Gedanken daran, dass sie hören würde, dass ihre Mutter wegen Trunkenheit am Steuer angezeigt worden war – etwas, was meinem Vater nie passiert war, obwohl es ihm Hunderte Male hätte passieren können.

„Wir können eine Streife hinschicken, um sie zu holen", sagte er. Und ich stellte mir diese Szenerie vor: Audrey, die vom Klopfen an der Tür aufwacht, die Treppe hinuntergeht und vor der Tür einen Mann in Polizeiuniform stehen sieht. Ich weiß, was ich denken würde.

Zwanzig Minuten waren um, Zeit für den Test. „Manche Leute pusten nur mit halber Kraft", erzählte mir der Beamte. „Aber dem Apparat reicht das."

Ich nahm das Röhrchen in den Mund. Pustete kräftig. Wartete. Pustete noch einmal. Setzte mich wieder auf die Bank.

Ein paar Minuten später ratterte ein Blatt Papier aus dem Drucker wie ein Fax: mein Atemtestergebnis. Der Beamte riss es aus dem Fach und las. Ich betete: Lass bitte alles in Ordnung sein, und ich werde es nie wieder so weit kommen lassen.

Er las. Er verschwand in einem anderen Zimmer. Durch die Tür konnte ich das Spiel der Red Sox hören. Eins der letzten Innings. Sie mussten irgendwo an der Westküste spielen.

Qualvolle Minuten vergingen. Endlich kam der Beamte zurück. Vielleicht war das Spiel zu Ende. Vielleicht fand er auch einfach, dass ich genug gelitten hatte.

„Sie haben eine 0,2 gepustet", sagte er. „Sie können gehen."

Was bedeutete, dass mich ein Polizeibeamter zu der Werkstatt fuhr, zu der mein Auto gebracht worden war, der Werkstatt unseres alten Freundes Gene. Dafür würde natürlich auch eine Rechnung kommen, zusätzlich zu den 200 Dollar für überhöhte Geschwindigkeit. Aber ich wusste, dass ich Glück gehabt hatte.

Gegen ein Uhr kam ich bei dem Haus meines Freundes an. Er hatte eine Weile auf mich gewartet, war dann aber ins Bett gegangen. Ich erzählte ihm die Geschichte am nächsten Morgen, ließ sie eher lustig klingen als grauenhaft.

Ich gab mein Mietauto zurück und fuhr zum Flughafen, von wo aus ich Audrey anrief und ihr berichtete, was geschehen war. Ich wollte nicht, dass meine Tochter die gleichen Fehler machte wie ich. Ich wollte sie beschützen. Wenn ich die Veranlagung zur Alkoholsucht im Blut habe, hat sie sie auch.

Kurz vor Mitternacht war ich wieder zu Hause in Kalifornien. In dem Moment wurde mir das volle Ausmaß dessen bewusst, was am gestrigen Abend vorgefallen war – wie nahe dran ich gewesen war, wegen Trunkenheit am Steuer belangt zu werden, und wie sehr das mein Leben verändert hätte. Nicht nur, weil ich oben am Berg wohne, wo man für jeden Einkauf, jeden Besuch im Fitnessstudio ein Auto braucht. Sondern vielmehr wegen der damit verbundenen Erkenntnis, dass ich es dreißig Jahre nach dem Tod meines Vaters zugelassen hatte, von derselben Sache abhängig zu werden, die meinen Vater getötet hatte: Ich hatte einen Drink gebraucht.

Die Tatsache, dass ich an dem Abend unter der Promillegrenze geblieben war, machte es nicht besser. Was spielte es für eine Rolle, dass ich nicht betrunken gewesen war, wenn der Alkohol mich unvorsichtig gemacht und mein Urteilsvermögen so eingeschränkt hatte, dass ich fünfundfünfzig Meilen pro Stunde gefahren war, wo ich dreißig hätte fahren dürfen? Und wenn ich einfach nur eine schlechte Autofahrerin und an dem Abend besonders nervös gewesen war? Nur noch ein Grund mehr dafür, dass es an dem Abend keine gute Idee gewesen war, überhaupt etwas zu trinken – egal wie wenig.

Meine Tochter und mein Freund hatten sich beide, nachdem sie meine Geschichte von dem Abend gehört hatten, über den Polizeibeamten mokiert. Aber ich konnte mich über sein Verhalten nicht beschweren, über die Handschellen, die entwürdigenden Anweisungen, wie ich mich an der Nase kratzen solle, das lange Warten während des Baseballspiels, bis ich mein Ergebnis bekam. Wenn mir der Beamte die Handschellen angelegt hatte, um mich aufzurütteln, dann hatte er sein Ziel erreicht.

Als ich vierundzwanzig Stunden später nach einer langen Heimreise in meinem Haus in Kalifornien zur Tür hineinging, wurde mir das volle Ausmaß dessen bewusst, was am Abend vorher vorgefallen war. Endlich wieder zu Hause in meiner eigenen Küche verspürte ich das dringende Bedürfnis, das zu tun, was ich immer tat, wenn ich müde, einsam, besorgt oder einfach traurig war: Ich wollte mir einen Drink einschenken.

Stattdessen ging ich ins Bett.

Durst
Samantha Dunn

Mom trank zu viel.

Damit meine ich nicht, dass sie beschwipst war, wenn sie im Country Club einen Martini zu viel getrunken hatte. Ich meine nicht, dass sie, wenn sie in der Küche Hackbällchen zubereitete, ein paar zusätzliche Gläser Merlot runterkippte. Was ich meine, ist, dass sie sich diesen Scotch, den man in Vier-Liter-Plastikflaschen bekommt, in Eisteegläser eingoss. Das Eisteeglas hielt sie dann an ihre schmalen Lippen und trank in großen Schlucken, als ob Wasser darin wäre und sie gerade eine Wanderung durch die Sahara gemacht hätte. Die Muskelbewegungen in ihrem Nacken erinnerten mich immer an die Art, wie Schlangen sich fortbewegen, und man hatte den Eindruck, dass ihre Kehle mit Schuppen besetzt sein müsse. Sie musste nie husten oder wieder ausspucken, verzog nie das Gesicht, weil die Mengen an Ethanol brannten wie Feuer. (Später, nachdem sie in Rente gegangen war und nicht mehr so viel Geld zur Verfügung hatte, trank sie auf dieselbe Art Zinfandel von Walmart für zwei Dollar und gab manchmal Süßstoff dazu.)

Auf diese Weise trank sie, soweit ich mich erinnern kann, jeden Tag von fünf Uhr an, bis sie so betrunken war, dass ihre Augen trübe wurden wie die von Fischen, so als ob sie von tief unter dem Meer hervor auf die Welt blickte. Irgendwann stand sie dann auf, schwankte ein wenig und verkündete: „Zeit fürs Bettchen", in einem kindlichen Singsang, der so gar nicht zu der tiefen Stimme passte, mit der sie sonst sprach. Ihre Schritte auf dem Flur klangen wie eine Reihe dumpfer, schwerer Hackenschläge. Ich habe nie erlebt, dass sie mal einen Kater hatte.

„Geh nicht gelassen in die gute Nacht, brenn, Alter, rase, wenn die Dämmerung lauert", zitierte Mom oft Dylan Thomas und schwang dabei ihre Zigarette. Und es ist wahr, dass sie aus dem Kopf lange Textpassagen von Shakespeare aufsagen konnte, von Thoreau oder Rudyard Kipling. Sie wusste, wofür man einen Inbus verwendete, sprach ganz passabel Arabisch und Spanisch und konnte mit ihrer

207

Zunge Knoten in die Stiele von Cocktailkirschen machen. Sie kannte alle Elemente des Periodensystems auswendig, konnte große Zahlen im Kopf dividieren und war Arthur-Murray-Tanzlehrerin, Spezialgebiet Rumba. Mom konnte mit einem Pokerface, das Denis Leary alle Ehre gemacht hätte, Witze erzählen, sogar noch lustiger als er, und dabei die rechte Augenbraue unabhängig von der linken in die Höhe ziehen.

Und trotz ihres Alkoholkonsums war sie eine großartige Notfall- und OP-Krankenschwester, die auch Kinder auf die Welt holen konnte. Sie ist sogar so oft für einen golfbegeisterten Gynäkologen eingesprungen, der seinen Piepser mal wieder ausgeschaltet hatte, dass es für Mädchen, die um 1971 in einem bestimmten Krankenhaus draußen im Westen geboren wurden, nicht unwahrscheinlich war, dass sie von ihren dankbaren Eltern Deanne genannt wurden – nach der Frau, die sie zur Welt gebracht hatte.

Und trotzdem sagt jeder, der sie kannte und sie beschreiben soll, dass sie zu viel trank. Wenn einer nett ist oder sie vielleicht nicht so gut gekannt hat, ist es vielleicht nicht das, was ihm zuallererst einfällt, aber irgendwann kommt es zur Sprache. Glauben Sie mir. Ich habe mir mein Leben lang Leute anhören müssen, die versuchten, mir diese Neuigkeit beizubringen. „Ich weiß", antworte ich dann. Oder: „Danke für die Eilmeldung." Und manchmal: „Als ob du glaubst, dass ich das nicht wüsste."

Die Tatsache, dass ihr Alkoholkonsum ihr unglaublich brillantes Denkvermögen, ihr lexikonartiges Wissen und ihren mitreißenden Charme auf diese Weise ausstechen konnte, sollte Beweis genug sein für dessen Ausmaß. Ich könnte viel darüber reden, welchen Schaden ihre Trinkerei mir, aber vor allem auch ihr selbst zufügte: über all die ruinierten Beziehungen, das Gefeuertwerden, die Zwangsräumungen, die kaputten Autos, die Platzwunden und Blutergüsse, das verprasste Geld. Aber jetzt, in den ersten Monaten nach ihrem Tod, beschäftigt mich etwas ganz anderes. Was mich beschäftigt, was sich in meinem Kopf festgesetzt hat und mein Hirn bis spät in die Nacht martert, ist die Frage: Was war es wirklich, wonach sie einen solchen Durst verspürte? Und wie hätte dieser Durst gestillt werden können?

Es hatte etwas damit zu tun, irisch zu sein.

Das war immer der erste Begriff, den Mom verwendete, um sich zu beschreiben. Wenn man sie drängte, sagte sie auch „bildschön" oder „brillant" und zwinkerte einem zu. Als Nächstes sagte sie vielleicht „Krankenschwester" oder, noch wahrscheinlicher, „Sams Mom".

„Das sind zwei Wörter, Mom. Die Aufgabe ist, sich mit einem Wort zu beschreiben."

„Dann ist das eine blöde Aufgabe. Und die soll Spaß machen?" Sie schüttelte den Kopf. „Du bist eine Spaßverderberin, mein Schatz – hat dir das schon mal jemand gesagt?"

Irisch zu sein hatte eine große Bedeutung für sie. Und sie sah auch tatsächlich so aus, als hätte eine Casting-Agentur sie von dort hier herübergeschickt: lockige, kastanienbraune Haare, grüne Augen, Stupsnase, ein paar Sommersprossen im Gesicht. Sie schwärmte für Maureen O'Hara, aber sie sah eher aus wie Shirley MacLaine, als sie älter wurde. Ihre ganze Art aber – wie sie redete und sich bewegte, wie sie sich anzog als junge Frau –, das war der Art und Weise, wie Stockard Channing die Figur der Rizzo in der Filmversion von *Grease* verkörperte, so erschreckend ähnlich, dass ich mir das Musical heute wieder und wieder ansehe. Zu Hause liehen wir keine Videos aus.

Sie war so katholisch, wie man es nur sein konnte. Selbst wenn nicht St. Patrick's Day war, trug sie alberne T-Shirts, auf denen stand: WENN IRISCHE AUGEN LÄCHELN, FÜHREN SIE ETWAS IM SCHILDE. Sie gab dir eine Kopfnuss und stellte die Fragen erst hinterher – soll heißen, dass sie etwas von einem Preisboxer an sich hatte. Tommy Makem und die Clancy Brothers plärrten an alkoholgeschwängerten Sonntagnachmittagen aus unserem Plattenspieler. In ausnahmslos jeder unserer Wohnungen lehnte ein Shillelagh in der Ecke bei der Eingangstür – ohne Witz. Und jeden Moment konnte sich mitten in unserem Wohnzimmer ein grimassenschneidender, tanzender Kobold materialisieren.

Okay, ich übertreibe, aber ein bisschen Flunkerei gehört dazu.

Das Komische ist: Kein anderer meiner Verwandten von ihrer Seite der Familie hält sich selbst für so irisch. Unsere Vorfahren stammen tatsächlich aus Irland, aber auch aus Wales, Schottland und England. Es soll auch einen Holländer gegeben haben, anderswo einen Deutschen, und es gibt das Gerücht von einer Urururgroßmutter namens Polly aus dem Stamm der Seneca. Aber wenn man meiner Mutter zuhörte, konnte man meinen, wir wären alle gerade erst mit dem Schiff direkt vom County Clare herübergekommen.

Diese Identifizierung mit allem Irischen kam teilweise daher, dass sie als Kind viele lange Nachmittage und Wochenenden bei Ethel und Jim O'Brien, meiner Großtante und meinem Großonkel, verbrachte. Meine Großmutter – die einzige ungebundene, gutaussehende, geschiedene Frau in einer kleinen Stadt – trank währenddessen Cocktails mit Freunden oder fuhr für das Kaufhaus am Ort, in dem sie als Einkäuferin für Damenwäsche arbeitete, auf Dienstreise nach New York City.

Onkel Jim war tatsächlich direkt aus Dublin gekommen, in Boston gelandet und hatte schließlich irgendwie ein Mädchen aus Warren, auf der Grenze zwischen New York und Pennsylvania, geheiratet. Onkel Jim muss für meine Mutter so etwas wie ein Vater gewesen sein, der Mann, der all die Dinge tat, die ihr Vater nicht mehr tat, nachdem er sie verlassen und in einer anderen Stadt eine andere Familie gegründet hatte.

Aber das ist nicht der einzige Grund, warum meine Mutter sich immer so sehr als Irin fühlte. Ich denke oft darüber nach, wie es wohl für sie gewesen ist: als zurückgelassenes Einzelkind bei zwei alternden Verwandten in diesem ordentlichen Haus mit Spitzendeckchen auf den Möbeln und einem gerahmten Bild vom Papst, der von der Wand auf sie herunterstarrte. Kam daher ihr Durst? Vielleicht begann er als kleines Kratzen hinten im Hals. Und vermutlich hielt sie ihn am Anfang für Hunger. Viele alte Schwarz-Weiß-Fotos aus dieser Zeit zeigen ein pummeliges kleines Mädchen, das lächelnd an einem Tisch voller Teller mit Kartoffeln und Braten sitzt, während eine streng dreinblickende Ethel in einer Vielzahl von Schürzen mit den verschiedensten Blumenmustern in der Küche steht.

Lauschte meine Mutter den Geschichten von Onkel Jim, in denen er – während er liebevoll sein Glas Jameson schwenkte – von dem smaragdfarbenen Ort erzählte, den er zurückgelassen hatte, auf diese für Auswanderer so typische sentimentale, vergrämte Art und Weise, mit der sie ihr Vaterland glorifizieren? Und hallte dabei tief in ihrem Innern das Gefühl der Vertriebenen wider? Vertrieben vielleicht nicht von einem Ort, sondern von der Mutter und vom Vater, nach denen sie sich sehnte?

„Um Gottes willen, was für ein Blödsinn", würde meine Mutter dazu sagen. Ich sehe es vor mir, wie sie dabei mit den Augen rollt. „Du glaubst auch all diesen Quatsch, solche Gefühlsduselei ist gar nicht gut für dich." Dafür gab sie den nichtsnutzigen italienischen Genen meines Vaters die Schuld, der Liebe der Italiener für die Oper und für die Heulerei bei Hochzeiten oder Beerdigungen.

Also eine andere Theorie: Die ganze Sache mit dem Irischen gab ihrem Durst ein praktisches Etikett, einen Grund. Sie brauchte nur „irisch" zu sagen, und es bedurfte keiner weiteren Diskussion. Sie war eben eine Frau, die der Meinung war, dass sich jedes Gefühl, das überhaupt eine Existenzberechtigung besaß, mithilfe einer Grußkarte aus dem Drehständer zum Ausdruck bringen ließ. Wenn ihr jemand ihre Alkoholsucht vorhielt – ich, ihre Mutter, ihre Lebensgefährten, ihre Freunde, ihre Arbeitgeber –, erwiderte sie nur (ungehalten), dass sie eben trank, „wie Iren nun mal trinken". Ich hörte diese Worte einmal in einem Film und dachte, hey, das haben sie von meiner Mutter geklaut.

Ihren ersten Drink bekam Mom mit vierzehn, einen Cocktail namens Pink Lady (Gin, Grenadine, Sahne. Jedes Kind, das eine ähnliche Kindheit hatte wie ich, macht mit etwa sechs Jahren so etwas wie eine Barkeeper-Ausbildung). Ich habe irgendwo ein Foto von diesem so unheilverkündenden Ereignis. Es wurde 1952 in einer Touristenkneipe in Manhattan aufgenommen. Mom sitzt mit glänzendem Gesicht und einem hübschen Kleid, aus dem hier und da noch ein bisschen Babyspeck herausquillt, neben meiner eleganten Großmutter, die mit ihrem Pillbox-Hütchen und den roten Mona-Lisa-Lippen aussieht wie ein Filmstar. Man denkt, sie müsste in Begleitung von Rock Hudson dort sein, stattdessen ist es ein plumper irischer Typ mit Namen

Patrick, einem leichten Bauchansatz und einer Frau und fünf Kindern in Pennsylvania. Wer nimmt seine heranwachsende Tochter mit zu einem Date mit einem verheirateten Mann, mit dem sie eine Affäre hat, und bestellt ihr einen Cocktail? Meine Großmutter.

Ich frage mich, ob meine Mutter damals versuchte, ihn einzuschätzen, ob sie sich vorstellte, wie dieser Patrick jeden Abend nach der Arbeit zur Tür herein käme, sie anlächelte und fragte: „Wie war dein Tag in der Schule, Macushla?" Ich sehe sie vor mir, wie sie ihn beobachtet, den Pink Lady an den Lippen, und wie sich der süße Sirup und das Brennen des Gins mit der Sehnsucht nach etwas vermischen, das sie nie hatte, wie sich in diesem Moment widerstreitende Gefühle überlagern und für den Rest ihres Lebens Alkohol und Sehnsucht in den Nervenzellen ihres Gehirns eine Einheit bilden. Vielleicht war es aber auch so, dass sie sich unwohl fühlte und verkrampft war, wie sie da bei ihrer Mutter und diesem alten Patrick saß (ging sie nicht mit seinen Kindern auf dieselbe Schule?), aber der zweite Gin drang in ihr System ein, die Anspannung löste sich und die Situation wurde einigermaßen erträglich. Vielleicht sogar ganz schön.

Oder auch nicht. Vielleicht fand sie den Pink Lady einfach nur lecker.

Natürlich brachte der Alkohol sie um. (Dieser Satz würde sie zur Weißglut bringen. Sie würde Ihnen sagen, dass es medizinische Inkompetenz war, die sie umbrachte, dass Ärzte „so hilfreich waren wie Zitzen an einem Eber" und dass sie noch leben würde, wenn ich sie nicht ins Krankenhaus verfrachtet hätte. Aber da es nun mal ich bin, die noch lebt, erzähle auch ich die Geschichte.)

Die erträgliche Version ihres Todes lautet in etwa so: ließ in der Küche ein Glas fallen; trat barfuß in eine Scherbe, versuchte, die Wunde zu Hause zu versorgen; die entzündete sich; es kam zu Wundbrand, und ihr musste der halbe Fuß abgenommen werden; mehrere bedrohliche, möglicherweise lebensbedrohliche Dinge wurden festgestellt; Notoperationen aller Art wurden notwendig; ein zweimonatiger Krankenhausaufenthalt folgte; sie bekam eine Sepsis; wieder

Notaufnahme im Krankenhaus; zwei Wochen später war sie tot. (Um Ihnen die Details zu schildern, wären eine Kraft und ein Mut vonnöten, die ich momentan nicht aufbringe.)

Und immer noch: der Durst.

Eine kleine Geschichte zur Erklärung: Sie kommt nach ihrem zweimonatigen Klinikaufenthalt zu uns nach Hause. Sie humpelt mit ihrem halbamputierten Fuß die Stufen hoch und geht schnurstracks in die Küche. Ich bin mit meinem Sohn im Wohnzimmer, als ich höre, wie sie im Schrank herumwühlt.

„Was suchst du, Mom?"

„Wo zum Teufel ist der Wodka, den du hier drin hattest?"

Als der Krankenwagen am nächsten Tag kam, hatte sie mehr als einen halben Liter davon intus. Ich hatte gewusst, dass sie das tun würde. Ich wusste es aus lebenslanger Erfahrung. Trotzdem weinte ich.

Ich möchte das hier klarstellen: Ich kenne mich aus mit Alkoholismus. Ich habe einen schwarzen Gürtel in Al-Anon. Ich habe für Bücher, die ich geschrieben habe, über Sucht recherchiert, habe mehr als einmal Dr. Drew (den „Entzugs-Doktor" aus dem Fernsehen) für Artikel im O, The Oprah Magazine interviewt, bla bla bla bla bla. Krankheit, genetische Prädisposition, Umfeld, psychologische Faktoren … jaja, ich weiß. Ich weiß das alles, und trotzdem scheint das alles nicht auszureichen, um dieses unstillbare Etwas in meiner Mutter zu erklären. Vielleicht können Biologie, Psychologie, Soziologie und all die anderen -ogien, die wir uns ausgedacht haben, die Süchte und Abhängigkeiten mancher Menschen erklären oder umreißen. Bei anderen Menschen lässt deren Unermesslichkeit die Wissenschaft wie einen Zwerg dastehen.

Es ist unerklärlich. Viele Dinge sind es.

Aus irgendeinem Grund hatte ich früher die Vorstellung, dass ich das unstillbare Etwas zur Strecke bringen könnte, wenn ich nur erfolgreich genug wäre. Aber natürlich konnte ich das nicht. Ich hatte gehofft – heimlich gehofft, weil ich es da schon besser wusste –, dass sich das Ding durch die Geburt meines Sohnes, Moms geliebten Enkels, ein für alle Mal in Luft auflösen würde. Aber selbst das tat es nicht. Im Laufe meines Lebens habe ich gegen dieses Ding gewütet und bin vor ihm davongelaufen, ich habe es angebrüllt und darauf eingeschlagen, ich habe versucht, es zu verstehen, und schließlich sogar, es anzunehmen. Jetzt, nachdem das Ding und meine Mutter nicht mehr da sind, habe ich so etwas wie eine seltsame Art objektiver Neugier entwickelt. Vielleicht auch so etwas wie eine bizarre Ehrerbietung.

Letztes Bild: Mom, ein aufgedunsener Körper im Krankenhausbett, an alle möglichen Schläuche gehängt, die meisten ihrer Organe schon nicht mehr funktionsfähig. Die Ärzte haben die Aufnahme von Flüssigkeit streng limitiert, aus Angst, dass sie sie einatmet und eine Lungenentzündung bekommt oder dass sie daran erstickt oder dass sonst irgendetwas Schreckliches passiert, was ich nicht verstehe. Das Einzige, was erlaubt ist, sind diese grünen Mundpflegeschwämme. Ich halte sie in mein Mineralwasser, damit sie sich vollsaugen, und gebe sie Mom zum Lutschen, wenn sie genug bei Bewusstsein ist, um das zu wollen.

Jetzt bittet sie mich mit einem Wink ihres Fingers näher zu sich heran. „Süße, ich hätte gern ein bisschen Cola."

Ihre Stimme ist heiser und trocken, ein Krächzen, aber es ist immer noch die Stimme meiner Mom. Und obwohl mir die Worte „Nein, die Ärzte erlauben es nicht", schon auf den Lippen liegen, schlucke ich sie wieder runter, bevor ich sie aussprechen kann. Was soll's? Ich will nicht die Person sein, die das sagt, was gesagt werden müsste. Ich will einfach ihre Tochter sein, deshalb sage ich zu ihr: „Bin gleich wieder da", und renne los und hole die Schmuggelware von unten aus der Cafeteria.

Ihre Augen sind geschlossen, als ich zurückkomme, und die Apparate erscheinen mir zu still. Für einen schrecklichen Augenblick fürchte ich, dass ich zu spät komme. Aber dann flattert ihr Atem, und sie wacht auf und sieht mich an. Ich halte die Colaflasche hoch.

Siehst du, ich hab sie.

Prima, prima.

Das Natriumkarbonat in dem Trinkschwämmchen bringt die Cola

noch mehr zum Sprudeln. In nur einer Sekunde ist es vollgesogen. Als ich es ihr an die Lippen halte, legt sie ihre Hand auf meine, um sie zu führen. Ihre Haut ist unglaublich zart, fast seidig. Ihr ledriger Mund öffnet sich begierig, um den Schwamm aufzunehmen.

Sie schließt die Augen, und ich sehe, wie sie schluckt und dann das Gesicht verzieht. Sie hustet heftig. Ich halte ihr ein Tuch an den Mund und frage mich: *Was hab ich nur getan?*

Alles okay?

Sie nickt kaum merklich und zwinkert mir zu.

Lecker.

Mehr?

Ich gehe davon aus, dass sie Ja sagt – mal ehrlich, wann hat sie jemals Nein gesagt? –, und halte einen neuen Schwamm in die Cola. Aber dann sehe ich, wie sie ihren Kopf hin und her bewegt. „Nein, Süße."

Genug? War das das Richtige?

Das Richtige.

Ich lege meine Hand auf ihre. So bleiben wir für ich weiß nicht wie lange. In den frühen Morgenstunden des nächsten Tages wird sie tot sein.

Was ist schon dabei?
Eine Lehrstunde für Schulkinder und ihre Eltern
Laura Jofre

Vor Kurzem hörte ich bei einer Unterhaltung zwischen meinen beiden älteren Kindern – elf und vierzehn – die Worte „betrunkene Eltern" heraus. *Sprachen sie etwa über mich und meinen Mann?*

Wir saßen nicht weit weg von ihnen in der Küche bei einem verspäteten Abendessen, zu dem wir ein Glas Wein tranken. Unsere Kinder – erfolgreich vom „Präventionstraining gegen Drogenmissbrauch für Fünftklässler" indoktriniert – sind momentan der Meinung, dass *jede* Form von Alkoholkonsum schlecht ist.

Dank des Präventionstrainings wissen Sofie und Luca bestens Bescheid über Alkohol, Drogendealer und Gruppenzwang. Sie wissen, wie man sich Cyberbullys, Rauchern und Fremden gegenüber verhält, und nicht zuletzt auch gegenüber Klassenkameraden, die beim Mittagessen Wodka dabeihaben. (Das ist in der Schule meiner Tochter tatsächlich vorgekommen. Ihre Reaktion: „Hat das Mädchen das Präventionstraining nicht mitgemacht? Ich dachte, Alkohol trinken ist schlecht.")

Ich finde es gut, dass das Training sie offen an solche tabuisierten Themen heranführt. Aber ich finde es nicht gut, dass ich nun das Gefühl habe, ein Verbrechen zu begehen, wenn ich mit meinem Mann zum Abendessen ein Glas Wein trinke. Wie konnte es so weit kommen? Unabhängig von dem Präventionstraining habe ich mich immer bemüht, meinen Kindern eine moderate Einstellung zu vermitteln, die am Ende dazu führen sollte, dass die ganze Familie hin und wieder entspannt einen Schluck Wein zum Abendessen trinken kann, auch wenn noch nicht alle einundzwanzig sind.

Vielleicht war das Wunschdenken. Als ich mir das vornahm, wusste ich noch nicht, wie die Gehirne von Kindern funktionieren. Das fand ich erst heraus, als ich in dem Alkoholthema schon mittendrin steckte. Ich hatte meine eigene Zeit als Jugendliche vergessen, als das Alkoholverbot für mich bedeutete: Lass dich nicht erwischen. Die Kampagne

„So sieht dein Gehirn auf Droge aus" hatte ihre Wirkung auf mich gehabt, und ich hielt mich von Drogen fern, aber Warnungen über Alkoholmissbrauch kamen bei mir nicht an. Es gab im Umfeld meiner Schule Autounfälle wegen Trunkenheit und andere schreckliche Vorkommnisse, aber wie die meisten Jugendlichen fühlte ich mich unsterblich und suchte nach dem Kick, liebte den Reiz des Verbotenen. Erst auf dem College, während eines Auslandsjahrs in Spanien, wurde mein Umgang mit Alkohol ein bisschen reifer.

Ich weiß nicht, ab welchem Alter Alkohol in Spanien erlaubt ist – wenn das überhaupt gesetzlich geregelt ist –, aber ich weiß, dass in der Cafeteria der Uni Bier und Wein verkauft und ganz zwanglos von Studenten und Dozenten zum Essen getrunken wurden. Es war eine Grauzone, ohne die Verkrampftheit, die ein Alkoholverbot für Minderjährige mit sich bringt. Einige meiner amerikanischen Kommilitonen versetzte die neue Freiheit in Panik, und sie bestellten gleich zwei oder drei Bier auf einmal, sehr zur Belustigung – oder auch Geringschätzung – der Spanier.

Währenddessen saß ich mit einem Glas Rotwein und einem Buch von Nabokov in der Ecke und versuchte, einen grüblerischen, intellektuellen Spanier zu beeindrucken, ohne mich mit meinem holprigen Sprachkurs-Spanisch zu blamieren. Ich fand schnell heraus, dass ein Glas *vino tinto* eine mit flüssigem Spanisch gefüllte Perle enthält – ähnlich der saftigen, alkoholgetränkten Olive in einem Martini. Ein Glas Rotwein ließ meine Angst vor konjugierten Verben verschwinden und machte es mir möglich, ein Gespräch zu führen. Und darum ging es beim gemeinsamen Trinken mit Spaniern: sich miteinander unterhalten, zusammen sein, Neues entdecken.

Nach meinem Collegeabschluss reiste ich weiterhin viel, zusammen mit meinem Mann Jaime, und erlebte immer wieder, wie das gesellige Trinken kulturelle Barrieren überwand und wunderbare Momente des Gemeinschaftsgefühls hervorbrachte. Es ist über zwanzig Jahre her, aber ich erinnere mich noch gut daran, wie wir mit deutschen Touristen am Nachbartisch über Fußball debattierten oder wie wir mit einem stolzen andalusischen Kellner verschiedene Sorten

Sherry und mit einem lustigen österreichischen Barkeeper Glühwein testeten.

Und ich erinnere mich an Familien, die beim Essen im Restaurant eine Flasche Wein auf dem Tisch stehen hatten. Bevor wir selbst Kinder hatten, begegnete Jaime und mir das oft, wenn wir auf einem Marktplatz ein Bier oder in einem Café ein Glas Wein tranken. Ich sehe noch die Familie vor mir, die mit mehreren Generationen an einem schattigen Tisch saß, der vor Essen und Flaschen nur so überquoll. Ein Junge an dem Tisch hielt sein Wasserglas mit zwei Händen fest, während zwei andere Kinder in seiner Nähe herumfuchtelten. Ein grauhaariger Mann im Jackett redete mit großer Gestik, das zierliche Weinglas ließ seine Hand riesig erscheinen. Das Ganze strahlte für mich eine ruhige, angenehme Normalität aus, die zu sagen schien: *Dies ist das ganz normale europäische Familienleben.* Es war eine einzige Familie an einem einzigen Tag, aber ich ging einen Schritt weiter und machte etwas Allgemeingültiges daraus.

Vielleicht ist es nur eine pauschalisierende, vereinfachende Wunschvorstellung, aber während ich durch Europa reiste und schließlich auch dort lebte, machte ich mir ein Bild vom Lebensstil der Europäer. Und das besteht aus mehr als nur ein paar Klischees: Europäer genießen das Leben, wo Amerikaner Gefahren wittern. Europäer nehmen sich, was ihnen gerade gefällt, während Amerikaner schwarz und weiß denken und voller Vorurteile sind. Europäer haben keine Glaubenssätze wie „Ich esse kein Fleisch" oder „Ich trinke keinen Alkohol", und sie können hin und wieder einen Aperitif trinken, ohne deshalb gleich in eine Sinnkrise zu stürzen. Es ist eine Frage des Maßes und der Pragmatik. Und dahinter steht immer die Frage: „Was ist schon dabei?"

Für meine erste Hebamme in New York City war ziemlich viel dabei. Sie war sehr dominant und empfahl dominante Bücher. Eine ihrer Regeln lautete: kein Alkohol. Eine andere: keine Süßigkeiten. Nie. Also lebte ich abstinent – eisern, pflichtbewusst und selbstgerecht. Ich vermisste die Cocktails und die Kekse, aber ich muss zugeben, dass ich es auch leicht und sogar befriedigend fand, den unverhandelbaren Regeln zu folgen.

Als ich im sechsten Monat schwanger war, zogen Jaime und ich wegen seines Jobs von New York nach London. Es machte mir Spaß, eine neue Umgebung zu entdecken, fand es aber auch schade, auf einen Pint im Pub verzichten zu müssen. Meine neue Ärztin in England, Mrs L. (ja, in England wurde sie tatsächlich als Mrs statt als Dr. L. angesprochen), lachte über meine totale Abstinenz und erkannte diese „Alles-oder-nichts"-Einstellung sofort als amerikanisch. Ich hatte mich nie so gesehen – hatte ich nicht immer die entspannten Europäer verehrt? –, musste aber einsehen, dass auch ich ein Kind meines Landes war. Die so kluge und realistische Mrs L. sagte zu mir: „Das eine oder andere Glas Wein wird Ihnen nicht schaden." Und sie sagte, ich dürfe auch ein Stück Kuchen essen. Und sie schickte mich in einen Geburtsvorbereitungskurs, in dem ihre Lehrstunde in europäischem Pragmatismus weiter gestützt wurde: Die englischen Frauen waren alle der gleichen Meinung wie unsere Kursleiterin, dass ein Glas Wein völlig in Ordnung sei. Die anderen Amerikanerinnen im Kurs warfen sich Blicke zu. Ich verhielt mich neutral, wie die Schweiz, und unterdrückte ein Grinsen.

Als Sofie auf der Welt war, servierte das Londoner Krankenhaus Jaime und mir ein Champagner-Dinner, aber ich konnte nichts trinken. Es schmeckte falsch und ich hatte meine Angst vor pränatalen Schäden auf postnatale Alkoholvergiftung verlagert. Eine Krankenschwester empfahl mir, hin und wieder ein Guinness zu trinken, um die Milchproduktion anzuregen. „Es ist die Hefe", sagte sie. Es klang wie die Weisheit einer alten Frau, reizvoll und glaubwürdig, wie „Brandy ist gut gegen Erkältung". Aber ich tat es trotzdem nicht. Ich hatte Angst, Sofie zu schaden.

Nach ein paar Monaten ermutigte mich Mrs L., nach einem Babysitter Ausschau zu halten. Sie teilte auch die Meinung meiner Krankenschwester, was die Wirkung von Guinness anging, und – noch wichtiger – sie war sich sicher, dass es gut für mich wäre, wieder am Sozialleben der Erwachsenen teilzunehmen und so mein inneres Gleichgewicht wiederzufinden, um nicht unter den neuen Anforderungen des Mutterseins zu ersticken. Sie überzeugte mich davon, dass

Sofie von den winzigen Spuren Alkohol in der Muttermilch nach einem Glas Wein keinen Schaden nehmen würde. Sarah, eine Freundin aus dem Geburtsvorbereitungskurs, lud Jaime und mich hin und wieder zum Mittag- oder Abendessen ein und brachte uns auf diese Weise die Trinkgewohnheiten der Londoner näher: Zum Sonntagsbraten mit der Familie gibt es ein Glas Wein. Um sieben Uhr abends ein Glas Champagner. Zum Mittagessen im Pub gibt es Bier, während die Kinder hinten im Garten auf dem Spielplatz toben. Mich faszinierten diese Gepflogenheiten und die Tatsache, dass Eltern für ihre sechzehn- oder siebzehnjährigen Kinder Bier zum Essen bestellen dürfen, obwohl Alkohol eigentlich erst ab achtzehn erlaubt ist.

Sarah fand für uns beide auch eine Mutter-und-Kind-Gruppe, die sich reihum bei einer Teilnehmerin zum Mittagessen traf. Manchmal gab es Wein dazu, und niemand zog die Augenbrauen hoch, egal ob ich welchen trank oder nicht. Es kümmerte sich einfach niemand darum. Meine englischen Freundinnen empfanden es als viel unerhörter, wenn ich am Nachmittag einen Tee ablehnte. Obwohl wir uns durch unsere geteilten neuen Muttersorgen näherkamen, fühlte ich mich immer als die Ausländerin. Bis eines Abends im Pub, als der Alkohol wieder einmal Gutes bewirkte.

Die anderen Mütter nahmen mich mit ins *Ladbroke Arms*. Ich wollte endlich ein Guinness bestellen, aber man sagte mir, dass das ein Männerding und viel zu herb sei – ob es für meinen Milchfluss gut war, war ihnen egal. Sie erklärten mir, was sie heute Abend trinken würden: Shandy. Bier und Limonade. Oh ja, mein amerikanischer Magen zog sich bei der Vorstellung zusammen, Zitronensaft und Wasser ins Bier zu mischen. Aber es stellte sich heraus, dass Limonade in England ein süßer Zitronensprudel ist, wodurch der Drink nicht ganz so schlimm war, sondern eher lustig. Es machte mir tatsächlich Spaß, ihn zu trinken, aber mehr als einen brachte ich nicht runter, weil er mir nicht wirklich schmeckte. Ich kann mich noch an die Gesichter meiner Freundinnen erinnern: Sie machten sich über meine Unwissenheit lustig, sie lachten über meine Reaktion, sie waren sich sicher, dass ich es mögen würde, und sie freuten sich über das Zusammengehörigkeitsgefühl und die Intimität, die entstanden, als alle gemeinsam das Gleiche tranken. Nach einsamen Monaten als Schwangere fern von zu Hause und dem Stress, junge Mutter zu sein, war alles, was ich brauchte, um mich zu regenerieren, ein Drink im Pub mit Freundinnen.

Zurück im Vorstadtleben von New York ist es wieder schwieriger, sich zu entspannen und auf diese Art Kontakte und Freundschaften zu schließen. Ich bin nicht mehr im Auslandssemester, im Urlaub oder von der Firma in die Fremde entsandt. In dem Ort, in dem ich wohne, gibt es keine Marktplätze und keine Biergärten. Es gibt Schulen und Sportanlagen. Eltern begegnen sich am Spielfeldrand, bei Schulveranstaltungen, auf dem Wochenmarkt, im Park – wo es nirgends ein Café gibt. Diese wohlhabende Gemeinde, in der Trunkenheit am Steuer und Alkoholmissbrauch eine große Gefahr für Kinder darstellen und aus Steuergeldern ein Präventionstraining gegen Drogenmissbrauch für Zehnjährige finanziert wird, diese Gemeinde steht dem, was Alkohol Gutes hervorbringen kann, wenig wohlwollend gegenüber. Und ich höre mich plötzlich die alte Gleichung verteidigen: guter Wein gleich gute Laune. Die Vorstellung von einer Kneipe mit einem Spielplatz hinterm Haus ist hier undenkbar. Ich kenne Eltern, die niemals vor ihren Kindern Alkohol trinken würden. Sie wollen kein schlechtes Vorbild sein.

Sarah hat mir erzählt, dass es unter englischen Jugendlichen genauso große Probleme mit Alkohol gibt, und natürlich auch unter Erwachsenen. Alkoholismus ist weit verbreitet. Also bringt auch die „gemäßigte" europäische Gesellschaft nicht ausschließlich maßvoll lebende Jugendliche hervor. Trotzdem glaubt Sarah an ihren Weg, Jugendliche an den Umgang mit Alkohol heranzuführen und dazu auch irgendwann mit ihnen zusammen ein Glas Wein zum Essen zu trinken. Sie ist der Meinung, totales Verbot würde nur zu totalem Exzess führen.

Ich habe inzwischen drei Kinder, und ich weiß, dass alles, was sie nicht haben dürfen – egal ob Hundewelpe oder Trampolin –, einen ganz besonderen Reiz bekommt. Zum Glück haben wir mit unseren Teenagern noch keine Alkoholkatastrophe erlebt, aber Sofie, die jetzt vierzehn ist, kriegt schon mit, wie die prophetischen Warnungen aus dem Präventionstraining unter ihren Mitschülern Realität werden: das Lügen, die Heimlichkeiten, Regelüberschreitungen und der Exzess, der so furchtbare soziale Folgen nach sich ziehen kann (oder im Krankenwagen endet wie bei der Schülerin mit dem Wodka in der Schulmensa).

Als ich das mitbekam, habe ich angefangen, Sofie bestimmte Dinge zu verbieten, und ihr angeboten, dass ich sie jederzeit von überallher abhole. Ich habe meinen Kindern gesagt, dass ich Alkohol trinken darf, weil ich erwachsen bin und weil mein Körper und mein Hirn vollständig entwickelt sind. Gleichzeitig stimmt ein Teil von mir – der europäische – mit Sarah überein und hat immer noch das Ziel, in meiner Familie einen maßvollen Umgang mit Alkohol zu etablieren. Ich habe nicht vor, meinem Elfjährigen ein Bier in die Hand zu drücken, aber mir kam ein Plan in den Sinn, den ich für angemessen hielt.

Vor Kurzem servierte ich den Kindern bei unserem gemeinsamen Sabbatmahl einen Schluck Wein in den wunderschönen antiken Gläsern, die ich von meiner Mutter geerbt hatte. Es wurde viel gekichert und sich geziert, der Wein wurde wenig gemocht. Die Woche darauf bot ich wieder dasselbe an und alle lehnten ab und sagten, dass es falsch sei, wenn sie Wein trinken würden. Vielleicht wäre das der richtige Moment gewesen – auch wenn er ein bisschen unangenehm war –, um einmal einen solchen Mittelweg auszuloten, das perfekte Beispiel dafür, dass man Alkohol nicht trinkt, um sich zu betrinken, sondern um gemeinsam bei einem Familienabendessen das Ritual des Weintrinkens und auch das reiche Mahl, das wir vor uns hatten, zu feiern und wertzuschätzen. Stattdessen aber erstarrte ich. Ich hatte plötzlich nicht mehr das Gefühl, dass ich sie zu einem zukünftig maßvollen Leben hinführte, sondern dass ich ihnen hier und jetzt quasi beibrachte, Alkohol zu trinken. Zu denken: „Ach kommt, es ist doch nur ein Schluck", alarmierte mich mit einem Mal. Die Kinder hatten die Trillerpfeifen ihres Präventionstrainings gezückt. Genau wie bei meiner dominanten Hebamme waren klare Verbote einfach und angenehm. In der folgenden Woche schenkte ich ihnen Apfelsaft ein: dasselbe Ritual, andere Frucht, kein Mittelweg.

Ich stellte mir vor, Jaime und ich würden nun einfach weiterhin unseren Wein trinken und die Kinder da rauslassen, aber dann hörte ich diese Worte: „betrunkene Eltern". Die Kinder beschweren sich nach wie vor über die Flasche Wein auf dem Tisch. Alkohol ist schlecht. Kann ich Sofie erklären, dass Wodka zum Mittagessen tatsächlich schlecht ist, aber dass in ein paar Jahren ein Glas Wein in netter Gesellschaft sie locker und mit fremden Menschen und Orten vertraut machen wird, so wie ihre Mutter in ihren besten Zeiten in Spanien? Ich kann es nicht, wirklich nicht. Ich kann meine College-Erfahrungen nicht mit ihren jungen Teenager-Erfahrungen in Zusammenhang bringen. Sie ist noch nicht so weit, und deshalb sollte sie auch keinen Alkohol trinken, noch nicht.

Jugendliche haben noch kein sicheres Gefühl für das richtige Maß. Gerade sie, viel mehr als alle anderen, treiben es zu weit, trinken sich ins Koma, lernen bis zum Umkippen, lassen sich total hängen oder sagen so absolutistische Sätze wie „Ich esse nie wieder Fleisch" oder „Alkohol ist schlecht". Eines Tages wird Sofie diesem Teenagerdenken entwachsen.

Ich glaube nicht, dass meine Kinder bis zu ihrem einundzwanzigsten Geburtstag abstinent bleiben werden und dann plötzlich in ein nettes Café gehen und einen Chardonnay bestellen. Ich möchte ihnen ein Leben zeigen, in dem Alkohol kein Teufelswerk ist, sondern dazugehört, und dazu beitragen, dass sie sicher in so einem Leben ankommen. Ich freue mich auf den Tag, an dem ich mit meinen Kindern nicht nur bei einem leckeren Essen, sondern auch bei einem Glas Wein zusammensitzen kann. Vielleicht muss ich bis dahin noch mal einen Abstecher nach Europa machen.

Teil 5 Bekenntnisse

Zu viel ist kaum genug

„Auf den Alkohol: die Ursache aller Probleme –
und die Antwort darauf."
– Matt Groening –

Halb sieben
Kathryn Harrison

Als Jugendliche trank ich nie Alkohol, und auf dem College und danach auf der Graduate School nur selten. Erst mit dreißig, nachdem ich meinen Job gekündigt hatte, um Vollzeit zu Hause zu arbeiten, begann ich, die Wirkung von Alkohol schätzen zu lernen, und stellte fest, dass ich die meisten meiner Freunde unter den Tisch trinken konnte. Wenn wir am Abend ordentlich gebechert hatten, sprang ich morgens fit und fröhlich aus dem Bett – sehr zum Leidwesen meiner verkaterten Freunde. Ich empfand das als ein Geschenk, gerade für einen introvertierten Menschen, der gern hin und wieder auf Partys geht.

Alkohol nimmt mir die Angst davor, Menschen zu treffen und mich mit ihnen zu unterhalten. Es braucht nur ein paar Martinis, und die Vorstellung, unter Leuten zu sein, wandelt sich von einer unangenehmen Prüfung, bei der ich Angst habe zu versagen, zu etwas, von dem ich weiß, dass es mir Freude machen wird. Alkohol löst und schärft meine Zunge, bringt Schwung in langweilige Gespräche und diese Sorte kurzer, erfrischender Flirts, die auch denen erlaubt sind, die seit einem Vierteljahrhundert treu liiert sind. Er befreit mich von dem Abwehrpanzer, hinter dem ich mich – reflexartig, ohne es zu wollen – normalerweise verberge. Von der coolen, undurchdringlichen und anscheinend desinteressierten Fassade, die einmal einen neuen Kollegen dazu veranlasste, mich hinter meinem Rücken stets „die Eiskönigin" zu nennen. Das erzählte er mir später selbst, als wir bei einer Weihnachtsfeier nach ein paar Drinks in ausgelassener Stimmung waren. „Ich wünschte, du hättest dich sehen können, als du zu diesem Vorstellungsgespräch hereinkamst", sagte er und schüttelte den Kopf. „Du bist völlig anders, als du auf den ersten Blick erscheinst."

Ich hatte Spaß auf dieser Feier – die Getränke waren umsonst –, aber ich ging deprimiert nach Hause. „Ja", sagte mein Ehemann, „so kannst du rüberkommen." Meine Reserviertheit wurde als Arroganz missverstanden. Er übte mit mir, wenigstens zum Schein erfreut zu lächeln und meine Hand zur Begrüßung auszustrecken. „Du bist ja nicht wirklich unfreundlich", sagte er. „Und ich weiß, wie viel Spaß man mit dir haben kann. Aber wie soll das jemand anderes wissen, Schatz, wenn du Leuten nicht in die Augen siehst, wenn du sie triffst, und es nicht einmal versuchst, mit ihnen zu reden?"

Alles Üben, alles Ausprobieren nützte nichts. Aber Alkohol – Alkohol war ein Elixir, ein Zaubertrank. Alkohol war der Katalysator, der eine meiner Lieblingsbeschäftigungen überhaupt erst möglich machte, der mir die Mittel gab, Futter für den After-Party-Tratsch zu sammeln, den, wie ich gestehen muss, mein Mann und ich oft noch mehr genießen als die Partys selbst.

„Los, komm", sagt dann einer von uns, wenn der andere drauf und dran ist, eine Einladung zu einer dieser Veranstaltungen auszuschlagen, die wir weniger als Paar besuchen, sondern als getrennte Sammler von Eindrücken, die wir uns dann später im Taxi oder am Frühstückstisch gegenseitig zum Besten geben. „Denk dran, wer noch da sein wird. Denk an morgen früh."

Wenn ich, wie zum Beispiel als ich schwanger war, keinen Alkohol trinke, vermeide ich solche Situationen, in denen ich mich so unwohl fühle wie damals mit zehn oder fünfzehn, bei denen ich kein Wort herausbringe, nur panisch auf der Suche bin nach einer Möglichkeit zu fliehen. *Wie machen sie das nur?*, habe ich mich gefragt, als ich zusah, wie meine Kinder durch ihre Jugendzeit spazierten und sich ganz offen, ja sogar mit Begeisterung, unter ihre Altersgenossen mischten – mich lässt schon die Erinnerung an derartige Situationen zusammenzucken. Bevor ich selbst Kinder hatte, die ich beobachten konnte, war mir nicht bewusst, wie schüchtern – wenn nicht sogar antisozial – ich als Jugendliche gewesen war, und ich merke, dass ich heute auf dieses Mädchen von damals mit einem Mitgefühl blicke, das ich zu der Zeit nie für mich empfand. Ich weiß nicht, ob ich selbst hinter die Fassade der Person sah, die ich meinen Klassenkameraden – von denen ich niemals jemanden außerhalb der Schule traf – präsentierte: ein fleißiges Mädchen, das lieber mit Lehrern sprach als mit Mitschülern, das auf dem Flur oder in der Umkleidekabine immer zu Boden blickte, das

Gesicht hinter den Haaren verborgen. Das Mädchen, das ich war, lernte das ganze Wochenende hindurch und verbot sich jahrelang zu essen, so als ob es am Ende am liebsten ganz verschwunden wäre. In meinem Fall kam die Erleuchtung spät: *Deshalb hat man auf Partys also Bars!* Für mich gibt es keine Feier – und nichts zu feiern – ohne die betäubende und lockermachende Wirkung des Alkohols, und noch bevor ich mich nach einem bekannten Gesicht in der Menge umsehe, suche ich zuallererst nach der Theke. Aber das betrifft mein Leben draußen in der Welt. Mein Leben zu Hause ist etwas anderes.

Seit zwanzig Jahren verdiene ich mein Geld in derselben räumlichen Umgebung, in der ich auch schlafe und aufwache, in der ich koche und esse, abspüle und Wäsche wasche. Während dieser ganzen Zeit war Alkohol immer mein zuverlässiges Mittel, um einen Arbeitstag zu beenden. Obwohl ich nicht „von der Arbeit nach Hause gehen" kann, ebnet der Alkohol mir einen Weg, in ein *anderes* Zuhause zu kommen, das anders aussieht und sich anders anfühlt. Er macht es mir möglich, mein Arbeits-Ich zurückzulassen und in einen anderen Daseinsmodus zu schlüpfen. Eine Flasche Wein aufzumachen bedeutet, ich habe mit dem Schreiben – und dem Kampf und der Anstrengung – aufgehört, um Zeit mit meiner Familie zu verbringen und mich häuslichen Pflichten zu widmen, die ich während der Zeit, die für meine Arbeit reserviert ist, komplett ausblende. Ich habe Alternativen ausprobiert: joggen oder zum Yoga gehen zum Beispiel. Aber ich bin Mutter. Gerade dann, wenn ich gern rausgehen würde, muss ich zu Hause sein. Also schenke ich mir ein Glas Wein ein, beaufsichtige Hausaufgaben, mache Abendessen und höre meiner jüngeren Tochter beim Bratschespielen zu, was für leicht betäubte Ohren viel schöner – oh, so viel schöner – klingt.

Dazu kommt meine Konstitution, meine hochleistungsfähige Leber. Selbst als ich noch aufs College ging, habe ich den ersten Drink kaum überhaupt gespürt. Die Zeit verging, ich kaufte größere Weingläser, und schließlich reichten nicht einmal mehr zwei davon. Dann auch plötzlich drei nicht mehr, und ich begann Martinis – üblicherweise hin und wieder ein Aperitif im Restaurant oder in der Bar – zu

Hause zu trinken. War es 2008, als ich anfing darauf zu achten, dass immer eine Flasche Wodka im Tiefkühler lag? Zugegebenermaßen – und ich habe es wirklich zugegeben – hatte ich die feste Angewohnheit entwickelt, mir einen Drink einzuschenken, sobald ich um fünf die Treppe runterkam. Ich überlegte keine Sekunde, ob ich überhaupt einen Drink wollte, so wie eine Pendlerin keine Sekunde überlegt, ob sie in den Zug in die Stadt und später wieder zurück in den Vorort einsteigen will oder nicht. In der Regel hatte ich bis zum Abendessen zwei Gläser geleert. Der alte Spruch über Martinis – dass sie wie Brüste sind: „Zwei sind perfekt, ein dritter einer zu viel" – galt für mich nicht. Mir gefiel es, „dreibrüstig" zu trinken.

Ich trinke gern. Sehr gern. Ich liebe es, um ehrlich zu sein. Ich liebe es, wie der Alkohol die Welt verlangsamt – mich verlangsamt – und mich von den zahllosen kleinen Ärgernissen des Lebens befreit. Mit drei Kindern, drei Katzen, einem Hund, einem Kaninchen und einem unordentlichen Ehemann sind Ärgernisse garantiert, in Hülle und Fülle. Aber es gab eine Möglichkeit, den Kühlschrank aufzumachen, das umgekippte, deckellose Glas Honig zu sehen und dessen Inhalt, der von einem Fach ins nächste tropfte und sich schließlich unten in der unerreichbaren Ecke hinter der Gemüseschublade sammelte – und nicht vor Wut in Tränen auszubrechen und in Erwägung zu ziehen, das Abendessen und dessen Zubereitung einfach zu boykottieren. Mit einem Martini in der Hand konnte ich den Honig betrachten und mir, wie ich es oft tue, die lakonische Bemerkung meiner damals zwölfjährigen Tochter (mit Händen in den Hüften, breitbeinig und mit einem überheblichen Gesichtsausdruck, den ich von einem Erwachsenen nur mit Mühe gnädigerweise akzeptiert hätte) ins Gedächtnis rufen, dass ich, wenn ich Ruhe und Frieden wollte, vielleicht nicht drei Kinder hätte kriegen sollen. Diese nur halb ernst gemeinte Schuldzuweisung, von meiner Tochter mit ihrem unfehlbaren Timing vorgebracht, kann mich noch heute so zum Lachen bringen wie in dem Moment, als ich sie das erste Mal hörte.

Aber selbst eine Frau, die jedes einzelne ihrer Kinder gewollt hat und durch sie ein Glück erfährt, das sie nie für möglich gehalten hätte, muss bei dem Gedanken an die mit tropfendem Honig vergeudeten Stunden ihrer kostbaren Zeit vielleicht mal in Tränen ausbrechen. Es ist unvermeidlich, dass Kinder etwas verschütten oder etwas kaputt machen. Sie testen die neuen Filzstifte auf der frisch gestrichenen weißen Wand. Sie schaffen es, den schmutzabweisenden Teppich schmutzig zu machen. Sie bekommen – niemals gleichzeitig, sondern schön eins nach dem anderen – Magen-Darm-Grippe. Und das Einzige, worauf man als Mutter Einfluss hat, ist die Art und Weise, wie man mit diesen Katastrophen umgeht. Ein oder zwei Martinis vollbringen das Wunder, dass ich die Vorstellung ertrage, gleich auf Knien vor dem Kühlschrank meine klebrige Strafarbeit abzuleisten. Dass ich mich frage, wie lange es dauert, bis rohes ungekühltes Hühnchenfleisch schlecht wird, und dann beschließe, mich erst am nächsten Morgen nach einem Kaffee, der so stark ist, dass der Löffel darin stehen bleibt, damit zu befassen.

Bei Koffein habe ich meinen Konsum übrigens viel penibler im Auge als bei Alkohol, infolge von Erfahrungen mit Herzrasen, schwitzigen Händen und Atemnot, also denselben Symptomen, die sich bei mir einstellen, wenn ich gezwungen bin, mit jemand Fremden schlaue Konversation betreiben zu müssen. Ein Becher am Morgen, mehr nicht. Wenn mich jemand fragt: „Wollen wir uns auf einen Kaffee treffen?", antworte ich fast immer: „Lass uns bis fünf warten und zusammen was trinken gehen." Wenn in unserer Familie jemand mit Leidensmiene herumlief, lautete die typische Frage: „Was ist los mit dir? Du siehst aus wie halb sieben." Diesen Satz hatte mein Großvater geprägt, der damit seine Enttäuschung zum Ausdruck brachte, wenn er nach der Arbeit rechtzeitig zum Abendessen nach Hause kam, aber den Aperitif verpasst hatte.

Wenn der Arbeitstag langsam ruhiger wird, tendiere ich zum Gegenteil, werde immer angespannter. Ich habe meine Zähne am Schreibtisch einmal so stark aufeinandergepresst, dass ein Backenzahn gebrochen ist, und das Erste, was ich nach meinem ersten Drink fühle, ist die Wohltat, wie sich mein Nacken und meine Schultern entkrampfen. Ich liebe es, wie sich durch den Alkohol die ganze Körperspannung nach und nach löst. Und noch mehr liebe ich die Wirkung des Alkohols auf meinen Geist, wie er mich in Tiefen meines Bewusstseins führt, die ich ohne sein Zutun nicht erreichen kann.

Anders als mein nüchternes, ehrgeiziges Ich, das so sehr darauf fixiert ist, wie es sich verhält, dass es seine jeweilige momentane Erscheinung schon beim kleinsten Anlass mit Missbilligung straft, gehe ich nach ein paar Martinis in einen Zustand absoluter, gnadenloser Ehrlichkeit über, als ob ich durch eine einwärts auf mich gerichtete Linse schaue, die mich sehen lässt, wer ich bin – und nicht wer ich sein will oder soll. Und das sogar ganz ruhig, ohne jede Bewertung.

Deshalb habe ich an Neujahr aufgehört zu trinken – nicht für immer, sondern für einen Monat, lang genug, um sich daran zu gewöhnen, ohne Alkohol zu leben, und lang genug, um meinen Umgang mit Alkohol neu zu justieren und zu meinem dreißigjährigen Ich zurückzukehren, dem Ich mit dem strengen Niemals-zwei-Abende-hintereinander-Alkohol-Vorsatz.

Ich habe nicht aufgehört, als mein Mann mir zu verstehen gab, dass es nicht okay sei, jeden Abend drei Gläser Wein oder zwei Martinis zu trinken. Ich habe auch nicht aufgehört, als er mich darauf aufmerksam machte, dass andere Leute mich für eine Alkoholikerin halten könnten. Und auch nicht, als er meinte, dass mein vom Alkohol geschärfter Humor oft eher bissig sei als lustig.

Ich hörte auf, nachdem ich mir ganz gezielt bewusst gemacht hatte, wie sehr ich vom Alkohol abhängig war, *während* ich unter seinem Einfluss stand. In betrunkenem Zustand stellte ich mir die Frage, ob ich alkoholsüchtig sei, und meine Antwort lautete, nein, bin ich nicht. Noch nicht. Aber ich trank dreimal mehr, als für Frauen in der Regel als akzeptabel gilt (laut des National Institute on Alcohol Abuse and Alcoholism ein Drink am Tag beziehungsweise nicht mehr als sieben pro Woche). Mein ehrliches, betrunkenes Ich machte sich klar, wie sehr ich darauf angewiesen war, meinen Tag in alkoholisiertem Zustand ausklingen zu lassen, und schloss daraus, dass das Risiko groß war.

Wie ich erwartet hatte, war es mir nicht nur möglich aufzuhören, sondern es fiel mir auch relativ leicht – leicht genug, dass ich es allein schaffen konnte, von einem auf den anderen Tag, ohne die Hilfe einer Gruppe oder eines Therapeuten. Es gab Abende, an denen ich aussah wie halb sieben, aber es schadete auch nicht, dass – wie ich nach einer Woche Abstinenz feststellte – die Antidepressiva, die ich einnehmen muss, besser wirken, wenn ich keinen Alkohol trinke, und ich wurde von einem mir bis dahin unbekannten Optimismus erfüllt. Obwohl ich heute nicht mehr magersüchtig bin, habe ich weiterhin diesen für diese Veranlagung typischen eisernen Willen, und ich finde nach wie vor schlanke Körper ästhetischer als mollige. Eine Frau ab einem bestimmten Alter kann nicht mehr in dem Maße trinken, wie ich es getan habe, und dazu auch noch essen, ohne mit der Zeit an Gewicht zuzulegen – und es war absolut undenkbar, meine Jeans womöglich eine Nummer größer kaufen zu müssen.

So bewahrt mich meine Magersucht auch weiterhin vor der Alkoholabhängigkeit, wie schon zu Collegezeiten, als ich den kalorienfreien Rausch mittels Drogen den schlechten, weil auch noch nährstoffarmen, Kalorien des Alkohols vorzog. Mein ehemaliger Psychoanalytiker bezeichnete meine Magersucht als sogenannte Maladaption, die sich zu einer Zeit ausbildete, als ich mich wütend, ängstlich und machtlos fühlte. Aber egal, ob sie eine Maladaption war oder nicht: Nicht alle Seiten an ihr empfinde ich als negativ. Magersucht verlangt Selbstdisziplin und die Fähigkeit, unermüdlich auf ein Ziel hinzuarbeiten. Diese beiden Eigenschaften haben mir in meinem Leben gute Dienste erwiesen. In meiner Wahrnehmung ist die Magersucht außerdem in gleichem Maße Sucht wie Krankheit, mit der ich auf ähnliche Weise umzugehen gelernt habe, wie eine trockene Alkoholikerin ihr Trinkverhalten unter Kontrolle behält. Mein Essverhalten hat sich zwangsweise normalisiert, der magersüchtige Teil in mir ist ruhiggestellt – denn zerstören lässt er sich nicht. Es hat Jahrzehnte gedauert, aber ich habe gelernt, eine gefährliche Angewohnheit zu entschärfen und gleichzeitig ihre guten Seiten für mich zu nutzen. Um mir gesunde Essgewohnheiten anzueignen – um überhaupt zu essen –, brauchte ich dasselbe, was der Alkoholsüchtige braucht, um trocken zu bleiben: Willenskraft. Und ich konnte mich auf eine Motivation verlassen, die ich aus eigener Kraft nicht immer hätte aufbringen können: auf den Ansporn, den ebenjene Honigverschütter, Kaputtmacher und Bratschenquietscher mir geben, deren Anblick mich zuvor abends zu dem Wodka in der Tiefkühltruhe trieb, so eiskalt, dass meine Hand ihren Abdruck auf der gefrorenen Flasche hinterließ.

Ich habe schließlich einen Sohn und zwei Töchter. Und ich bete darum, dass sie niemals das Elend einer Essstörung durchleben müssen. Ich wünsche mir, dass sie vernünftig mit Alkohol umgehen lernen. Ich kann trotzig sein wie ein Kind, wenn mein Mann seine bevormundenden Bemerkungen macht, und ich habe ihm auf seine Frage, ob ich es meinen Kindern denn vorleben wolle, dass allabendliches Alkoholtrinken ein normales Verhalten sei, keine Antwort gegeben. Aber ich habe sie vernommen, und ich habe darüber nachgedacht, was er gesagt hat. Und ich habe aufgehört.

Ich weiß, dass ich großes Glück habe, weil ich es, obwohl ich meinen Wein und meinen dilettantisch gemixten Martini vermisse, geschafft habe, die Finger davon zu lassen, so wie ich auch bei einer Party so viele Zigaretten rauchen kann, wie ich will, ohne dass ich am nächsten Tag auch nur das Verlangen nach einer einzigen habe. Genau so wie ich auch Glück hatte, als ich im College mit Drogen experimentierte, ohne von ihnen abhängig zu werden. Vielleicht ist es ein Fehler in meinen Hirnverbindungen oder in meiner DNA, so wie der, der mich anfällig für Magersucht machte. Aber ein guter Fehler: vor einer Sucht geschützt, vielleicht sogar bewahrt, durch die Überbleibsel einer anderen. Andernfalls würde ich in ein paar Jahren vielleicht in einem Gemeinderaum sitzen und mich krampfhaft an einem Styroporbecher mit Kaffee festhalten, während ich mich den anderen AA-Meeting-Teilnehmern vorstelle. Eine Katastrophe, die für mich nur auf eine einzige Weise auszuhalten (und immerhin Futter für den After-Meeting-Tratsch) wäre: mit einem Martini in der Hand.

Die Babyparty
Lianne Stokes

Dass ich als Dreißigjährige bei meinen Eltern lebte, war nicht das Ergebnis eines Plans. Während meine Freunde in New Yorker PR-Agenturen ihre ersten Beförderungen erhielten oder in Afrika Bewässerungsprojekte leiteten, saß ich im MY-PRETTY-PONY-T-Shirt in meinem Kinderzimmer und trank Miller-High-Life-Bier. Nicht der beste Moment für eine Einladung zur Babyparty von einer Freundin.

„Hoffe, dich da zu sehen. Es würde Emma sehr viel bedeuten", hatte ihre Schwester in die linke untere Ecke der rosafarbenen, mit Prägung versehenen Einladungskarte geschrieben. Das war eindeutig eine Umschreibung für: *Lianne, ich weiß, dass es dir zurzeit nicht gut geht, aber kratz gefälligst zusammen, was von deiner guten Kinderstube noch übrig ist, und sei pünktlich.*

Ich hatte meinen Job als Texterin in einer Werbeagentur gekündigt und war wieder zu Hause eingezogen, um mich auf meine Karriere als Stand-up-Comedian zu konzentrieren. Ich hatte gedacht, dass es nur für ein paar Monate sein würde, bevor ich genug Geld für eine neue Wohnung gespart hätte, aber es wurde schließlich ein ganzes Jahr. Ich hatte keine Erfahrung als Barkeeper oder Kellnerin und wurde bei einer Firma, bei der ich als Empfangsdame jobbte, gefeuert, weil ich aus Versehen auflegte, als die Frau des Geschäftsführers anrief, um ihm zu sagen, dass ihre Wehen eingesetzt hatten. Ich eignete mich offenbar nicht als hungernde Künstlerin.

Emma war eine frühere Kollegin von mir aus der Werbebranche. Sie war Etatdirektorin, sortierte ihre Ordner nach einem Farbsystem und spielte Golf. Ich hingegen kam um elf mit einem Latte Macchiato zur Arbeit und stellte fest, dass ich vergessen hatte, einen BH anzuziehen. Wir waren grundverschieden, aber wir mochten uns. Emma war alles das, was ich nicht war: durchorganisiert, reif, und sie konnte mit Geld umgehen. Und gleichzeitig war sie es, die bei meinen Comedy-shows immer in der ersten Reihe stand. Sie liebte meine rebellische Art, und ich hatte ihre Freundlichkeit immer zu schätzen gewusst.

Über die Jahre hatte ich auch Emmas Freunde kennengelernt und immer das Gefühl gehabt, dass sie auf mich, „Emmas verrückte Comedy-Freundin", herabsahen. Als ob ich ihr Hofnarr wäre. Ich hatte keine Lust, meine Zeit mit diesen Snobs auf einer Babyparty zu verbringen, schon gar nicht in meinem depressiven Zustand, aber Emma war immer so nett zu mir gewesen.

Also überredete ich mich an diesem Morgen dazu, ein Kleid anzuziehen. Es war von oben bis unten mit Martini trinkenden Frauen bedruckt. Außerdem war es schulterfrei und völlig unpassend für eine Babyparty. Um meine Stillosigkeit vollkommen zu machen, erschien ich in dem Haus in der Upper East Side ohne Geschenk.

„Hi!", rief Emma, als sie mich sah. Sie sah toll aus, ihre ganze 1,75 Meter große, blonde Erscheinung. Abgesehen von der Mini-Basketball-Kugel vor ihrem Bauch war kaum zu erkennen, dass sie schwanger war. „Ich habe sechs Kilo zugenommen", sagte sie. Sie war im achten Monat. „Die Ärztin meint, ich muss mehr essen, aber ich kriege es einfach nicht hin."

„Das ist keine alkoholfreie Party, oder?", antwortete ich. Es war nicht das erste Mal, dass ich auf Alkohol zurückgriff, wenn ich unglücklich war. Er entspannte mich und brachte die Stimme in meinem Kopf zum Schweigen, die mir unablässig einflüsterte, dass ich nicht gut genug war. Pinot Grigio würde mich durch diesen Tag bringen. Die Konsequenzen waren mir egal.

„Natürlich nicht, die Bar ist da drüben", sagte Emma. Ich ging an ihr vorbei und goss mir ein Glas Weißwein ein. Ich hatte gerade den ersten Schluck getrunken, als eine von Emmas Freundinnen auf mich zukam. Ebenfalls von Natur aus blond, trug sie Handschuhe wie Audrey Hepburn in *Frühstück bei Tiffany* – im August.

„Luanne! Machst du immer noch deine Shows?", rief sie. Ich machte mir nicht die Mühe, ihr zu sagen, dass sie sich meinen Namen falsch gemerkt hatte.

„Ich habe mir eine Auszeit genommen, um mir eine neue Stelle zu suchen", sagte ich.

„Oh, schade", sagte sie, „ich hatte gehofft, du würdest zu dem einen

Prozent gehören, die es schaffen." Sie tätschelte meinen Kopf, als wenn ich ein Kleinkind wäre. „Deswegen bin ich Wirtschaftsprüferin geworden. Na ja, deswegen, und weil ich nicht lustig bin", fuhr sie fort. Dann lachte sie über ihren eigenen „Witz", bis ihr Gesicht rot anlief. Ich goss mir ein weiteres Glas ein.

Diese Leute machten mir deutlich, was ich an meinen eigenen Freunden hatte: eine Truppe von Comedians, Künstlern und Werbern, die Risiken eingingen und ihre Freunde nicht nach Steuerklasse oder Golfhandicap aussuchten. Auch wenn einige von ihnen gut verdienten, störten sie sich nicht daran, dass ich zu Hause wohnte.

Das Nächste, woran ich mich erinnere, ist, dass ich draußen auf der Terrasse war, wo Emma umringt von ihren Kommilitoninnen vom College of William and Mary Geschenke auspackte. Sie saß auf einem Korbstuhl, der extra so angefertigt worden war, dass er wie ein Thron aussah. Neben vielem anderen war er mit knallig pinken Pfingstrosen dekoriert und mit einer Eisskulptur von einem Storch, der ein naturgetreues gefrorenes Baby in einer Decke trug.

Auf dem Glastisch stapelten sich die Geschenke, so formvollendet verpackt, dass ich davon ausging, dass hier ein professionelles, aller Wahrscheinlichkeit nach aus einem kleinen Dritte-Welt-Land eingeflogenes Team am Werk gewesen war. Emma hielt einen kleinen Wollpullover hoch, den ein Mädel namens Claire selbst gestrickt hatte. Mir kam es so vor, als ob alle Frauen hier Claire hießen, bis auf die zwei, die Margaret hießen. Außerdem hatten alle Doppelnamen und passende Sommersprossen. Ich bin klein, braunhaarig und halb irischer, halb sizilianischer Abstammung. Ich krallte mich an meinem mit Whiskey gefüllten Martiniglas fest und fühlte mich wie eine Außerirdische.

Dann hielt Emma eine winzige Windjacke hoch. Alles jubelte. „Das kann sie auf ihrem ersten Segeltörn nach Nantucket tragen", sagte Margaret. Dieses Baby war noch nicht mal auf der Welt, aber sein Gehobene-Mittelschicht-Lebensplan stand schon fest. Ich war in meinem Leben bisher nur bis zum Strand von New Jersey gekommen. Ich kippte den Whiskey runter. Mit ihren langen Armen hielt Emma eine Karte hoch. „Ein Hubschrauberflug", rief sie. Claire Nummer zwei hatte dem Fötus einen Heli-Trip geschenkt. Alles klatschte.

„Das ist bescheuert", sagte ich. Die Menge verstummte. Jedes einzelne Paar blauer Augen war auf mich gerichtet.

„Okay! Haha, Lianne macht Witze", sagte Emma.

„Nein, es ist einfach große Scheiße", lallte ich.

„Nicht solche Ausdrücke, bitte", sagte die südlichste der Claires. In diesem Moment fühlte ich eine sanfte Hand in meinem Nacken und hinter mir flüsterte eine Stimme: „Mach weiter!" Sie gehörte Emmas wundervollem schwulen Cousin Ben. Emma hatte mir viel von ihm erzählt.

„Benutz so viele Schimpfwörter, wie du willst", sagte Bens Freund. „Wir drei sind hier fehl am Platz."

Ich war total begeistert, dass „meine Leute" mich gefunden hatten, und das genau in dem Moment, als ich sie am meisten brauchte. Ich würde sie nicht enttäuschen.

Als Emmas Schwiegermutter einen nagelneuen Bugaboo-Kinderwagen hereinschob, trat ich in Aktion. Ich stürmte die Schickimicki-Karosse wie ein betrunkener Fallschirmjäger. Ich sah zu meinen beiden begeisterten Fans hin, wie eine vorpubertäre Turnerin, die, kurz bevor sie bei den Olympischen Spielen auf den Schwebebalken steigt, ihre Mutter im Publikum sucht. Ich sprang mit dem Hintern zuerst in den Kinderwagen, aber die Reifen rutschten über den Boden, und ich landete auf dem Steißbein. Alle lachten, und ich nahm das als Zeichen, dass ich das Publikum auf meiner Seite hatte. Ich sprang noch einmal und landete diesmal graziös in dem Korb. Mit meiner kleinen Statur passte ich bequem hinein und ließ meine Beine vorne rausbaumeln. „Ta-daa, Leute!", rief ich.

„Lianne, komm bitte aus dem Kinderwagen", sagte Emma.

„Ich komme raus, wenn mir alle hier Anwesenden sagen können, wie eine Suppenküche von innen aussieht", sagte ich. Ganz nebenbei, ich habe in meinem Leben selbst nie ehrenamtlich gearbeitet.

Das Nächste, woran ich mich erinnere, ist, wie ich in einer ruhigen Ecke im Garten auf einem Liegestuhl liege. Ben beugte sich über mich.

„Schätzchen, das war großartig, was du da abgezogen hast. Du hast genau das ausgesprochen, was ich dachte. Was für ein Haufen anmaßender Hühner."

„Bin ich immer noch hier?", fragte ich lallend. Ich bekam meine Augen nur einen Spalt weit auf und versuchte zu erkennen, wo ich war.

„Oh ja, Baby, sie haben versucht, dich rauszuschmeißen, aber du konntest nicht mehr gehen. Du hast zwei Stunden hier gelegen."

„Ich will nach Hause", sagte ich.

„Warum schläfst du nicht zuerst deinen Whiskeyrausch aus, und dann sehen wir weiter", sagte er.

Ich versuchte, meinen Kopf zu heben, aber er kippte sofort wieder auf den Plastik-Liegestuhl zurück. „Mach die Beine zusammen, Süße. Man kann dir in den Schritt gucken", riet Ben mir noch und ging dann zurück ins Haus.

Als ich das nächste Mal aufwachte, lag ich auf dem Rücken, guckte in den nächtlichen Himmel und Emma kam zu mir.

„Wie geht es dir?", fragte sie. In dem Moment rebellierte mein Magen. Er mochte die Kombination aus Weißwein und Whiskey nicht. Ich stand auf, stakste wie Bambi auf dem Eis vorwärts und fiel hin. Zwei Mal. Schließlich schaffte ich es ins Badezimmer, wo mein Mageninhalt raketenartig aus mir heraus in die Kloschüssel schoss. In dem Moment öffnete mein Ritter im pinken Vichy-Karo die Tür. Ich hatte gespült und hielt mich am Waschbecken fest.

„Bist du okay?", fragte Ben.

„Besorg mir ein Brötchen!", rief ich ihm zu. Gehorsam kam er mit dem gewünschten Getreideprodukt auf einem Pappteller zurück. Wie aufgezogen marschierte ich aus dem Badezimmer und riss mit meinen Zähnen Stücke aus dem Brötchen, wie ein Löwe in einer Tierdoku, der sich ein gejagtes Zebra zu Gemüte führt. Der noch anwesende Adel sog natürlich kollektiv die Luft ein.

„Seid still, ich mache gerade eine schwere Zeit durch", sagte ich.

„Sie ist arbeitslos", hörte ich Emma flüstern.

„Sie wohnt bei ihren Eltern, oder?", fragte eine von den Claires.

Dann retteten mich Emmas Cousin und sein Freund ein letztes Mal. Sie beförderten mich und das, was von meinen kostbaren Kohlehydraten noch übrig war, aus der Tür und in ihr eigenes Apartment. In dieser Nacht schlief ich auf einem blütenweißen Landhaussofa, in der Gesellschaft von zwei Menschen, die ich kaum kannte und die mich so akzeptierten, wie ich schlimmer nicht sein konnte.

Ich wachte am nächsten Morgen auf und betrachtete das riesige Donna-Summer-Poster über dem Kamin. Auf dem Sims standen Regenbogenflaggen und Aquarellbilder der Strände von Provincetown. Ich musste laut lachen. Die Erinnerungen an den gestrigen Abend kamen zurück. Ich hatte mich heldenhaft zum Deppen gemacht. Aber ich wusste, dass ich so abgestürzt war, weil ich mich minderwertig gefühlt hatte.

Obwohl ich alle Schuld für mein schlechtes Benehmen trug, hatte ich es diesem Haufen Bund-Deutscher-Mädels-Damen erlaubt, meinen Frust über mich selbst noch zu verstärken. Ich musste etwas an meiner Situation ändern. Trinken war keine Lösung.

Ich schwor mir, mich zu bemühen, nicht mehr in den Alkohol zu flüchten. Ich empfand keinerlei Achtung vor diesen Leuten, aber ich war selbst keinen Deut besser, wenn ich mich wie ein betrunkener Narr benahm. Ich rief Emma an, um mich zu entschuldigen. Wie immer stand sie über den Dingen und sagte, ich solle mir keine Sorgen machen, ich hätte ihrer Feier doch einen „unerwarteten Schwung" verliehen.

Dann ging ich mit meinen neuen Freunden zu Mittag essen. Wir tranken Bloody Marys und stießen auf unsere frisch geschlossene Freundschaft an.

„Emmas Mutter hat mir eine SMS geschrieben, sie ist der Meinung, du solltest zu AA gehen", sagte Ben.

„Genau, und *sie* sollte auch unbedingt zu AA gehen, zu den Anonymen Arschlöchern. Diese Frauen sind das Letzte", fügte sein Freund hinzu.

„Nicht auf die Claires", sagte ich, als wir unsere Gläser erhoben.

Heute, sechs Jahre später, lebt Emma mit ihrem Bankergatten und ihren drei blonden Kindern in Greenwich in Connecticut. Wir hören kaum etwas voneinander, aber die beiden schwulen Jungs und ich gehen hin und wieder zusammen einen trinken. Jedes Mal, wenn wir uns in der Lower East Side dem Martini-Montag hingeben, muss ich daran denken, wie ihre Freundschaft mir in einer schwierigen Zeit Kraft gegeben hat.

Ich trinke immer noch Alkohol – manchmal wie ein Seemann –, aber um Spaß zu haben, nicht um meinen Problemen aus dem Weg zu gehen. Alkohol ist eine gefährliche Geliebte, aber wenn man sich auf sie einlässt, kann sie einem eine wertvolle Lektion erteilen.

Der Rückfall
Ann Leary

„Darf ich Ihnen einen Tropical Punch mit Rum von der Insel anbieten?", fragte die junge Hotelangestellte in diesem netten Akzent der westindischen Inseln. Dann lächelte sie unseren elfjährigen Sohn und unsere neunjährige Tochter an und fügte hinzu: „Und für die Kinder vielleicht einen Fruchtsaftcocktail?" Mein Mann Denis grummelte „Nein, danke" und ging nach draußen, um eine Zigarette zu rauchen. Aber ich sagte: „Ja, die Kinder und ich nehmen gern einen Fruchtsaftcocktail, vielen Dank."

Die Reise war lang gewesen. Ein ungeplanter Aufenthalt in Miami, dann die quälend langsame, stickige Fahrt über eine andere Insel zu dem Boot, das uns zu dieser Insel gebracht hatte, und nun mussten wir in der Hotelanlage auf unser Gepäck warten. Irgendwie waren unsere Koffer in einem falschen Hotel gelandet. Wir hatten Kinder dabei. Wir brauchten unser Zeug. Wir hatten Winterklamotten an, aber draußen war es dreißig Grad heiß und unsere Zimmer waren noch nicht fertig. Mein Mann und ich redeten nur noch das Nötigste miteinander. Die Hitze und die Strapazen vom Durch-Flughäfen-Rennen und Die-Kinder-bei-Laune-Halten hatten uns in unsere liebste Stressbewältigungsstrategie zurückfallen lassen: für alles, was schiefläuft, dem anderen die Schuld geben.

Der Tag hatte an diesem Morgen in Connecticut bei uns allen vieren mit großer Vorfreude auf eine entspannte Woche in der Sonne begonnen. Es war Ende Februar, und wir steckten seit Monaten in Stiefeln, dicken Jacken und Handschuhen. Als ich die Flüge buchte, hatte ich keinen großen Gedanken daran verschwendet, wie wir anschließend zu der Hotelanlage kommen würden. Ich hatte nur das Bild von meiner Familie im Kopf gehabt, wie wir ins Flugzeug steigen, dann am Strand alle vier zusammen lachend Hand in Hand über den weißen Sand laufen und uns in die Fluten stürzen, in denen wir die ganze Woche lang wie eine fröhliche Robbenfamilie herumtollen und -planschen würden. Ich hatte übersehen, dass wir nur ein sehr knappes

Zeitfenster hatten zwischen der Landung in Miami und dem Weiterflug zu unserer Ferieninsel. Unser Abflug in New York verspätete sich, und wir verpassten den Anschlussflug. Sechs Stunden mussten wir in Miami auf den nächsten warten. Die Kinder wurden quengelig. Mein Mann hatte nichts Besseres zu tun, als mich ein ums andere Mal zu fragen, wo ich mit meinem Hirn gewesen war, als ich die Flüge so eng aufeinander gebucht hatte. Und ich fragte mich im Stillen, wo ich mit meinem Hirn gewesen war, als ich diesen Despoten geheiratet hatte.

Aber jetzt waren wir endlich in diesem Tropenparadies mit seiner fröhlichen, diensteifrigen Hotelangestellten angekommen, und kalte Getränke waren zu uns auf dem Weg. Nur ein paar Minuten später erschien ein Mann mit drei Drinks auf einem Tablett. Zwei davon waren knallig pink und mit Ananasscheiben garniert. Der dritte war eher rosa und trug auch eine Ananasscheibe. Die pinkfarbenen bekamen die Kinder, der andere war für mich. Er schien mit etwas gemixt zu sein. Ich tat so, als würde ich es nicht bemerken. Ich hielt die Luft an, als ich das Glas an meine Lippen hob, damit ich nicht riechen konnte, was darin war. *Ups!* Es schmeckte, als ob Alkohol drin sein könnte, aber ich war mir nicht sicher, deshalb nahm ich noch einen Schluck. Ja, es schmeckte nach Rum. Ich hatte aber keinen Rum-Cocktail bestellt, deshalb nahm ich noch einen Schluck, um ganz sicher zu sein. Ja, Rum, ohne Zweifel. Noch nach all den Jahren erkannte ich diese wunderbare Süße und das warme Gefühl wieder, mit dem der Rum – wie alle anderen Spirituosen – mein Herz erfüllte, als ob es vor Glück überlaufen wollte.

Vierzehn Jahre zuvor, mit vierundzwanzig, hatte ich mich von Scham und Selbstverachtung durchdrungen in den Kellerraum einer Kirche geschlichen, um an einem Meeting für Alkoholiker teilzunehmen. Ja, genau eines dieser Meetings, bei dem Männer und Frauen regelmäßig zusammenkommen, um „ihre Erfahrungen, ihre Kraft und ihre Hoffnung miteinander zu teilen" und vom Alkohol wegzukommen. Es ist eine anonyme Organisation, die es begrüßt, wenn die Mitglieder ihre Zugehörigkeit zu dem Kreis nicht nach außen tragen. Die meisten Teilnehmer nennen es „Das Programm". Ich kannte das AA-Programm, seit mich die Mutter einer Freundin zu meinem ersten Meeting mitnahm, als ich achtzehn war. Die Mutter nahm selbst am AA-Programm teil und war – aufgrund meiner betrunkenen Auftritte bei ihr zu Hause und einiger Geschichten, die ihre Tochter ihr erzählt hatte – der Ansicht, dass ich auch davon profitieren würde. Das war jedoch nicht der Fall. Ich war noch zu jung, aber ich stellte ziemlich fasziniert fest, dass auch einige Eltern meiner Freunde an diesen deprimierenden Meetings teilnahmen, bei denen Erwachsene zusammen im Kreis saßen und mit leiser Stimme etwas erzählten, manchmal weinten. Meine Eltern waren an diesem Abend etwas trinken gegangen, sie ließen es wahrscheinlich ordentlich krachen, aber Peggy Schumachers Mutter war dabei, mit einem Kaffee in der Hand, und auch der Typ, der in dem Lebensmittelgeschäft bei uns im Ort arbeitete.

Arme Mom von Peggy Schumacher, dachte ich. *Armer Typ aus dem Laden*. Sie waren Alkoholiker, die für den Rest ihres Lebens niemals mehr Alkohol trinken durften. Man musste Mitleid mit ihnen haben.

In den nächsten paar Jahren dachte ich hin und wieder an das Meeting und die Leute da. Die Teilnehmer des AA-Programms taten mir leid, aber obwohl ein Teil von mir immer schon wusste, dass ich anders trank als die meisten Leute, war ich sicher, dass ich keine Alkoholikerin war. Ich ging aufs College, behielt meine Jobs, hatte viele Freunde. Ich musste nur ein bisschen auf meinen Alkoholkonsum achten. Meine Freunde tranken alle gern Alkohol, aber seltsamerweise war es meistens ich, mit der am nächsten Morgen keiner mehr sprechen wollte. Ich war schon ein „Filmriss-Typ", seit ich in der Mittelstufe zum ersten Mal Alkohol getrunken hatte, und hatte deshalb oft keine Erinnerung daran, was ich getan hatte, um meine Freunde zu verärgern. Wir hatten alle was getrunken. Ich hatte mich super gefühlt. Ich liebte meine Freunde, ich liebte mich selbst, und dann kam der nächste Morgen und meine Freunde sprachen nicht mehr mit mir und ich hasste mich wieder.

Meine Freundin Lauren versuchte einmal, mir dabei zu helfen, das Ganze ins Lot zu bringen. „Dein Problem ist, dass du nicht weißt, wann es Zeit ist aufzuhören. Nach zwei oder drei Drinks bekomme ich das Gefühl, alles nicht mehr richtig unter Kontrolle zu haben, und dann weiß ich, dass ich auf Wasser umsteigen muss. Das solltest du meiner Meinung nach auch tun."

Ich weiß noch, dass ich weinte und nickte. Ich schämte mich zu Tode wegen einer Sache vom Abend zuvor, aber, um ganz ehrlich zu sein, ich hatte keine Ahnung, wovon sie sprach. Nach zwei oder drei Drinks hatte ich das Gefühl, die Kontrolle zu *gewinnen* – aber wie kann man einem Gelegenheitstrinker erklären, wie es ist, wenn man von Natur aus erst mal drei Drinks braucht, um sich einigermaßen wohl auf der Welt zu fühlen? Gar nicht.

Als ich mit vierundzwanzig aufhörte, Alkohol zu trinken, ging ich wieder zu einem Meeting. Diesmal hörte ich mir an, was all die anderen, die von Natur aus erst mal drei Drinks brauchen, erzählten, und mir wurde klar, dass ich meine Leute gefunden hatte. Ich hatte immer gern die Saufnasen um mich herum gehabt, wenn ich mich betrank. Auf Partys hatte ich sie innerhalb von Sekunden ausfindig gemacht und mich neben ihnen – den „lustigen" Typen – niedergelassen. Und jetzt hockten hier genau diese Typen, *ohne* Alkohol, dafür *mit* schlechten Lebensperspektiven, nicht funktionierenden Bewältigungsstrategien und den kuriosesten Geschichten, warum sie beim AA-Programm dabei waren. Da saß ich nun Schulter an Schulter mit meinen Brüdern und Schwestern, all den enttäuschten Träumern – Leuten, die sich ausmalen, wie sie Hand in Hand mit ihren Lieben über den Strand rennen, und dann kalt erwischt werden von der logistischen Frage, wie sie von einem Ort zum anderen gelangen. Im AA-Programm lernte ich, dass ich trank, um all die Enttäuschungen des Lebens zu ertragen, und dass ich die Meetings brauchte, um das Leben „zu den Bedingungen zu leben, die das Leben für mich bereithält" (auch einer dieser banalen Slogans), und nicht auf Basis meiner kindlichen Fantasien, wie das Leben sein sollte.

Als ich mit dem Trinken aufhörte, hatte ich diese Momente des Glücks und der Erleichterung, wenn ich morgens aufwachte und mich daran erinnern konnte, wie ich am Abend zuvor ins Bett gegangen war – aber ich vermisste es auch. Sehr. Die Topografie der nüchternen Welt war – vor allem in den ersten Monaten – so seltsam und fremd, dass ich manchmal Schwierigkeiten hatte, mich zurechtzufinden. Wie eine Auswanderin, die sich in einer zuweilen wunderschönen, aber oft auch beängstigenden neuen Welt wiederfindet, tat es mir gut, Menschen aus meiner sumpfigen Heimat zu begegnen und mich daran zu erinnern, warum ich von dort weggegangen war. Wo ich herkam, funktionierte nichts. Alles war kaputt. Ich sprach darüber mit Schriftstellern, Künstlern, Bankern, ehemaligen Gefängnisinsassen, noch einsitzenden Straftätern, Omas, Junkies und dem ein oder anderen Filmstar, der zu den Meetings kam, an denen ich Tag für Tag teilnahm. Unbestritten: Die interessantesten Menschen, die ich getroffen habe, lernte ich in diesen Gemeinderäumen kennen. Meine neuen Freunde und ich machten uns lustig über die Trivialität der Sprüche und der Texte in den Büchern, und gleichzeitig klammerten wir uns an die lächerlich simplen Slogans des AA-Programms („Ein Tag nach dem anderen", „Immer mit der Ruhe") und lebten danach.

„Du musst mit Haut und Haar dabei sein, wenn du willst, dass es dir besser geht", sagte ein nicht mehr ganz junger Buchmacher bei einem meiner ersten Meetings zu mir. Das war ich ziemlich bald, und mein Leben wurde wirklich besser. Meine Beziehung zu Denis, mit dem ich damals zusammenlebte, stabilisierte sich. Wir heirateten und bekamen zwei großartige Kinder, Denis machte Karriere, und wir nagten nicht mehr am Hungertuch. Wir zogen nach Manhattan und dann nach Connecticut. Ich war etwa acht Jahre lang trocken (einen Tag nach dem anderen!), als ich aufhörte, zu den Meetings zu gehen.

Das hatte verschiedene Gründe. Zum einen war es ein Zeitproblem. Wenn ich mal ein oder zwei Stunden ohne die Kinder hatte, wollte ich andere Dinge tun, die mir wichtiger schienen. Außerdem begann ich, Angst davor zu haben, dass mich andere Eltern durch Kirchentüren gehen sahen, an denen zwei große „A" prangten. Als wir noch in Boston wohnten und ich noch keine Kinder hatte, war es mir egal, wenn Leute wussten, dass ich am AA-Programm teilnahm. Ich musste niemandem erklären, warum ich da hinging, weil alle meine Freunde wussten, was mit mir los war. Aber in New York und in Connecticut hatte mich nie jemand betrunken erlebt. Wenn neue Freunde mich fragten, warum ich keinen Alkohol trank, sagte ich, dass ich es etwas übertrieben hätte, als ich jünger war, und dass mir mein Leben ohne Alkohol besser gefiele. Den meisten Leuten reichte das als Erklärung, aber ein paar Freundinnen erzählten mir, dass sie auch wilde Zeiten gehabt hätten und sich mit Komasaufen und gelegentlichen Filmrissen auskannten, aber dass sie aus dem Alter raus wären. „Ich habe mich verändert, seit ich Mutter bin", sagte eine Freundin zu mir. „Ich könnte gar nicht mehr so viel feiern wie früher. Ich trinke nur hin und wieder ein, zwei Gläser Wein mit meinem Mann zum Abendessen. Vielleicht ein paar Drinks bei einer Party. Das war's."

Ich blieb weitere fünf Jahre trocken, aber in dieser Zeit entwickelte ich die Vision, dass ich es schaffen könnte, mir ganz normale Trinkgewohnheiten anzueignen, wenn ich mir nur genug Zeit dafür geben würde. Das, was mich davon abhielt, mich am Wodka meines Mannes zu bedienen oder mir einen Drink zu bestellen, wenn ich mit Freunden ausging, war „Das Programm". Ich war darauf programmiert, nicht zu trinken. Im AA-Programm heißt es, „das erste Glas macht dich betrunken", und ich hatte eine Heidenangst davor entwickelt, dieses erste Glas zu trinken. In meiner Vorstellung war nach diesem ersten Glas alles verloren. Wenn ich nur ein einziges Glas Wein tränke, wäre ich gezwungen, noch eins und noch eins und noch eins zu trinken, bis ich nach einem Filmriss hinter Gittern aufwachen würde. Meine Kinder wären in der Obhut des Jugendamtes und müssten dort bleiben, bis man meinen Mann ausfindig gemacht hätte. Ich übertreibe nicht: So groß war meine Angst vor Alkohol. Die Entscheidung, wieder zu trinken, war gleichbedeutend mit der Entscheidung, mein Leben und meine Familie zu zerstören.

An diesem heißen Tag auf der Insel aber hatte ich mich nicht dazu entschieden, wieder zu trinken. Ich hatte einen Fruchtsaftcocktail bestellt und man hatte es missverstanden. An einem anderen Tag, an einem anderen Ort, wenn ich ausgeruht und satt und nicht sauer auf meinen Mann und genervt von meinen Kindern gewesen wäre, hätte

ich den Kellner gefragt, was für ein Cocktail das sei, sobald ich dessen
Farbe gesehen hätte. An dem Tag tat ich es nicht. Ich hatte nicht um
einen Drink gebeten, aber jetzt nahm ich einen Schluck davon.
Es war ein Versehen.
Nach meinem zweiten oder dritten Schluck beschloss ich, ein Ex-
periment daraus zu machen. Eine Alkoholikerin würde sich nach
diesem ersten Rum-Cocktail gezwungen fühlen, noch einen Drink zu
bestellen, und dann noch einen und noch einen. Ich ließ mein Glas
halb voll auf dem Tresen der Rezeption stehen, ohne mich noch einmal danach umzusehen, als uns der Hotelpage zu unseren Zimmern
führte. Als er uns das Geschenk des Hauses zeigte, das oben auf dem
Kühlschrank stand – eine Flasche Rum von der Insel –, sah ich kaum
hin. Ich spürte kein Verlangen danach. Eine Alkoholikerin hätte die
Flasche im ersten Moment, in dem ihr Mann ihr den Rücken zukehrt,
aufgemacht und angefangen, sich den Inhalt einzuverleiben. Ich
schlug vor, dass wir alle an den Strand zum Schwimmen gehen sollten,
und für den Rest des Tages schwamm ich wie in einer Art Nebel im
Meer und schlenderte am Strand entlang, von dem euphorischen
Gefühl beseelt, dass ein Wunder geschehen war. Es hatte den An-
schein, dass ich doch einen einzelnen Drink zu mir nehmen konnte.
Ich konnte wieder aufhören, nachdem ich einmal wieder angefangen
hatte. Vielleicht war ich gar keine Alkoholikerin. Am Abend unterzog
ich meine These einem Test und goss mir einen Schluck von dem Rum,
den wir bekommen hatten, in meine Cola und trank sie aus, bevor wir
zum Essen gingen. Beim Essen hatte ich kein Bedürfnis nach einem
weiteren Drink. Es war offiziell. Ich war keine Alkoholikerin. In dem
Moment fühlte es sich plötzlich so an, als ob ich jahrelang in einer Art
halbem Leben festgesteckt hätte, und jetzt war ich wieder ganz. Die
Tyrannei dieses kultartigen „Programms" hatte mich versklavt, aber
jetzt war ich frei.

Ich erzählte meinem Mann nichts von meiner Entdeckung, bis wir
wieder in Connecticut waren. Es war vierzehn Jahre her, dass er mich
das letzte Mal betrunken erlebt hatte. Und zu Anfang war er skeptisch, aber nachdem er ein paar Abende mit meinem neuen Ich ver-

bracht hatte, hatte ich ihn davon überzeugt, dass ich wieder trinken konnte. Manchen Leuten nimmt Alkohol ihre Hemmungen und sorgt für ein spannenderes Liebesleben. Ich habe von Natur aus wenig Hemmungen – meine Hemmschwelle liegt nur knapp über der einer Exhibitionistin –, und wenn ich getrunken habe, wird es mit mir nach Aussage eines früheren Lovers „ziemlich anstrengend, aber auch ein großer Spaß". Wer würde deshalb meinem Mann einen Vorwurf machen, dass er, wie ich, die offensichtlichen Anzeichen dafür übersah, dass ich meinen Alkoholkonsum ganz und gar nicht unter Kontrolle hatte. Ich wurde wieder ziemlich anstrengend und wir hatten großen Spaß damit. Außerdem war er viel unterwegs und erlebte mich deshalb nicht regelmäßig betrunken, und ich achtete darauf, dass auch unsere Kinder und Freunde das nicht taten. Ich schenkte mir ein Glas Weißwein ein, wenn ich für die Kinder Abendessen kochte, und füllte es nur auf, wenn sie nicht im Raum waren. Auf diese Weise sah es so aus, als würde ich den ganzen Abend an dem einen Glas Wein nippen, obwohl ich in Wahrheit oft eine ganze Menge mehr trank. Wenn ich mit Freunden ausging, trank ich nie mehr als zwei Gläser Wein. Ich musste mit dem Auto nach Hause, und ich setzte mich niemals betrunken ans Steuer. Das taten nur Alkoholiker. Wieder zu Hause sah ich nach meinen Kindern, verabschiedete die Babysitterin und trank allein noch eine Flasche.

Das Seltsame war: Obwohl ich jahrelang zu Meetings gegangen war und Dutzende von Büchern über Alkoholismus, Sucht und Genesung gelesen hatte, war ich nicht in der Lage, die Zeichen meiner Alkoholabhängigkeit zu erkennen, nachdem ich wieder angefangen hatte zu trinken. Ich glaubte wirklich, dass ich meinen Alkoholkonsum unter Kontrolle hatte. Wenn mir Zweifel kamen, fand ich Ausreden. Ich hatte nicht genug gegessen. Bei der Party waren alle betrunken gewesen. Ich bin erwachsen! Erwachsene sind manchmal betrunken! Um mein Trinkverhalten für normal zu halten, musste ich den Blickwinkel des AA-Programms für völlig verzerrt halten. Ich war abhängig gewesen wie ein Kind, als ich in dem Programm gewesen war. Ich hatte eine Gehirnwäsche bekommen, damit ich der Meinung wäre, ich hätte ein

Alkoholproblem, obwohl ich – wie ich mir versicherte – in Wirklichkeit nicht anders trank als die meisten Leute. Im AA-Programm erzählten die Leute, dass ein Rückfall ausreicht, um alles wieder zu verlieren, was man sich in der nüchternen Zeit erarbeitet hat. Dass man in rasender Geschwindigkeit wieder abrutscht, direkt in die Gosse. In den paar Jahren, in denen ich wieder trank, veröffentlichte ich mein erstes Buch. Ich ging auf Lesereise und wurde zu Lesefesten eingeladen, immer peinlich darauf bedacht, das Maximum von zwei oder drei Gläsern nicht zu überschreiten. Mein Leben wurde *besser* mit Alkohol – Beweis genug, dass ich keine Alkoholikerin war.

Oder?, fragte ich mich, als ich den letzten Schluck aus der Flasche in mein Glas goss, ganz allein im Dunkeln mit meinen Hunden. *Oder?*, fragte ich mich, als ich zum Kühlschrank torkelte, um mir eine neue Flasche zu holen. *Oder?*, fragte ich mich, als meine Tochter versehentlich meine kleine Privatparty störte und erleben musste, wie ich auf sie zuschwankte und versuchte, etwas zu sagen, aber meinen Mund nicht dazu bringen konnte, die Wörter richtig zu artikulieren.

Seit sechs Jahren bin ich wieder zurück in dem kultartigen, trivialen, lebensrettenden „Programm".

Einen verdammten Tag nach dem anderen.

Mein Name ist Amy F.
Amy Ferris

Hi, mein Name ist Amy F.
Und ich bin eine ...
Okay, ich bin keine Alkoholikerin.
Nein.
Bin ich nicht.
Ich bin eine sogenannte „regelmäßige Trinkerin". Jeden Nachmittag um fünf Uhr schenke ich mir ein Glas Wein ein. Weißwein, am liebsten Pinot Grigio oder Sauvignon Blanc. Chardonnay oder Riesling schmecken mir nicht. Allerdings, wenn ich ehrlich bin: Nach, sagen wir, acht Uhr, schmecken beide.
Nach acht bin ich nicht mehr wählerisch.
Ich habe mit dem Trinken angefangen, als ich aufgehört habe zu rauchen. Ich hatte auch nicht mehr regelmäßig Sex und fing, um ehrlich zu sein, an, mitten in der Nacht verflossene Liebhaber zu googeln. Aber darum geht es hier nicht. Hier geht es ums Trinken.
Obwohl ... das stimmt nicht so ganz. Es geht darum, sich nicht gut genug zu fühlen. Nicht genug zu fühlen. Sich nicht wichtig genug oder nicht besonders genug zu fühlen. Das Rauchen hielt mich auf Abstand, bewahrte mich auch in einer Menschenmenge oder in einer Gruppe von Leuten vor zu viel Nähe. Wenn man das Gefühl hat, nicht genug zu sein, hält man die Leute auf Abstand.
Im Alkohol fand ich Trost und Geborgenheit. Trinken war etwas, das ich allein tun konnte. Ohne große Erklärungen oder Tamtam. Ohne Erlaubnis.
Vor elf Jahren starb mein Vater. Als er starb, war ich eine „Gelegenheitstrinkerin". Ich trank vielleicht alle paar Tage ein Glas Wein. Nach seinem Tod begann meine Familie auseinanderzufallen.
Nach und nach.
Mein Vater hatte uns wie Klebstoff zusammengehalten.
Nicht wie ein Spezialkleber, eher wie ein Alleskleber.
Aber das wusste ich damals noch nicht.

Heute weiß ich es.

Er liebte Familie. Er liebte Familientreffen, er liebte es, wenn zum Pessachfest oder zu Thanksgiving alle an einem Tisch saßen. Das machte ihn glücklich.

Meine Eltern würde ich ebenfalls als Gelegenheitstrinker einstufen. Die Weinfarbe ihrer Wahl war rot. Ich glaube – auch wenn ich mich da irren kann –, dass mein Vater Schmerzmittel dem Alkohol vorzog. Meine Mutter zog es vor zu rauchen, zu schreien und Türen zu knallen.

Mein Vater starb.

Ich fing an zu trinken.

Nach und nach.

Mir gefiel das Gefühl, in meinen eigenen Gedanken zu verschwinden. In meinem Schmerz. In meinen Erinnerungen an ihn. Mir gefiel es, meine Traurigkeit zu verdrängen. Der Grund dafür war, dass weder meine Mutter noch mein Bruder über meinen Dad sprechen wollten. Das Gespräch verlief so:

„Mom, ich vermisse Daddy."

„Amy, ich möchte nicht darüber reden. Es macht mich zu traurig."

„Ich bin auch traurig, Mom."

„Ich weiß. Aber ich möchte nicht darüber reden. Ich kann nicht."

„Okay."

„Okay."

Alle schienen sein Leben – das Leben meines Dads – verschwinden lassen zu wollen. Paff. Weg. Tschüss.

Okay, das kann ich auch. Ich kann den Korken zurück in die Flasche stopfen, richtig kräftig und fest, und mich auf mein eigenes Leben konzentrieren.

Ich könnte auch verschwinden, in mein eigenes Leben.

Ich schrieb ein Jugendbuch. Ich schrieb ein paar Drehbücher. Mein Mann Ken und ich waren glücklich. Und ja, mein Gott ja, mein Leben war schön.

Und dann begann ich eine neue Reise. Menopause. Mein Gott, verdammt. Menopause. Gerade wenn du glaubst, alles läuft gut und in sicheren Bahnen, alles ist okay – packt sie dich an der Gurgel und würgt dir die Luft ab.

Ich begann, mehr Alkohol zu trinken. Und nur der Vollständigkeit halber: In den Wechseljahren wird man vergesslich, deshalb kann ich mich nicht wirklich daran erinnern, wie viel ich getrunken habe, aber ich schätze, so zwei bis vier Gläser pro Abend. Weißwein. Zusätzlich dazu, dass mein Vater tot war und unsere Familie auseinanderbrach, kam ich in die Wechseljahre und meine Mutter fing an, dement zu werden.

Ein Schleuderkurs.

Ich wollte nichts mehr fühlen. Meine Therapeutin fragte mich, was mein Ziel sei, und ich sagte ihr, dass ich herausfinden wolle, wie es ist, im Koma zu liegen und trotzdem in der Lage zu sein, sich zu schminken und anzuziehen.

Sie erklärte mir, dass ich mich unsichtbar fühlte, so als ob mir niemand Beachtung schenkte. Das gäbe es sehr oft bei Frauen in meinem Alter.

Zur Info: Die Wechseljahre sind der Pubertät nicht unähnlich. Ganz und gar nicht. Es ist genau das Gleiche nur mit Zellulitis. Ich empfand und durchlebte, was ich auch als Teenager empfunden hatte. Ich schwöre bei Gott, es war wirklich fast genau so. Ich fühlte mich hässlich, ungeliebt, unsicher. Ich fühlte mich wie eine Außenseiterin. Wie das unbeholfene Mädchen mit der festen Zahnspange. Wein. Wein schmecken, trinken. Indem ich mich am Glasstiel festhielt, hielt ich die schmerzhafte Wahrheit unter Verschluss: meinen Mangel an Selbstvertrauen und meine Selbstverachtung.

Ich fand heraus, dass man auch ganz hinten in der Ecke, zwischen Wand und Bücherregal, völlig verwahrlosen und über die eigenen Füße – und sogar über die eigenen Wörter – stolpern kann. Sich unsichtbar zu fühlen hieß nicht automatisch, sich auch unsichtbar zu verhalten.

Was mir dabei klar geworden ist: Andere Menschen halten dich in der Öffentlichkeit nur selten vom Trinken ab. Nicht weil sie unfreundlich sind oder dir Böses wollen. Es ist einfach leichter, jemanden nicht direkt zu konfrontieren. Es ist sicherer, auf Abstand zu bleiben. Stattdessen reden die Leute oft hinter deinem Rücken über dich (also „dich" im Allgemeinen). Das habe ich auch gemacht. Als eine Freundin von mir ein echtes Alkoholproblem bekam, bekundeten wir – ihre Freunde – am Telefon oder im Restaurant allesamt unser großes Bedauern, sprachen darüber, wie schlimm es war, wie fahrig und seltsam sie sich benahm, wie schlampig und unattraktiv sie aussah. Aber niemand, kein einziger rief sie an und sagte ihr: „Du brauchst Hilfe."

Ich beschloss, dass ich das nicht mehr wollte. Ich wollte niemand mehr sein, der hinterm Rücken über andere redete, vor allem dann nicht, wenn jemand, der mir etwas bedeutete, die Lage offensichtlich nicht mehr unter Kontrolle hatte. Ich ließ meine Freundin wissen, dass sie am Rand der Klippe stand und ich nicht wollte, dass sie herunterfiel.

Und nun stelle ich Ihnen Richard vor. Er und seine Frau Rebecca sind zwei einzigartige, witzige, charmante Menschen, die mit beiden Beinen auf dem Boden stehen. Als Eheleute lieben sie sich und begehren einander. Auf ihre ganz eigene, augenzwinkernde und humorvolle Weise.

Richard war früher Chefökonom bei der Börsenaufsichtsbehörde und Professor an der Yale School of Management. Er ist kein Mann, der die Leute verscheißert oder um den heißen Brei herumredet. Außerdem ist er einer der intelligenteren Bewohner dieses Planeten. Er wird oft in Zeitschriften und Fachmagazinen zitiert, und er spricht vor Tausenden von Menschen, die von seinen Ratschlägen und seiner Weisheit profitieren wollen und ihm gebannt an den Lippen hängen.

Wir vier – Ken und ich, Richard und Rebecca – hatten uns zu so etwas wie einem „ersten Date" verabredet.

Lassen Sie mich noch kurz erwähnen, dass ich seit dem Tod meines Vaters sowohl den Wunsch als auch die Fähigkeit entwickelt hatte, meine Ängste zu unterdrücken. Meine Sorgen. Alkohol half mir dabei. Wenn ich traurig war, unglücklich, wütend, enttäuscht, verunsichert, voller Zweifel, dann konnte mich ein Drink auf Distanz zu diesen Gefühlen bringen.

Ein weiteres Element dieser Gleichung, das mit Macht an die Oberfläche drängte, war mein Mangel an Selbstvertrauen, meine Unsicherheit. Ich fühlte mich oft wertlos. Ich hatte die Highschool ohne Abschluss abgebrochen – und schämte mich dafür jahrelang. Zu dieser Scham kam ein echtes Gefühl von Minderwertigkeit hinzu. Schulabbrecher zu sein klang ungefähr genauso wie: „Hey, ich war ein paar Jahre im Gefängnis."

Ich mag keine kleinen intimen Treffen mit Menschen, die ich kaum kenne. Ich habe dann das Gefühl, dass ich mich ununterbrochen beobachten und alles, was ich tue oder sage, genau abwägen muss. Ich verschwinde lieber in der Menge. Stelle mich sofort in die Ecke. Zieh mir die Decke über den Kopf – und muss keine Angst haben, dass ich falle. Dann habe ich eine Mauer, an der ich mich aufrecht halten kann.

Okay, bei diesem Essen werden also nur wir vier anwesend sein. Sofort überfällt mich Panik. Was ziehe ich an? Worüber reden wir?

Ich sage Ken, dass er die Verabredung absagen soll.

Jetzt sofort.

Er sagt nein. Er mag Rebecca. Er und Rebecca haben viel, worüber sie reden können. Beide lieben Gartenarbeit. Er und Rebecca können drei, vier, fünf Stunden lang über Kompost und Erde und Knollen und Bäume und Säen und Jäten reden. Sie haben Gemeinsamkeiten, wie man so schön sagt. Ich mache keine Gartenarbeit, also werde ich zu dieser Unterhaltung nichts beitragen können. Obwohl, ich könnte über Blumensträuße reden.

Ich möchte mich so gern besser fühlen. Ich möchte, dass mein Herz aufhört zu rasen. Ich spüre, wie meine Unsicherheit Stück für Stück in mir hochsteigt. Ich befehle mir, sie wegzudrücken. Ich befehle mir, etwas besonders Schickes anzuziehen, hinter dem ich meine Gefühle verbergen kann.

Ich ziehe mich an. Ich sehe gut aus. Ich trage flache Schuhe, damit ich nicht schwanke (kein Zweifel, dass ich mehr als zwei Gläser Wein trinken werde), wenn ich zur Toilette gehen muss.

Als wir in das Restaurant kommen – eines unserer Lieblingsrestaurants in der Stadt –, wird mir sofort klar, dass dies nicht nur ein intimes

Abendessen sein wird, sondern dass zudem außer uns niemand anderes in dem Restaurant sitzt. Das Wetter ist furchtbar. Es gießt in Strömen.

Richard und Rebecca kommen. Wir setzen uns an einen Tisch in der Ecke und öffnen die beiden Flaschen Wein, die uns gebracht werden: ein Rotwein, ein Weißwein. Richard sagt, dass der weiße ein sehr guter Wein ist – griffig und rund – und der rote einer seiner Lieblingsweine. Wir stoßen an. Ken und Rebecca steigen sofort in ihr Gartenthema ein. Ich wende mich Richard zu und möchte ein Gespräch in Gang bringen. Ich will unbedingt etwas Cleveres, Witziges und Kluges sagen. Und ich schwöre bei Gott, ich fange an, über das Wetter zu reden. Ich sage so etwas wie: „Ist dieser Regen nicht unglaublich?" Ich höre auf, am Wein zu nippen, und kippe ihn in mich rein.

Und dann sage ich mir: *Amy, sag was Lustiges. Was Lustiges ist immer gut.*

Ich sage etwas Lustiges. Clever und lustig. Richard lacht. Ken und Rebecca lachen auch, und wir fangen an, uns gemeinsam zu unterhalten. Irgendwann kommt das Gespräch – wie es fast immer irgendwann passiert – ins Stocken. Ich fühle mich unbehaglich und sinke ein Stück tiefer in meinen Stuhl. Ich schenke mir Wein nach. Dann sehe und höre ich den anderen drei dabei zu, wie sie wieder ins Gespräch zurückfinden. Je mehr ich mich zurückziehe, desto schwieriger wird es, mich wieder einzuklinken, und je schwieriger es ist, mich wieder einzuklinken, umso mehr möchte ich mich verstecken.

Verschwinden.

Ich merke, wie ich emotional ins Wanken gerate. Ich bin noch nicht betrunken. Ich bin kurz davor. Der Besitzer des Restaurants kommt an unseren Tisch, und es entspinnt sich ein Gespräch. Über ein Thema, zu dem etwas beizutragen ich mich nicht sicher genug fühle.

Es gibt keinen Wein mehr. Die Flaschen sind leer.

Ich bitte den Restaurantbesitzer um „noch ein Glas Wein, wenn es geht".

Ich komme mir vor wie Oliver Twist im Film: „Noch mehr, Sir. Kann ich noch mehr haben?"

In diesem Moment schüttelt Richard ganz sachte, ohne dass es außer mir jemand merkt, den Kopf.

So freundlich.

So liebevoll.

Mit so viel Feingefühl.

Nichts daran war peinlich. Nichts beschämend. Es war persönlich, ganz privat.

In diesem Moment bewahrte er mich davor, mich lächerlich zu machen. Nicht, dass ich etwas Albernes gesagt hätte. Nein, nein, Gott, nein. Aber ich hätte mich gehen lassen. Und ich hätte mich am nächsten Morgen dafür gehasst. Und ich hätte mich deswegen niedergemacht und mich wieder wertlos gefühlt.

Am nächsten Morgen wünscht man sich immer, man könnte die Zeit zurückdrehen und „hätte man doch …“.

In diesem Moment wusste ich in meiner tiefsten Seele, dass jemand – Richard – mir große Beachtung schenkte.

Ich war nicht mehr unsichtbar.

Ich trinke immer noch Wein.

Aber ich habe nicht mehr das Gefühl, ich hätte nichts zu sagen.

Ich habe eine Menge zu sagen.

Hallo, mein Name ist Amy Ferris.

Der Rübenkeller
Rita Williams

Wegen der strengen Winterfröste in Colorado mussten wir die Tonkrüge mit dem Wein unter der Erde in den Rübenkellern lagern. Ich mochte den Löwenzahnwein am liebsten. Nicht zu süß, klarer, sanfter Goldton. Wir zupften die feinen Blütenblätter im Hochsommer zur Mittagszeit von den Köpfen der Blumen, um die Wärme der Sonne für die dunklen Winter einzufangen, die neun Monate lang über unserem kleinen Haus hingen. Es funktionierte immer. Wenn der Wein seine Wirkung entfaltete, schüttelte ich mich – und die Hitze kroch meine Wirbelsäule empor bis in die Spitzen meiner Finger und meiner Haare hinein.

Von dem wunderbaren Blütenstaub im Wein wurde ich immer ein bisschen irre, irre genug, dass ich – in der Stille meiner Gruft – laut gegen den über mir tobenden Schneesturm anlachte. Die schnieken Skitouristen hatten keine Ahnung davon, dass jeden einzelnen Winter in Colorado jemand erfror. Letzten Monat hatten sie Snowball, den Alki der Stadt, steinhart gefroren auf der Bank in der Trailways Busstation gefunden, die Flasche Silver-Satin-Wein noch in der Faust. Aber wenn ich die Hausarbeit erledigt hatte, unterlag ich doch wieder der Versuchung, mich für eine halbe Stunde zu verkriechen, mir das gelbe Blütenelixir die Kehle hinunterrinnen zu lassen, bis ich endlich nicht mehr fror, und sein Foto hervorzuholen. Noch ein Schluck und ich fand diesen Ort in mir, in dem Sommer war und ich das Ballett und diesen Tänzer sah.

Das Tanzcamp dauerte nur sechs kurze Wochen. Meine Tante und ich putzten dort die Toiletten – wischten die Bühnen, die Tanzstudios und die Umkleiden, die noch nach frischer Farbe rochen. Die Tänzer kamen im Juni, aus New York, Chicago und Los Angeles, mit ihren neuen Tanztrikots und Shampooflaschen und Briefen von besorgten Müttern und Schuhkartons voller Kosmetikartikel, Kekse, warmer Socken und Zahnseide. Ich hatte noch nie etwas von Zahnseide gehört.

Sie kamen, um Kunst zu studieren. Ich dachte, dass bedeutete Zeichnen und Malen, aber es stellte sich heraus, dass auch Tanzen Kunst war. Malen mit dem Körper, dachte ich. Sie stelzten herum, mit starrem Blick, als wäre Tanzen eine Religion – klassisches Ballett und Modern Dance, die Hauptströmungen. Sie waren so eindringlich dabei. Darauf bedacht, zu betonen, dass „Modern" genauso ernst zu nehmen ist.

Das Tanzstudio hatte sich mitten auf einem Feld – in hüfthohem, meergrünem Gras – platziert, wo die Tänzer und Tänzerinnen sich nun zu den Etüden wiegten, die aus dem blechernen kleinen Klavier erklangen. Die Espen mit ihren schwarzen Kerben in der zarten Rinde standen stocksteif da, sahen zu. Das Wellblechdach schützte die Tänzer bei schlechtem Wetter vor Regen, an heißen Tagen vor der Sonne.

Ich habe das Foto, das sie an diesem Tag von ihm aufnahmen, auf dem er die Arabesque macht. Obwohl es ein Schwarz-Weiß-Bild und eine Ecke hochgewellt und angekokelt ist, erinnere ich mich daran, wie er hoch über dem Rasen durch den kobaltblauen Himmel sprang – die schwarze Hose, sein Oberkörper, der Fuß gebogen wie ein Säbel. Der Brandgeruch bleibt für immer an dem Foto haften.

Toleda war eine der Köchinnen im Camp. Sie war groß und dünn wie eine Bohnenstange, ihre Haut hatte die Farbe von Pinienbaumrinde, ihre Augen waren klein, wachsam und intelligent und schenkten mir von Anfang an keine Beachtung. Ihre stachelige Abwehrhaltung. Ihre Liedchen über Jesus, der sie erlöst, obwohl ich die Traurigkeit sehen konnte, die in ihrem langen braunen Nacken festhing. Ihre Perücke mit dem Dutt, die nicht richtig saß. Die kleinen herauslugenden Haarschläufchen, wie aufgewickelte Prinzipien, die noch darauf warteten, abgewickelt zu werden. Die schrumpeligen Daumen, die die krausen Salatköpfe befingerten, die wir – extra für das „Salat-Mädchen" – aus unserem Garten zum Camp brachten, weil das selbst angebaute Zeug besonders zart war. Wie sie Radieschen zu kleinen Rosen schnitt und peinlich genau darauf achtete, dass alle Tomatenscheiben gleich dick waren. Stolz darauf, dass sie mit über achtzig noch arbeiten konnte. Und hochgradig stolz auf ihre typischen, schneeweißen frisch gestärkten Schürzen. Mit angerührter Stärke wie früher, nicht aus der Sprühdose. Jeden Morgen, wenn sie zur Arbeit kam, roch sie frisch gebügelt, mit Rüschen am Saum und an den Ärmeln. Und die Bänder … irgendwie gelang es ihr, sie auf ihrem Rücken zu einer großen weißen Schleife zu binden.

Sie war an dem Morgen allein unten im Haupthaus, wahrscheinlich um für Miss Helen Brötchen zu backen. Miss Helen, die Campleiterin, war gerade von einer Reise rund um die Welt zurückgekommen und wünschte sich heimisches, selbst gekochtes Essen, aber aus irgendeinem Grund war sie zum Gästehaus hochgegangen.

Keiner außer mir weiß, wie es genau geschah. Ich hatte den Auftrag, an dem Morgen als Erstes zum Haupthaus zu gehen und Löwenzahnwein und eine Steige Himbeeren zu Toleda zu bringen. Aber ich dachte mir: *Wer wird schon merken, wenn ich etwas später komme?* Also schlich ich zu der Tanzfläche im Feld. Oder hätte ich etwa diesen Tänzer verpassen sollen, wo doch für den Tag ein schweres Gewitter angekündigt war?

Toleda sang wahrscheinlich ihre „Das teure Blut hat mich noch nie enttäuscht"-Lieder. Ich war katholisch erzogen worden und konnte damit nichts anfangen. Wir knieten nieder und murmelten: „Mea culpa, mea culpa, mea maxima culpa." Durch meine Schuld, durch meine Schuld, durch meine so schmerzliche Schuld. Und: „Oh Herr, ich bereue von Herzen, dass ich gegen dich gesündigt habe!" Das tropfende Blut vom Altar, das wir trinken sollten, und sein Fleisch. Da herrschte eine ganz andere Atmosphäre als die Stimmung, in die sie sich hineinsang, wenn sie in ihrer unmusikalischen, leiernden Art rief: „Ja, Jesus, ja!"

Einmal erwischte Toleda mich dabei, wie ich sie anstarrte, und zuckte zusammen. „Kleine Göre. Du denkst vielleicht, du weiß. Aber du finden heraus, dass du Negro genau wie ich." Ich hatte das Gefühl, als hätte ich mich verbrannt. Weil ich mich auch schon gefragt hatte, wie schwarz ich tatsächlich war. Und ob ich auch verloren war. Aber wir waren anders. Ich war mir sicher, dass weder Jesus noch sonst irgendjemand mich erlösen würde. Aber genauso sicher war ich mir, dass ich dazu geboren war, eine Tänzerin zu sein, dass diese Tänzer, auch wenn sie weiß waren, mein Volk waren. Anders als sie, obwohl wir beide schwarz waren.

Ärgerlich wandte sie sich mit ihren großen weißen Rüschen schwungvoll ab – wie sie es auch an jenem Morgen getan haben muss – und drehte ihren Rücken dem großen zischenden Ofen mit seinen acht Kochstellen zu, dessen blaue Hauptflamme gerade so weit unter den schweren Rosten eingelassen war, dass man sie nicht sah. Schweißtropfen standen ihr auf der glatten Stirn, rannen ihr in die Augen, nahmen ihr die Sicht. Immer im Kreis, vom Tresen, auf dem sie den Teig ausgerollt hatte, zum Ofen und wieder zum Teig. Dann weiter zum Bacon, die Brötchen vorsichtig auf dem Blech arrangiert, sodass sich die Ränder nicht berührten. Dabei sang sie: „Das eine weiß ich, dass er mich liebt." Hielt inne, um zu überlegen, wo sie die Himbeermarmelade versteckt hatte, die Miss Helen am liebsten mochte – und die sie vor den Tänzern verbergen musste, die sich hereinschlichen, um sie zu stehlen. Himbeermarmelade, die wir gekocht und hergebracht hatten und die ich ihr an jenem Morgen hätte geben sollen, zusammen mit der letzten Flasche Löwenzahnwein.

Der Brandgeruch war vermutlich nicht stark. Wahrscheinlich fingen die langen, gestärkten Schürzenbänder zuerst Feuer. Und weil es im Raum ohnehin schon heiß war, bemerkte sie nicht, wie sich die Flamme nach oben fraß, bis sie die Perücke erreichte. Die Perücke mit dem Dutt, der wie ein Türknauf in ihrem Nacken saß und bei dem die Flamme leichtes Spiel hatte.

Sie war so geistesgegenwärtig, ins Lager zu rennen, eine der Navajo-Decken von der Wand zu reißen und sich darin einzurollen. Wer weiß, wie lange es dauerte, bis es ihr gelang, zur Straße zu kriechen, wo man sie schließlich fand. Und wie es ausgegangen wäre, wenn ich dort gewesen wäre, wo ich hätte sein sollen.

Viel später, als ich hinuntergegangen war, um dort sauber zu machen, fand ich die Überreste der Brötchen, steinhart und verbrannt. Fetzen von versengtem Stoff und Haut waren über das Brett verstreut, auf dem sie gerade eine Kuhle ins Mehl gedrückt hatte. Eine umgekippte

Dose mit verschüttetem Backpulver. Eine Milchlache auf dem Boden. Erst bei diesem Anblick konnte ich wirklich glauben, dass sie fort war. Bei ihr war immer alles tadellos ordentlich gewesen, ihre Kochutensilien hingen der Größe nach an der Wand, täglich wischte sie die Gewürzdosen sauber, die Essigflaschen standen mit den Etiketten nach vorn – so richtete sie ihr kleines Leben neben dem der angehenden Tänzer.

Ich entdeckte sein Foto am Rand des Tisches, wo Miss Helen es an jenem Morgen sehen sollte. Ich wischte die Asche weg und steckte es in mein Kleid, während das Schuldgefühl in meinen Ohren dröhnte.

Ich versteckte das Foto im Rübenkeller hinter den Weinkrügen, zwischen den Blättern des Tanzprogramms für diesen Sommer: *Der Aufstieg der Minoer*. Im Schein der Öllaterne wurde das Bild, auf dem er die Arabesque macht, schließlich brüchig von der eisigen Kälte. Ich musste sehr, sehr gut aufpassen, dass ich es mit meinen dicken, klobigen Handschuhen nicht zerbrach. Aber ich hatte meinen eigenen Glauben. Ich hielt mich an den Behältern fest, die ich als Stange benutzte – die geputzten Rüben, Karotten, Pastinaken und Kartoffeln auf der linken Seite, der Wein auf der rechten –, und machte meine Pliés und Relevés, wie ich es bei ihm gesehen hatte, mein Rücken so gerade, wie Toledas vermutlich einmal gewesen war. Ich wünschte, dass das Bild den Geruch nach Feuer verlor. Aber nicht einmal die Sonnenstrahlen aus dem Glas Löwenzahnwein konnten ihn ganz verschwinden lassen.

Trinken als wahrer Beruf
Jane Friedman

Das erste Buch, das ich las und das meine Weltsicht veränderte, war *Demian* von Hermann Hesse. Es beginnt so: „Ich wollte ja nichts als das zu leben versuchen, was von selber aus mir heraus wollte. Warum war das so sehr schwer?"

Das war fünfzehn Jahre, bevor ich entdeckte, dass Alkohol ein Mittel war, um herauszufinden, was von selber aus mir „heraus wollte". Aber diese Erkenntnis hätte ich niemals gehabt, wenn das Buch mich nicht für eine solche Einsicht empfänglich gemacht hätte. Hesses Roman lenkt den Fokus darauf, wie jeder von uns sich mit seinen dunklen Seiten auseinandersetzen und sie akzeptieren muss, mit den Aspekten unseres Selbst, die wir mit allen Mitteln unterdrücken oder sogar auf andere projizieren.

Viele Menschen haben auf die gleiche Weise Angst vor ihren dunklen Seiten, wie sie Angst vor dem Alkoholtrinken haben. Alkoholtrinken ist riskant. Was, wenn wir die Kontrolle verlieren? Was, wenn wir uns selbst nicht mögen? Was, wenn wir uns selbst womöglich verlieren? Ich habe festgestellt, dass ich eine der wenigen Verfechterinnen davon bin, eine große Flasche irgendeines alkoholischen Getränks aufzumachen und zu sehen, wie schnell ich mein wertvolles „Ich" verlieren kann. Das Alkoholtrinken erlaubt mir, damit zu spielen, wie weit ich mich von meinem „Ich" entfernen – oder auch wie nahe ich ihm kommen kann.

Die Angst davor, dass wir uns selbst verlieren, ist seltsam. Wie können wir jemals etwas sein, das nicht wir selbst sind, egal ob in unserem Denken oder in unserem Handeln? Wenn man über diese Vorstellung wirklich intensiv nachsinnt, kann sie einem Angst machen. Was ich meine, ist Folgendes: Bin ich in der Lage zu akzeptieren – bis zur letzten Konsequenz –, dass jede einzelne Sache, die ich getan habe, tatsächlich *ich* bin? Nicht etwas von mir Abgetrenntes. Nicht das „Ich", das abseits steht, weil es unerfreulich ist oder sich erst noch bessern muss. Sondern ganz und gar *ich*.

Wenn ich anfange, darüber nachzudenken, dass wirklich *ich* es war, die Geld aus dem Portemonnaie meiner Mutter gestohlen hat, dass *ich* meinen Mann betrogen und *ich* eiskalt eine Freundschaft aufgekündigt habe, ist mein erster Impuls, einen Weg zu suchen, um mein Handeln zu verteidigen. Aber um meine dunklen Seiten wirklich zu akzeptieren, muss ich aufhören, mich zu verteidigen, und anfangen, mich zu öffnen. Alkohol hilft mir dabei, mich noch ein bisschen weiter zu öffnen.

Okay, manche Menschen trinken Alkohol als Verteidigungsstrategie, und sie wehren sich dagegen, sich zu öffnen. Wenn man nicht bereit ist, hinter die Schichten von Süße und Gestank zu blicken, kann man Alkohol auch zur totalen Selbstvernichtung nutzen. Und das ist nicht unbedingt schlecht. Insgeheim lieben wir es, Dinge wieder zu zerstören, die wir geschaffen haben, inklusive uns selbst, und Zerstörung spielt auch im glücklichsten Leben eine Rolle. Hesse hat gesagt: „Wer geboren werden will, muss eine Welt zerstören." Ich gebe zu, dass ich Alkohol zu diesem Zweck genutzt habe: um mir die Erlaubnis zu geben, in die Dunkelheit einzutauchen und mit der Dämmerung wieder hervorzukommen und die Dinge neu zu sehen.

Meinen ersten „Tauchgang ins Dunkel" tat ich im ersten Jahr auf dem College, als ich einem Rundfunktechniker, der sich schon seit Jahren um mich bemühte, erlaubte, mich zu besuchen. Er brachte eine Flasche Wein mit – wahrscheinlich wusste er, dass ich ein bisschen Anregung brauchte. Ich trank zu viel und zu schnell, aber anstatt mich zu entspannen und lockerer zu werden, fing ich an, über meine erste große Liebe aus der Highschool nachzudenken. Wir hatten uns vor sechs Monaten getrennt, aber ich war davon überzeugt, dass er der Mann meines Lebens war. Wie könnte ich die erste und einzige große Liebe meines Lebens betrügen?

Der Wein half. Es dauerte nicht lange und ich hing über dem Waschbecken, und der Rundfunktechniker (der zweite Mann in meinem Leben) hielt meine Haare zur Seite. Die dunkle Wahrheit, der ich mich an diesem Abend stellte, war, dass ich jeden Mann, mit dem ich zusammen war, immer mit dem davor vergleichen würde.

264

Das Prinzip von den dunklen Seiten machte mir schließlich bewusst, dass es kein Licht ohne Schatten gibt. Das eine bedingt das andere, wie Yin und Yang. Gegensätzliche Kräfte, die ineinander verwoben sind. Und Alkohol ist das perfekte Mittel, um diese Wahrheit über das Leben ans Licht zu bringen. In seinem Buch *The Muse in the Bottle* schreibt Charles A. Coulombe: „Während eines einzigen Abends – sogar während eines einzigen Drinks – können unsere Gefühle die ganze Skala durchlaufen, von Liebe über Hass zu Angst. Unsere Würde löst sich in nichts auf oder wird neu entdeckt. Man entsagt sämtlicher Verantwortung oder nimmt sie mit Freude an … beinahe jeder auch der dunkelsten Momente trägt einen Hauch Erlösung in sich." Dies beschreibt geradezu perfekt einen der eindrücklichsten Abende meines Lebens.

Nachdem ich über zehn Jahre in der Verlagswelt gearbeitet hatte, verließ ich sie nun, um an die Uni zu gehen. An meinem letzten Arbeitstag trank ich vier Stunden lang mit den Leuten, die bald meine ehemaligen Kollegen sein würden. Niemals zuvor liebte ich sie so sehr und hatte so viel Spaß mit ihnen wie an diesem Abend. Wir versprachen uns hoch und heilig, in Kontakt zu bleiben. Ich weinte, als ich nach Hause kam, um alles, was ich verloren hatte, und weil ich mich vor dem fürchtete, was vor mir lag. Am nächsten Morgen ging das Leben weiter – mit all diesen Gefühlen: mit Dankbarkeit und Liebe für alles, was war, und mit der Akzeptanz der Angst als einem unvermeidbaren Bestandteil von Veränderung.

Menschen, die Alkohol ablehnen, stehe ich skeptisch gegenüber. Es ist, als ob sie das Erfahren des Lebens ablehnen und sich zu sehr an der Illusion der Kontrolle festklammern. Natürlich gibt es Ausnahmen, allen voran Menschen, die mit Alkohol schon einmal Probleme hatten. Wie Mr Kurtz in Joseph Conrads *Herz der Finsternis* ganz und gar der Macht der Dunkelheit erliegt, erliegen manche ganz und gar der Macht der Flasche. Diejenigen, die aus dieser Dunkelheit wieder ins Licht zurückfinden, verspüren den Drang, andere vor dieser Gefahr zu warnen.

Einmal schrieb mir jemand, den ich nicht kannte, eine E-Mail bezüglich meiner öffentlich verkündeten Trinkgewohnheit:

Hören Sie zu, ich möchte nicht, dass Sie trinken. Ich war an dem Punkt, an dem Sie sind. Es ist wie ein „Kurzurlaub", und etwas, wozu man sich berechtigt fühlt, und eine Möglichkeit, man selbst zu sein. Was es aber macht, ist, einem die Zeit zu stehlen, sich zu verlieben. Eine wertvolle Beziehung zu finden ist ein Job: Es kostet Zeit und Mühe. Trinken ist auch ein Job. Wie viele Jobs können Sie stemmen? Wie viel Zeit haben Sie in Ihrem Leben?

Egal, wo der Alkohol Sie hinführt – es ist Mist. Man sagt Sachen, die man nicht so meint, macht Versprechungen, die man vergisst zu halten, nimmt sich sinnlose Dinge vor und denkt darüber nach, Dinge zu schreiben, die total daneben sind. Als ich noch getrunken habe, litt ich sehr unter Verlustängsten (und das nicht wegen meiner gescheiterten Ehe). Jetzt liebe ich meine Frau und will das nicht durch Alkohol ruinieren.

Alkohol kann alle möglichen Verhaltensweisen zutage fördern, und – egal ob Mist oder nicht – diese Verhaltensweisen sind Ausdruck des eigenen Ichs, eine Möglichkeit, etwas sichtbar oder deutlich zu machen, was sonst vielleicht verborgen geblieben wäre. Wenn dir das, was zum Vorschein kommt, nicht gefällt – wenn du glaubst, dass es nicht deinem wahren „Ich" entspricht –, dann verneinst du damit, dass du einen Unhold in dir hast wie jeder andere auch. Alkohol zieht den hübschen Vorhang weg, den wir genäht haben, und wenn er zu weit aufgeht, neigen wir zuallererst dazu, ihn beim nächsten Mal besser zuzuhalten. Aber ich bin Schriftstellerin, und Schriftsteller sind dazu geboren, hinter den Vorhang zu blicken.

Alkohol trinken hat den zusätzlichen Vorteil, dass es den menschlichen Drang, sich auf sich selbst zu konzentrieren, reduziert. Diese Ich-Bezogenheit ist ein Problem und eine Last und war vermutlich auch das, worunter F. Scott Fitzgerald litt, als er sagte: „Die Geschichten, die ich in nüchternem Zustand geschrieben habe, sind dumm ... total verkopft, kamen nicht aus dem Bauch heraus." So wie Schriftsteller mechanische Texte hervorbringen, wenn sie zu viel darüber nachdenken, was sie schreiben, können wir ein mechanisches Leben führen, wenn wir zu viel darüber nachdenken, was wir tun.

Mit diesem Problem habe ich häufig bei geschäftlichen Terminen zu tun, bei denen ich von vielen bekannten Menschen umgeben bin. Einmal, kurz nachdem ich in meinem Job befördert worden war, musste ich bei einem Geschäftsessen am Tisch des Geschäftsführers sitzen. Wäre ich nüchtern gewesen, hätte mich meine Ich-Bezogenheit so gehemmt, dass ich kein Wort herausgebracht hätte. Aber nach ein paar Drinks konnte ich viel besser zuhören und mich in die anderen hineinversetzen. Als der Geschäftsführer eine beiläufige Bemerkung machte, erhaschte ich einen Blick auf den Mann hinter der Fassade und fühlte für einen Moment eine Verbundenheit. Ich ging kurz darauf ein, eine unauffällige Anspielung auf das, was ich wahrgenommen hatte – und seine Augen leuchteten auf. Weil der Alkohol mich von dem Gedanken „ich armes, unwichtiges Wesen" befreit und mir zu mehr Idealismus verholfen hatte, erlaubte ich es mir, Gemeinsamkeiten mit einem Geschäftsführer zu haben. Und die gab es – natürlich gab es sie!

Insgeheim hat mich immer der Gedanke fasziniert, dass Alan Watts, ein Aufklärer und großer geistlicher Lehrer, den viele Menschen verehrten, sich vermutlich zu Tode gesoffen hat. Mir gefällt die Vorstellung, dass er trank, weil der Alkohol ihm half – so wie er mir hilft –, sich auf die Begeisterung für das zu fokussieren, was momentan ist, ohne dass die Echokammer des Gehirns wider- und wider- und widerhallt. Wenn ich trinke, bin ich mehr ich, ohne hängen zu bleiben oder mich festzufahren. Mein Blick wird schärfer und meine Einschätzung genauer – und das habe ich vielleicht mit allen anderen zwanghaften Schreibern gemeinsam, die auf der Suche sind nach dem nächsten bemerkenswerten Gedanken.

William James schrieb: „Das Charmante am Betrunkensein liegt fraglos in der intensiveren Wahrnehmung der Wirklichkeit und der Wahrheit, die daraus erwächst. In welchem Licht uns die Dinge dann auch erscheinen mögen, sie scheinen noch deutlicher das zu sein, was sie sind, ‚deutlich deutlicher', als wenn man nüchtern ist."

Aber die Alkoholkritiker legen den Fokus auf die große Unbekannte des Ganzen, auf etwas, das ebenfalls Coulombe anspricht:

Alkohol kann eine alltägliche Erfahrung sowohl durch ein intensiveres Erleben verschönern als auch durch Illusion. Wir geraten vielleicht in einen rührseligen Zustand, in dem Zuneigung und Liebe zu allem und jedem in unserer Nähe oder auch in unserer Erinnerung an die Oberfläche ploppen. Aber sind das dann auch echte Gefühle – oder ist es eine Illusion, die der Alkohol hervorgebracht hat?

Genauso, wie wir Angst vor den dunklen Dingen haben, wenn wir Alkohol trinken, sind uns die positiven Gefühle suspekt, die ganz unkontrolliert hervorfluten. Wir misstrauen allem, das nicht auf rationalem Wege hervorgebracht und analysiert wurde, und unterziehen jede unserer Gefühlsregungen einer empirischen Untersuchung.

Kein Wunder, dass Menschen trinken, um zu entfliehen.

Es gibt ein berühmtes Zitat von Nietzsche übers Trinken. Er sagt: „Damit es Kunst giebt, damit es irgend ein ästhetisches Thun und Schauen giebt, dazu ist eine physiologische Vorbedingung unumgänglich: der Rausch." Leider enthält dieses Zitat selten den darauf folgenden Satz: „Man bereichert in diesem Zustande Alles aus seiner eignen Fülle: was man sieht, was man will, man sieht es geschwellt, gedrängt, stark, überladen mit Kraft."

Wenn das eine Illusion ist, dann werde ich sie gern heraufbeschwören. Ich würde nicht trinken, wenn es nicht eine Fülle von Gedanken und Gefühlen hervorbringen würde, die ich sonst nicht erleben würde. Und obwohl dieser Text nicht unter Alkoholeinfluss geschrieben wurde, ist die Person, die existiert, um ihn in diesem Moment zu schreiben, eine, die in einem Zustand der Fülle existiert, und das teilweise dank der Erfahrungen, zu denen ihr der Rausch verholfen hat.

Natürlich ist es genauso leicht, in einen eingeengten und melancholischen Zustand zu verfallen, in dem sich jeder Gedanke, der einem durch den Kopf geht, ins Negative kehrt: jedes Ereignis ein Fehlschlag, jede Beziehung ein Betrug, jede Errungenschaft eine Enttäuschung. Wer auch immer den Spruch geprägt hat, dass man trinkt, um seine Sorgen zu ertränken, kann kein besonders erfahrener Alkoholiker gewesen sein. Bei mir sorgt Alkohol eher dafür, meine Sorgen zu verstärken und dazu noch eingebildete neue hervorzubringen. Was mich daran erinnert, wie ich mir einmal an einem Abend mitten in der Woche, knapp eineinhalb Jahre nach meiner Scheidung, eine Dreiviertel-Liter-Flasche belgisches Bier einverleibt und dann mein erstes und einziges betrunkenes Telefonat getätigt und meinen Exmann angerufen habe. Ich hatte das Gefühl, dass er der Einzige wäre, der mir nach einer schrecklichen Geschichte mit meiner Mutter Trost spenden könnte, und dass er mich, wenn ich ihn anrufe, sofort zu sich einladen würde.

Er lud mich nicht zu sich ein.

In jedem Augenblick unseres Lebens, egal ob nüchtern oder betrunken, können wir Jeckyll spielen oder wir können Hyde spielen. Wir können ein Licht anzünden oder die Dunkelheit erforschen. Der Dualismus, den Alkohol hervorruft, bringt unsere wahre Natur zum Vorschein, weil wir unsere Verteidigung dagegen aufgeben – unsere rationale, nach Ordnung rufende, kritische Stimme hält endlich den Mund. Wenn wir trinken, bis das Fass leer ist, und schutzlos die Winkel unseres eigenen Universums erforschen und zu dem hintersten Winkel vorstoßen, in dem wir nicht mehr wissen, wer oder was wir sind – dann erkennen wir, dass es gar kein wahres Ich gibt, das wir festmachen können. Es ist, im Grunde genommen, eine Illusion.

Wenn wir Alkohol trinken, erhaschen wir einen flüchtigen Blick darauf, wie lächerlich wir in unseren Bemühungen sind, „alles beisammenzuhalten". Wir halten uns nämlich nicht wirklich beisammen: Wir bewegen und verändern uns, wir halten an und gehen los, hören auf und fangen an. Deswegen habe ich das Alkoholtrinken nie ernst genommen. Ich behandle es nicht wie etwas, das ich mit Vorsicht genießen muss, und ich gehe auch nicht davon aus, dass ich mir nur seine noblen Stücke herauspicken und die unerwünschten Nebeneffekte weglassen kann. Es ist alles Lebenserfahrung, und wenn ich aufmerksam bin, dann kann jeder Moment als Teil dessen akzeptiert werden, was ich bin und was dieses Leben ist.

Trotzdem habe ich mich oft gefragt: Wenn man die Lektion einmal erhalten hat, sollte man dann mit dem Unterricht aufhören?

Der Prozess, unsere dunklen Seiten zu erkennen und anzunehmen, ist kein einmaliges Ereignis, sondern ein Weg und ein lebenslanger Prozess. Und selbst wenn nicht: Ich kann nicht aufhören zu trinken, noch nicht. Ich will nicht darauf verzichten, wie in meinen besten Momenten der Trunkenheit alles, was an jemandem schön ist, noch klarer in den Vordergrund rückt. Wie der Autor Art Hill sagt: „Diese Fähigkeit, das Gewöhnliche oder das Hässliche mit einer Aura der Schönheit zu versehen ... ist genau die eine positive Berechtigung, die jemals für Alkoholabhängigkeit vorgebracht wurde."

Das Alkoholtrinken erinnert mich immer daran, wie sehr ich geliebt habe – und wie ich immer noch liebe, auch wenn ich die Einzige bin, die es weiß. Selbst wenn ich allen liebevollen Gefühlen einer Person gegenüber abgeschworen habe, lässt ein Schlückchen Bourbon mich die Zuneigung wieder fühlen. Ich zögere nicht, weiterhin zum Glas zu greifen und durch Licht und Dunkelheit zu wandern. Denn, wie Hesse sagt, gibt es für jeden Menschen nur einen einzigen wahren Beruf: zu sich selbst zu kommen.

NACHWORT

Viele Jahrzehnte wurde das Thema Frauen und Alkoholabhängigkeit tabuisiert, auch die Dimension des Alkoholismus bei Frauen insgesamt. In der Literatur, auch suchtbezogener, finden sich eher Beschreibungen von exzessiv dramatischen Entgleisungen, nicht aber die alltägliche, leise Lebensrealität. „Bei Frauen hat Alkohol häufiger die Funktion, das Gefühl der eigenen Ohnmacht erträglicher zu machen. Trinken ist dann eine Überlebensstrategie, um Konflikten aus dem Weg zu gehen, man trinkt aus Angst um die Beziehung oder weil man die Hoffnung verloren hat, dass sich noch etwas zum Besseren wenden könnte."[1]

Die Grenze, an der Genuss aufhört und Sucht anfängt, ist fließend. Man versucht die Abhängigkeit durch mehrere Faktoren zu umschreiben. Jeder einzelne der im Folgenden aufgeführten Warnhinweise[2] ist ein deutliches Alarmsignal:

1. Starker Wunsch oder Zwang, eine Substanz zu konsumieren oder es immer wieder zu tun.

2. Kontrollverlust: Eine Alkoholkranke ist kaum in der Lage zu kontrollieren, wann sie trinkt bzw. wann sie mit dem Trinken aufhört und wie viel Alkohol sie konsumiert.

3. Abstinenzverlust: Der suchtkranke Mensch kann selbst dann nicht auf seine Drogen verzichten, wenn die Sucht bereits schwere gesundheitliche oder soziale Konsequenzen hat.

4. Toleranzbildung: Menschen, die in eine Sucht abgleiten, brauchen immer größere Mengen ihrer Droge, um den gleichen Effekt zu erzielen. Der Körper gewöhnt sich an die Droge, der Konsum steigt.

5. Entzugserscheinungen (Entzugssyndrom): Die heftigsten Ent-

---

1 Meulenbelt, A. Wevers: *Frauen und Alkohol*, Rowohlt: Reinbek bei Hamburg 1998, S. 62

2 ICD-10: International Statistical Classification of Diseases and Related Health Problems

zugserscheinungen treten beim Absetzen auf; es kommt zu Symptomen wie Schwitzen, Frieren und Zittern bis hin zu starken Gliederschmerzen, Schlafstörungen, Halluzinationen und Kreislaufzusammenbrüchen. Der Kick für den Suchtkranken beruht aber auf biochemischen Prozessen im Gehirn.

6. Rückzug aus dem Sozialleben: Wer in einer Sucht gefangen ist, verliert das Interesse an anderen Beschäftigungen, und selbst der Beruf wird vernachlässigt. Soziale Kontakte verringern sich erheblich. Die Droge wird zum Lebensmittelpunkt.

Zugleich treten als Folgeerscheinungen oftmals psychische Störungen, depressive Episoden und Verhaltensstörungen nach massivem Alkoholkonsum auf. Veränderungen der kognitiven Fähigkeiten können ebenfalls mögliche Folgen sein.

Frauen, die motiviert sind bzw. großen Leidensdruck und/oder bereits körperliche Folgeerscheinungen haben, steht in jedem Fall ein langer Weg bevor, um von der Abhängigkeit zu innerer Autonomie zu finden. Diesen muss niemand allein gehen. Seit die Weltgesundheitsorganisation (WHO) die Sucht 1972 als Erkrankung anerkannt hat, haben sich vielfältige Therapien und Beratungen entwickelt, die Frauen zu einer gesünderen Form selbstbestimmten Verhaltens verhelfen können. Es gibt frauenspezifische Einrichtungen für stationäre bzw. ambulante Therapien. Hier werden die speziellen Bedürfnisse von Frauen berücksichtigt und es wird gegen alte Rollenmuster interveniert. Regionale Suchtberatungsstellen übernehmen Beratung, Vermittlung, Nachsorge, helfen bei Beantragungen und Kontakten zu Selbsthilfegruppen.

Aber auch Angehörige sind oft verzweifelt, weil sie sich hilflos fühlen und nicht wirksam genug zu helfen vermögen. Jedoch kann nur geholfen werden, wenn sich Frau helfen lässt! Daher ist es auf jeden Fall angezeigt, professionelle Hilfe in Anspruch zu nehmen. Auch für Angehörige gibt es Beratung, Selbsthilfegruppen und Internetforen.

Sprechen Sie sich selbst Mut zu! Suchen Sie sich seelischen Beistand. Wenden Sie sich an eine Suchtberatungsstelle.

Elke Führer
Leiterin Kontakt- und Begegnungsstätte des Blaukreuz-Zentrums München
Blaues Kreuz Diakoniewerk mGmbH

KONTAKTE

Al-Anon Familiengruppen (speziell für Angehörige)
Emilienstraße 4
45128 Essen
Tel.: 0201-773007
E-Mail: zdb@al-anon.de
www.al-anon.de

Anonyme Alkoholiker Interessengemeinschaft e. V.
Gemeinsames Dienstbüro
Waldweg 6
84177 Gottfrieding-Unterweilnbach
Tel.: 08731-32573-0
E-Mail: aa-kontakt@anonyme-alkoholiker.de
www.anonyme-alkoholiker.de

Blaues Kreuz Diakoniewerk mGmbH
Blaukreuz-Zentrum München
Kurfürstenstr. 34
80801 München
Tel.: 089-302020
E-Mail: suchtberatung.muenchen@blaues-kreuz.de
www.muenchen.blaues-kreuz.de

Blaues Kreuz in Deutschland e. V.
Schubertstraße 41
42289 Wuppertal
Tel.: 0202-62003-0
E-Mail: bkd@blaues-kreuz.de
www.blaues-kreuz.de

Condrobs e. V.
Heßstraße 134
80797 München
Tel.: 0800-3410-100
E-Mail: online@condrobs.de
www.condrobs.de

Deutsche Hauptstelle für Suchtfragen e. V.
Westenwall 4
59065 Hamm
Tel.: 02381-9015-0
E-Mail: info@dhs.de
www.dhs.de

Guttempler in Deutschland
Adenauerallee 45
20097 Hamburg
Tel.: 040-2840 7699-0
E-Mail: info@guttempler.de
www.guttempler.de

Kreuzbund e. V.
Bundesgeschäftsstelle
Münsterstr. 25
59065 Hamm
Tel.: 02381-67272-0
E-Mail: info@kreuzbund.de
www.kreuzbund.de

AUTORINNEN

SARI BOTTON veröffentlichte Artikel und Essays in *The New York Times, Harper's Bazaar, More, W, New York, Good Housekeeping, Marie Claire*, die *New York Daily News, Time Out New York, The Village Voice*, TheRumpus.net, ThisRecording.com und in diversen Anthologien. Sie lehrte an der University at Albany (State University of New York) und arbeitet beim TMI Project mit, einer Non-Profit-Organisation, die benachteiligten Jugendlichen und Erwachsenen über Schreib-Workshops eine Stimme verleiht. Außerdem fungierte sie als Ghostwriterin von *New York Time's* Bestsellern.

SAMANTHA DUNN ist Autorin mehrerer Bücher, unter anderem des Romans *Failing Paris*, der für den *PEN Center USA Fiction Award* nominiert war, und des autobiografischen Titels *Not by Accident: Reconstructing a Careless Life*. Ihre Essays wurden in zahlreiche Anthologien aufgenommen und sie war selbst Mitherausgeberin der Anthologie *Women on the Edge: Writing from Los Angeles*. Sie hält Schreibseminare an der University of California Los Angeles und war als Beraterin für das *Mark Program* des PEN Center tätig, in dem junge Autoren bei der Fertigstellung ihrer Bücher unterstützt wurden. Mit ihrem Mann und ihrem Sohn Benen lebt sie in Südkalifornien.

ADRIENNE EDENBURN-MACQUEEN verbrachte den größten Teil ihres Lebens damit, ihrem Körper dieselbe Aufmerksamkeit und Fürsorge zukommen zu lassen wie einem Zwischenstopp an der *New Jersey Turnpike*-Raststätte, und ist mit verhältnismäßig wenigen Narben davongekommen. Eines Nachts setzte sie sich nach einem Streit mit einem inzwischen längst vergessenen Liebhaber hin und schrieb einen Essay über ihr abstinentes Leben, mit dem sie den jährlich vergebenen Essay-Preis des Magazins *Glamour* gewann. Sie lebt in Connecticut, wo sie als Kellnerin arbeitet und an ihrem ersten Buch schreibt.

AMY FERRIS arbeitet als Schriftstellerin, Drehbuch- und Bühnen-stückautorin sowie Redakteurin. Ihr autobiografisches Stück *Marrying George Clooney: Confessions from a Midlife Crisis* (Seal Press) wurde im März 2012 uraufgeführt. Sie ist Mitherausgeberin der Anthologie *Dancing at the Shame Prom* (Seal Press) und widmet sich mit Leidenschaft jedweden Frauenthemen. Mit ihrem Mann Ken lebt sie in Pennsylvania und ist ziemlich glücklich darüber, was aus ihrem Leben geworden ist.

JANE FRIEDMAN arbeitet als Webeditorin für das *Virginia Quarterly Review* (VQR) und schreibt auf ihrem Blog *JaneFriedman.com* über das Schreiben und die Neuen Medien. Mit ihrem Wissen über neue Technologien und das Verlagswesen war sie in verschiedenen großen Radiosendern der USA mit Beiträgen zu hören und referierte auf Hunderten von Veranstaltungen über das Schreiben im digitalen Zeitalter. Vor ihrer Tätigkeit beim VQR war sie Herausgeberin von *Writer's Digest* und Dozentin für E-Medien an der University of Cincinnati.

BECKY SHERRICK HARKS, ausgebildete Krankenschwester und freiberufliche Schriftstellerin, lebt mit ihren drei ebenso kleinen wie lauten Kindern in Chicago. Wenn sie sich nicht gerade um ihre Non-Profit-Organisation *Band Back Together Project* kümmert oder auf ihrem preisgekrönten Blog *MommyWantsVodka.com* schreibt, tut sie gern so, als wäre sie mit Männern aus dem Fernsehen verheiratet, oder träumt von Zuckerguss aus Sprühdosen und Wickelwettbewerben.

KATHRYN HARRISON ist Autorin zahlreicher Romane, darunter *Enchantments, Envy, The Seal Wife, The Binding Chair* (auf Deutsch: *Die gebundenen Füße*), *Poison, Exposure* und *Thicker Than Water*. Außerdem veröffentlichte sie autobiografische Bücher wie *The Kiss* (auf Deutsch: *Ich bin die Tochter, die keiner sieht*) und *The Mother Knot*, die Reiseerinnerungen *The Road to Santiago*, zwei Biografien,

Saint Thérèse of Lisieux und *Joan of Arc*, eine Sammlung persönlicher Essays, *Seeking Rapture*, sowie den Krimi *While They Slept: An Inquiry into the Murder of a Family*. Sie schreibt regelmäßig Rezensionen für *The New York Times Book Review* und ihre Essays sind in vielen Publikationen erschienen, unter anderem in *The New Yorker, Vogue* und *Harper's*. Mit ihrem Mann, dem Schriftsteller Colin Harrison, und ihren Kindern lebt sie in New York.

SUSAN HENDERSON war zweimal für den *Pushcart Prize* nominiert und erhielt den *Academy of American Poets Award*. Ihr Debütroman *Up from the Blue (HarperCollins)* wurde mehrfach ausgezeichnet: als *Great Group Reads Pick* (von der *Women's National Book Association*), als herausragende Taschenbuchpublikation (vom *National Public Radio*), als *Best Bets Pick* (von *BookReporter*), als *Editor's Pick* (von *BookMovement*), als *Editor's Choice* (von *BookBrowse*) und als *Prime Reads Pick* (von *HarperCollins New Zealand*). Er gehörte außerdem zu den *Top 10 of 2010* (bei *Shelf Awareness*) und wurde als Lieblingsbuch in *The Rosie O'Donnell Show* präsentiert. Sie bloggt auf *www.litpark.com*.

ANN HOOD veröffentlichte die Romane *The Knitting Circle* (auf Deutsch: *Die geheimen Fäden der Liebe*) und *The Red Thread* sowie den autobiografischen Titel *Comfort: A Journey Through Grief*, der als *New York Times Editor's Choice* ausgezeichnet wurde und 2008 zu den Top-Ten-Sachbüchern des *Entertainment Weekly* gehörte.

PAM HOUSTON veröffentlichte die Romane *Contents May Have Shifted* und *Sight Hound*, zwei Sammlungen zusammenhängender Geschichten, *Cowboys Are My Weakness* und *Waltzing the Cat*, sowie die Essaysammlung *A Little More About Me* (alle bei W. W. Norton). Ihre Geschichten erschienen in den Sammlungen *Best American Short Stories, O. Henry Awards, Pushcart Prize* und *Best American Short Stories of the Century*. Sie ist Leiterin der Abteilung für Kreatives Schreiben an der University of California-Davis und

Lehrerin im *Pacific University low residency Master of Fine Arts Program*. Sie lebt in über 3000 Metern Höhe im Quellgebiet des Rio Grande in Colorado.

LAURA JOFRE schreibt für verschiedene Magazine und Webseiten über Elterndasein und Familie. Ihre Texte erschienen in *Self* und *Westchester Family* und auf *bubble.com*. Mit ihrem Mann, drei Kindern, ziemlich viel Chaos und einem ansehnlichen Weinregal lebt sie in New York.

ANNA KLENKE mag Bücher, Tennis und antike Quilts. Ihre Arbeiten erschienen unter anderem in *The New York Times, Paper Darts* und *Off Switch*. Außerdem schreibt sie für *www.Care2.com* und ihren eigenen Blog *Elbow Patches*.

ANN LEARY veröffentlichte die Autobiografie *An Innocent, a Broad* (Morrow) und die Romane *Outtakes From a Marriage* (Shaye Areheart) und *The Good House* (St. Martin's, auf Deutsch: *Das Haus der Hildy Good*). Mit ihrem Mann und zwei Kindern lebt sie auf einer kleinen Farm in Connecticut.

LAURIE LINDEEN ist Autorin der Autobiografie *Petal Pusher* (Atria), in der sie über ihre Jahre als Slur Girl schreibt. Zurzeit arbeitet sie an dem ebenfalls autobiografischen Buch *It's a Wonder We all Survived: From Free Range Child to Uptight Parent*. Sie lebt mit Mann und Sohn in Minnesota und unterrichtet Kreatives Schreiben mit Schwerpunkt auf autobiografischen Texten und Essays.

JOYCE MAYNARD veröffentlichte Essays und Kolumnen in verschiedenen Anthologien. Zu ihren zahlreichen Büchern gehören auch der Roman *Labor Day* (auf Deutsch: *Der Duft des Sommers*), der 2013 verfilmt wurde, und *To Die For*. Ihre erfolgreiche Autobiografie *At Home in the World* (auf Deutsch: *Tanzstunden: Mein Jahr mit Salinger*) wurde in über fünfzehn Sprachen übersetzt. Als Mutter dreier

EVA TENUTO ist Schriftstellerin, Schauspielerin und Regisseurin. Sie studierte Schauspiel an der American Academy of Dramatic Arts und gründete anschließend die *Women's Experimental Theater Group*. Ansässig in New York verarbeitete die *WETG* über mehr als zehn Jahre Lebensberichte und wahre Begebenheiten zu Theaterstoffen und brachte sie auf die Bühne. Eva Tenuto ist außerdem Gründerin des *TMI Projects* (www.tmiproject.org), einer Non-Profit-Organisation, die benachteiligten Jugendlichen und Erwachsenen über Schreib- und Performance-Workshops eine Stimme verleiht.

EMMA KATE TSAI arbeitet als Schriftstellerin und Lektorin in Houston, Texas. Sie studierte an der University of Houston und machte ihren Master an der Rice University. Ihr künstlerisches Interesse gilt autobiografischen Texten und persönlichen Essays, ihre Texte wurden vielfach veröffentlicht, unter anderem auf dem Blog *Feaston-Love.com*. In ihrer Autobiografie *Say My Name* setzt sie sich mit ihrer Identität als eineiiger Zwilling auseinander.

PRISCILLA WARNER ist Co-Autorin der *New York Times*-Bestseller-Autobiografie *The Faith Club* und tourte damit drei Jahre durch Amerika. Dabei schluckte sie ununterbrochen Tabletten, um ihre ständigen Panikattacken zu unterdrücken. Hoch über Oklahoma las sie dann von Mönchen in Tibet, die so wirkungsvoll meditierten, dass Neurologen Hirnstudien an ihnen vornahmen. Fest entschlossen, den Mönch in sich zu finden, erlernte sie die Meditation und beschrieb ihre Erlebnisse mit Lehrern, Heilern, Therapeuten, Mönchen und Mystikern in ihrer erfolgreichen Autobiografie *Learning to Breathe: My Yearlong Quest to Bring Calm to My Life* (auf Deutsch: *Und tausend Atemzüge später*).

RITA WILLIAMS veröffentlichte ihre Autobiografie unter dem Titel *If the Creek Don't Rise*. Arbeiten von ihr erschienen außerdem in *Best Food Writing 2007*, der *Los Angeles Times*, *O, The Oprah Magazine*, *O At Home*, *Saveur*, dem *Utne Reader* und *Fins and Feathers*. Sie erwachsener Kinder lebt sie in Nordkalifornien und gibt Seminare über autobiografisches Schreiben. Ihre Webseite ist unter *www.joyce-maynard.com* zu finden.

DAPHNE MERKIN schreibt als Kulturkritikerin für *The New York Times Magazin, Elle* oder *Tablet*. Ehemals beim *The New Yorker* fest angestellt, wo sie Film- und Buchrezensionen und Artikel über so unterschiedliche Menschen wie Sigmund Freud, Marilyn Monroe oder Kurt Cobain schrieb, widmet sie sich heute immer noch großen und kleinen Themen wie dem zeitgenössischen jüdischen Kino, den sich verändernden Zeiten der Kindererziehung, der Verteidigung von Antidepressiva oder der Modedesignerin Tory Burch. Außerdem veröffentlichte sie einen Roman, *Enchantment*, eine Essaysammlung, *Dreaming of Hitler*, und die Autobiografie *This Close to Happy*. Sie lebt mit ihrer Tochter in New York City.

JACQUELYN MITCHARD hat über zwanzig Romane für Kinder und Erwachsene geschrieben, darunter *The Deep End of the Ocean* (auf Deutsch: *Tief wie der Ozean*), der zu den ersten ausgewählten Büchern von *Oprah's Book Club* gehörte und von der *USA Today* zu den zehn einflussreichsten Büchern der vergangenen fünfundzwanzig Jahre gezählt wurde. Ihr zweites Buch, *The Most Wanted* (auf Deutsch: *Das Land der Liebe*), stand 1999 auf der Auswahlliste für den *Orange Prize*, und mehrere ihrer Jugendbücher wurden ausgezeichnet und gehörten in ganz Amerika zur Schullektüre. Sie unterrichtet Kreatives Schreiben an der Fairfield University und lebt mit ihrer Familie auf Cape Cod.

LIZA MONROY ist Autorin des Romans *Mexican High* und der Autobiografie *The Marriage Act*. Ihre Essays und Artikel erschienen unter anderem in *The New York Times, Newsweek,* der *Los Angeles Times* und *Self*. Sie lebt und schreibt in Brooklyn und unterrichtet Kreatives Schreiben an der Columbia University und online.

ASRA Q. NOMANI war Reporterin des *Wall Street Journal*. Sie kam in Mumbai zur Welt und wuchs in einer traditionell muslimischen Familie auf, in der Alkohol verboten war. Nach den Anschlägen des 11. September nahm sie sich der Aufgabe an, extremistische Vorstellungen zu hinterfragen und an den gesunden Menschenverstand zu appellieren, auch in Bezug auf Alkoholkonsum.

ELISSA SCHAPPELL veröffentlichte zwei Romane: *Blueprints for Building Better Girls* und *Use Me*, der es auf die Auswahlliste des *PEN/Hemingway Awards* schaffte. Sie schreibt die Kolumne *Hot Type* für die *Vanity Fair*, ist Mitbegründerin und Journalistin von *Tin-House.com* und ehemalige Redakteurin der *Paris Review*. Ihre Kurzgeschichten, Essays und Artikel erschienen unter anderem in *The Paris Review, BOMB, One Story, SPIN, Vogue, The New York Times, Book Review* und *Book Forum* sowie in Anthologien wie *The KGB Bar Reader, The Bitch in the House, The Mrs Dalloway Reader* und *Cooking and Stealing*. Sie lebt in Brooklyn.

HELENE STAPINSKI veröffentlichte die Autobiografien *Five Finger Discount: A Crooked Family History* und *Baby Plays Around: A Love Affair, with Music*. Sie schrieb für *The New York Times, Travel & Leisure, Food & Wine, Salon.com, Real Simple* und weitere Zeitungen und Zeitschriften. Sie stand bei der „Spoken Word Series" der Sprechkunstbühne *The Moth* auf der Bühne, unterrichtete Kreatives Schreiben an der New York University und der Fordham University und ist Dozentin im *Master of Fine Arts Program* der Columbia University.

LIANNE STOKES wurde, wie jedes weiße Mädchen mit einem mittelmäßigen Ergebnis beim Studierfähigkeitstest, Sachbuchautorin. Sie schrieb für *Interview, Playgirl, TheFrisky.com* und die Anthologie *Rejected: Takes of the Failed, Dumped and Canceled*. Ihre Autobiografie trägt den treffenden Titel *Below Average: A Lifetime Way Under the Bar*. In ihrer Freizeit redet sie mit sich selbst. Und ja, sie glaubt wirklich, dass jemand zuhört.

schreibt für das *Los Angeles Review of Books* und ist Dozentin im *Master of Professional Writing Program* der University of Southern California. Zurzeit schreibt sie an einem Roman.

ÜBER DIE HERAUSGEBERINNEN

CAREN OSTEN GERSZBERG ist freie Schriftstellerin und Mitbegründerin von *DrinkingDiaries.com*. Ihre Artikel und Essays erschienen in *The New York Times, Travel & Leisure, National Geographic Traveler, Parents* und anderen amerikanischen Magazinen und Webseiten. In ihrer Kolumne „Mom U" auf *NYTimes.com* schrieb sie über ihre Erlebnisse bei der College-Bewerbung ihrer Tochter, heute bloggt sie sowohl auf *HuffingtonPost.com* als auch auf ihrem eigenen Reiseblog *Embark* auf *www.carenosten.com*.

Geboren und aufgewachsen in New York, machte sie ihren Abschluss an der University of Pennsylvania und einen doppelten Master in Französisch und Journalismus an der New York University. Ihre Verlagskarriere begann mit einem Ferienjob bei der französischen *Vogue* in Paris, der ihr den Weg zu einer Vollzeitstelle bei der *Mademoiselle* in New York ebnete. Nach vier Jahren als Redakteurin beim *Rolling Stone* führte sie ihre Karriere als Freiberuflerin fort und wurde Auslandskorrespondentin der französischen *Glamour* in New York, für die sie eine monatliche Kolumne auf Französisch schrieb.

Als Dozentin am Arthur L. Carter Journalism Institute der New York University unterrichtete sie Journalistisches Schreiben. Sie reist leidenschaftlich gern und lebt mit ihrem Mann und drei Kindern in Westchester County in New York.

LEAH ODZE EPSTEIN ist Mitbegründerin von *DrinkingDiaries. com*. Geboren und aufgewachsen in Bethesda, Maryland, machte sie den Bachelor-Abschluss in Englisch an der Cornell University. Sie arbeitete als Volontärin in der Nachrichtenredaktion der *The New York Times*, als Dozentin für Kreatives Schreiben am Baruch College und als Lektorin bei *One World/Ballantine Books*.

Als freie Autorin schrieb sie Buch- und Filmrezensionen unter anderem für *Publisher's Weekly* und *Bookpage* und arbeitete als selbstständige Lektorin und Korrektorin. Sie schreibt Jugendromane, Gedichte und bloggt auf *HuffingtonPost.com*. Sie liest, schreibt und joggt gern und lebt mit ihrem Mann und drei Kindern in Westchester County in New York.

DANK

Unser größtes Dankeschön gilt all den Autorinnen, die so freimütig ihre Geschichten auf unserem Blog *DrinkingDiaries.com* mit uns geteilt, und all denen, die Beiträge für dieses Buch verfasst haben. Ohne eure Offenheit und Bereitschaft zum Risiko gäbe es diese Anthologie und den Blog nicht.

Den Blog – und damit den Samen für dieses Buch – hätten wir nicht ins Leben rufen können ohne die Großzügigkeit und den Rat von Gretchen Rubin. Unser Dank gilt außerdem Priscilla Warner, die uns bei jedem einzelnen Schritt unterstützt hat, angefangen mit dem Exposé für das Buch.

Wir möchten unserer Lektorin Brooke Warner und dem Team von Seal Press für ihre Unterstützung danken, und unserer Agentin Jill Marsal, deren Expertise ebenso notwendig wie willkommen war. Dank auch an Elizabeth Kaplan, die als Erste das Potenzial dieses Projektes erkannte.

Herzlichen Dank an Jacques Steinberg und Jean Chatzky für ihre Freundschaft und ihren Zuspruch während der ganzen Zeit. An Palmer Davis, dessen ganz besondere Kameralinse uns so viel besser aussehen ließ. An Damon Mastandrea, unseren Web-Magier, der uns ein ums andere Mal aus technischen Notlagen rettete. Und ein riesiges Dankeschön an Suzanne Beilenson für ihr Marketinggenie (und ihre Hilfe bei den Titeln).

Wir hatten außerdem großes Glück, Menschen um uns zu haben, die uns zusätzliche Foren boten, um unsere gesammelten Geschichten zu verbreiten: Margaret Wheeler Johnson und Jessica Rotondi von *HuffingtonPost.com*, Anna David und Maer Roshan von *TheFix.com*, Lynda von *LarchmontDish.com*, Courtney Helgoe vom Magazin *Experience Life* und Felice Shapiro von *BA50.com*.

Und wir möchten unseren Freunden, Familien und insbesondere unseren Ehemännern Rich und Paul und unseren Kindern – Nicole, Emily und Simon, Edie, Lily und Julian – danken: für ihre Liebe, ihre Unterstützung und ihre grenzenlose Toleranz gegenüber unseren endlosen Analysen und Debatten über das Trinken von Alkohol.

Auf euch alle!

– Caren und Leah –